Cidadãos de "Ordenada República"

Marina Massimi

Cidadãos de "Ordenada República"

Lições da Experiência Guarani-Jesuíta nas Reduções

EDITORA
IDEIAS&
LETRAS

1ª impressão

Rua Oliveira Alves, 164
Ipiranga – São Paulo/SP
Cep: 04210-060
Televendas: 0800 777 6004
Editorial: (11) 3862-4831
vendas@ideiaseletras.com.br
www.ideiaseletras.com.br

Dados Internacionais de Catalogação na Publicação (CIP)
de acordo com o ISBD

M417c Cidadãos de "Ordenada República": Lições da Experiência Guarani-Jesuíta nas Reduções / Marina Massimi. – São Paulo : Ideias & Letras, 2025.
232 p. ; 16cm x 23cm

Inclui bibliografia.
ISBN: 978-65-87295-97-8

1. História do Brasil. 2. Missões. 3. Jesuítas. 4. Povos Indígenas. I. Título.

2025-3947 CDD 981
CDU 94(81)

Elaborado por Vagner Rodolfo da Silva - CRB-8/9410

Índice para catálogo sistemático:
1. História do Brasil 981
2. História do Brasil 94(81)

Sumário

Prefácio

Um decreto estadual do Estado do Rio Grande do Sul instituiu recentemente o ano de 2026 como marco das celebrações dos quatrocentos anos de história das missões jesuíticas guaranis do Rio Grande do Sul. Com efeito, a primeira delas, a Redução de São Nicolau, foi fundada no dia 3 de maio de 1626. Este livro quer, na ocasião deste aniversário, contribuir à memória e ao resgate da rica história que ocorreu nos Trinta Povos das Missões, constituídos e desenvolvidos pelos missionários jesuítas e pelos povos guaranis ao longo de duzentos e cinquenta anos, desde o início do século XVII até 1756. Seus objetivos são: reconstruir saberes e vivências psicológicas narradas pelos protagonistas dessa experiência social, definida por um deles como "uma muito ordenada República"; compreender a herança e as feridas que essa história traz ao nosso presente; aprender suas "lições" para que orientem o caminho futuro dos povos brasileiros e latino-americanos. Hoje como ontem, não há solução de continuidade entre o bem-estar psíquico da pessoa e a construção da *polis*, da comunidade civil, segundo o quanto nos ensinaram, na esteira da filosofia platônica, Agostinho (1994; 1998) e mais recentemente Hannah Arendt (2004). Com efeito, na busca humana pela felicidade, a vida é ordenada pelo objeto que a razão reconhece correspondente e que o desejo apetece.

Os inegáveis vínculos sociopolíticos implicados nessa grande experiência de encontro aberto entre duas diferentes culturas geram, sem dúvida, várias lições para os nossos tempos. Essas lições estarão subjacentes ao texto, mas nem por isso escaparão de uma leitura perspicaz que lê análises históricas tendo consciência da República que hoje somos.

"Deram seu nome para fazer dos povos, um só"

Com esta expressão, a carta do primeiro idealizador e responsável das Reduções, Diego de Torres Bollo, relata o acordo selado entre dois jesuítas e um grupo de guaranis da região do Guairá, que dará início à experiência num território localizado entre Brasil, Paraguai, Uruguai e Argentina, e que se tornará especialmente significativa para a história do Brasil e da América Latina: os Trinta Povos das Missões. Desde o início do século XVII até meados do século XVIII (entre 1609 e 1780), nesse território, foram criadas comunidades civis, econômicas, políticas e religiosas, compostas por populações de guaranis lideradas por alguns missionários jesuítas, e que foram chamadas de "Reduções".

O nome "Reduções" derivava da expressão latina "*reductio ed unum*", pois nesses espaços os indígenas aceitavam viver reunidos em formas comunitárias. As Reduções gozavam de uma jurisdição especial que lhes concedia uma autonomia relativa do sistema de dominação colonial, sendo seus moradores reconhecidos pela Coroa Espanhola como diretos vassalos. O projeto em sua expansão abarcou um amplo território envolvendo uma área geográfica correspondente aos atuais Estados de Paraguai, Argentina (Misiones), Brasil (Rio Grande do Sul, Paraná, Santa Catarina), Uruguai e Bolívia. Nem todos os indígenas que povoavam aqueles territórios toparam participar da experiência, mas muitos o fizeram, em grande parte devido à possibilidade de gozar de um espaço de relativa liberdade do domínio colonial.[1]

Os documentos produzidos nesse contexto têm importância histórica em vários aspectos: político, econômico, religioso, geográfico, antropológico. São também expressões das vivências daqueles homens e da autoconsciência que tinham dos fatos por eles protagonizados. Em particular, evidenciam as tentativas, em muitos casos dramáticas, de estabelecer relações e formas de convivência com populações nativas, muitas vezes hostis, em um território que eles desconheciam. Contêm inclusive os primeiros esboços do retrato dessas populações elaborado pelos missionários. A dimensão pessoal, antropológica e psicológica das fontes é, portanto, outro aspecto significativo para análise, e a ela dedicam-se vários estudos contemporâneos.[2]

Nesse espaço tão peculiar e no arco do tempo em que a experiência das Reduções logrou manter-se, investigamos a presença, elaboração e transmissão de saberes psicológicos, através do estudo das fontes que foram produzidas nesse universo, pelos dois atores principais desses acontecimentos históricos: os jesuítas e as populações guaranis.

A História dos Saberes Psicológicos tem por objeto o estudo de aspectos da *visão do mundo* de uma cultura, relacionados a conceitos e práticas *psicológicos*. O termo *psicológico* é convencional e provisório, a ser substituído no decorrer da pesquisa pela terminologia e demarcação de campos pertinentes aos específicos

1 Meliá, "Las reducciones", 2018.

2 Fleck, "Almas em busca", 2004; "La retorica", 2008; Wilde e Fuentes, 2014.

universos socioculturais estudados, e se refere à dimensão anímica e espiritual em seu entrelaçamento com a corporeidade. Com efeito, a partir de diversos percursos investigativos, é possível evidenciar pela via histórica, por meio das fontes, os principais objetos, métodos e atores do processo de construção de conhecimentos e práticas psicológicas num determinado espaço geográfico, ao longo do tempo.

Do ponto de vista metodológico, convém que as fontes da pesquisa sejam organizadas com base nos gêneros literários em cujo âmbito foram produzidas. Com efeito, a construção de conceitos e práticas psicológicas, na história dos saberes antes do advento da psicologia científica, acontece nos moldes próprios dos gêneros em que tais saberes se configuram; e, portanto, não poderemos apreendê-los, de modo rigoroso, se prescindirmos desta inserção.

A reconstrução de forma sistemática do percurso histórico da constituição e transmissão dos saberes psicológicos no universo espaço-temporal aqui considerado foi realizada a partir de eixos estruturantes constituídos por alguns gêneros, cujo uso evidenciou-se como sendo mais frequente na documentação levantada: relatos de viagem e informações; correspondência epistolar (Cartas missionárias e Cartas *indipetae*); diários, memórias e narrativas de teor autobiográfico; Tratados; documentos sobre cultura guarani elaborados por missionários, antropólogos e viajantes; Catálogos Trienais da Companhia de Jesus. Nesse percurso, é evidente o emprego eficaz pelos jesuítas dos saberes psicológicos disponibilizados em seu percurso de formação missionária.

Os principais resultados obtidos foram organizados por eixos temáticos: a função dos temperamentos na ação dos missionários; desejos e expectativas, imaginário e experiência nas cartas jesuíticas sobre a Província do Paraguai; palavras e almas – as diferenças de perspectiva entre jesuítas e guaranis; o impacto dos recursos imagéticos na educação e evangelização dos guaranis.

Para a melhor compreensão do assunto, será necessário discutir inicialmente a importância da contribuição da Companhia de Jesus na história dos saberes psicológicos na América Latina, desde o início de sua presença missionária nesse amplo território.

Jesuítas e a história dos saberes psicológicos na América Latina

A contribuição dos jesuítas à história dos saberes psicológicos na América Latina tem suas raízes no período de colonização desse imenso território, que se estende do século XVI até o final do século XVIII.[1]

Tal arco de tempo demarca a dependência da América Latina como colônia da Espanha e de Portugal. Os jesuítas, a convite das duas Coroas, estabeleceram-se nas colônias com a tarefa de evangelizar as populações nativas e de cuidar da vida religiosa dos colonizadores cristãos.

A presença dos inacianos foi especialmente significativa nos territórios do Brasil (uma colônia portuguesa, ocupada por várias nações indígenas, incluindo as etnias tupi-guarani e tupinambá) e na região das colônias espanholas localizadas entre os territórios dos atuais Estados do Paraguai, Argentina, sul do Brasil, Uruguai e Bolívia, ocupada pela etnia guarani. Os jesuítas criaram uma experiência inovadora nessa região: as chamadas Reduções.

Nos territórios do Brasil, na época da chegada da armada portuguesa liderada por Pedro Álvares Cabral, em 22 de abril de 1500, o território era povoado por aproximadamente cinco milhões de nativos. Estes eram divididos em tribos, de acordo com o tronco linguístico a que pertenciam: Tupi-Guarani (região litorânea), Macrojê ou Tapuias (região do Planalto Central), Aruaques ou Aruak (Amazônia), e Caribes ou Karib (Amazônia).

A história da colonização portuguesa do território brasileiro faz parte da história colonial mais ampla do Ocidente, que integra o advento da Modernidade. Nela, ocorreu em ampla escala o que Mignolo descreve como "a dimensão oculta dos eventos que ocorreram ao mesmo tempo, tanto na economia quanto no conhecimento: a dispensabilidade (ou descartabilidade) da vida humana e da vida em geral".[2]

---

1 Veja também: Massimi, "The Jesuits", 2021, p. 15-43.

2 Mignolo, "Colonialidade", 2017, p. 4; *The Darker*, 2011.

De fato, na colonização portuguesa do Brasil, todo o sistema produtivo era baseado no uso da mão de obra de escravizados deportados da África. Esse sistema vigorou no país de 1539 a 1888. Ao mesmo tempo, a extensão territorial que configurou o Império do Brasil como nação independente no início do século XIX foi obtida à custa da expropriação progressiva e da extinção das etnias indígenas que anteriormente povoavam esse território.

Nessas condições, ao longo dos séculos em que o Brasil se estruturou como território e a sociedade brasileira se formou, ocorreu um complexo processo de miscigenação entre diferentes povos que, de diversas formas, entraram em contato, ou em conflito, e se misturaram. Vários grupos étnicos com culturas muito diferentes foram deslocados e colocados em contato uns com os outros (em muitos casos pelo uso da força) e tiveram que conviver e se adaptar uns aos outros, não sem enfrentamentos e perdas. As marcas desses acontecimentos se refletem na composição da sociedade brasileira, caracterizada por uma complexa estratificação cultural. Nesse ambiente, alguns grupos sociais desempenharam um papel de aglutinação: destaca-se o trabalho dos missionários da Companhia de Jesus.

Os jesuítas atuaram no Brasil no longo período que se iniciou em 1549 e terminou em 1759 com a expulsão da Companhia por decreto do ministro português Sebastião José de Carvalho e Melo. Eles impulsionaram a miscigenação na perspectiva ideal da construção do "corpo social cristão" na Colônia, onde todos os componentes sociais e raciais deveriam estar inseridos e unidos por uma visão de mundo cristã, entre eles compartilhada. Esse "corpo" tinha por núcleo ideal o conceito de pessoa da tradição grega e judaico-cristã. Nesse esforço, os missionários contribuíram para a constituição de saberes e práticas voltados para o conhecimento e o cuidado da pessoa de acordo com as demandas da vida individual e social.

A presença dos jesuítas nos territórios dominados pelos espanhóis começou em 1567-1568 com sua chegada a Lima e depois a Cuzco e Potosí. Lá eles fundaram igrejas e escolas. O mesmo padrão missionário foi reproduzido na Nova Espanha: em 1572, os inacianos se estabeleceram nas cidades de México, Puebla, Oaxaca e Pátzcuaro. No Peru, eles se concentraram principalmente na encosta sul dos Andes e nas terras altas. No Equador e na Colômbia, desenvolveram suas atividades em algumas cidades e entre as populações rurais vizinhas, para evangelizá-las e batizá-las. Na Bolívia, no século XVIII, fundaram várias missões em Chiquitos e Moxos. A Companhia de Jesus mudou-se do Alto Peru para o sul e se estabeleceu na região de Tucumán, com três assentamentos principais: Assunção, Buenos Aires e Córdoba. Depois de se estabelecerem nas cidades, onde se dedicaram ao trabalho educacional fundando colégios, os jesuítas começaram a entrar em territórios virgens para realizar o trabalho evangelizador entre os indígenas. Em 1576, eles se estabeleceram em Juli, no Peru, criando uma primeira forma de aldeamento, um modelo para as formas que seriam estabelecidas posteriormente na região do Paraguai.

Essas missões eram chamadas de Reduções. A Redução era entendida no sentido de redirecionar (*reductio ad unum*) as populações nativas de diferentes proveniências étnicas para um único povo que se reconheceria sob a égide do cristianismo. É assim que A. R. Montoya as define: "Chamamos de Reduções aos povos indígenas que, vivendo em sua forma antiga em montanhas, colinas e vales, em riachos escondidos, em três, quatro ou seis casas, separadas por uma légua, duas, três e mais umas das outras, foram reduzidos pela diligência dos padres jesuítas às grandes populações e à vida política e humana".[3]

A instalação das Reduções começou quando alguns grupos guaranis aderiram à proposta. Entre as razões para essa adesão, duas devem ser destacadas: a possibilidade de uma preservação parcial do modo de ser guarani em territórios já colonizados pelos espanhóis e o tipo de relações trabalhistas adotadas. Isso foi possível graças ao esforço legislativo empreendido por dois homens: o jesuíta Diego de Torres Bollo (1551-1638) e o jurista Francisco Alfaro (1575-?).

As "Instruções" (1609-1610) elaboradas por Torres Bollo eram um regimento interno que fundamentava e organizava a vida social na área das Reduções: eram regras de conduta social que asseguravam boas relações entre as comunidades indígenas e os religiosos que ali viviam. Na área das Reduções, esse regimento tinha força de lei, tornando-se um instrumento jurídico eficaz também no que diz respeito à organização da produção econômica e à regulamentação do trabalho indígena.

As "Ordenanças" de Alfaro (1611) eram uma legislação promulgada para regulamentar o trabalho indígena nas Reduções e para regular as relações entre as comunidades indígenas e o Estado espanhol. As Ordenações ampliaram a personalidade jurídica dos povos indígenas, tornando-os súditos do Estado espanhol e estipulando o pagamento direto do imposto ao governo. Dessa forma, essas normas estabeleceram uma categoria jurídica específica: o indígena reduzido, reconhecido como vassalo da Coroa, produtor e trabalhador na América Espanhola. Desse modo, foi garantida aos indígenas reduzidos a liberdade do sistema da *encomienda*. A *encomienda* era uma instituição espanhola em vigor desde a Idade Média nos territórios ibéricos reconquistados dos mouros e introduzida nas colônias americanas. No sistema de *encomienda*, os habitantes de uma aldeia indígena

3 Montoya, *Conquista*, 1993, p. 58.

eram confiados a um colono espanhol (*encomendero*), que estava autorizado a cobrar tributos dos nativos em espécie ou na forma de trabalho compulsório. Esse sistema degenerou em maus-tratos e escravidão dos nativos.

A área das Reduções Guaranis era composta por espaços urbanos e rurais:

> No espaço urbano havia locais de sociabilidade, trabalho, diferenças, pluralidades, onde vivia a maioria da população de indígenas cristãos, em média de 3.000 a 5.000 habitantes, tutelados por dois ou três padres missionários membros da Companhia de Jesus. A área rural ocupava a maior parte das terras com suas fazendas, vacarias, estâncias, rebanhos e postos avançados, onde viviam as outras parcialidades indígenas cristãs, que incluíam as famílias de carteiros, peões, fazendeiros. O meio rural eram as áreas de criação de animais, plantio de alimentos e erva-mate.[4]

Essas missões entre as populações indígenas foram inicialmente definidas na organização da Companhia de Jesus como Província do Paraguai e estendidas desde as áreas correspondentes até os atuais Paraguai, sul do Brasil e a região das Missões na Argentina. Mas o mesmo tipo de proposta foi estendido até Chile, Bolívia, Arizona e a Baixa Califórnia, e constituiu-se num capítulo fundamental da presença jesuítica no território americano.

As Reduções se configuraram como uma tentativa de integração entre grupos étnicos locais e o mundo ocidental moderno: realizadas ao longo de cerca de 150 anos pela Companhia de Jesus junto aos Guaranis, foram violentamente extintas em meados do século XVIII. Wilde afirma que:

> As missões jesuíticas nas planícies sul-americanas constituíam verdadeiros sistemas regionalmente articulados dos quais também faziam parte outros estabelecimentos da Ordem, como escolas, residências, escritórios comerciais e fazendas. Com o tempo, algumas regiões missionárias alcançaram enormes dimensões territoriais, demográficas e políticas. Nas primeiras décadas do século XVIII, as missões paraguaias contavam com uma população de 140.000 indígenas. Após a expulsão dos jesuítas (1767-1768), as missões iniciaram uma fase gradual de declínio que culminou com a dissolução de muitas das missões durante as guerras de independência iniciadas na década de 1810.[5]

4 Santos, "A regulamentação", 2012, p. 25.

5 Wilde, "Jesuit", 2018, p. 6.

Ainda de acordo com Wilde, até a época da expulsão, os jesuítas permaneceram na América Latina por cerca de dois séculos. Na maioria das áreas de colonização, eles conseguiram promover um verdadeiro processo de transformação cultural, política e religiosa, a partir do qual surgiram novas identidades. Nesse sentido, os espaços missioneiros se constituíram em grandes laboratórios de transformação. Entre os meios utilizados para desencadear esse processo, Wilde lembra: a criação de tipologias baseadas em nomes étnicos, a introdução de instituições políticas (cabildo, igreja, milícia, irmandades), a padronização de "línguas gerais", a disseminação de formas de devoção e a introdução de novas tecnologias e artes (como a escrita), de novos modos e formas de conceber o espaço e o tempo. Assim, foi criada uma nova territorialidade, muitas vezes marcada pelo sangue dos mártires, cujas "tradições sobreviveram à expulsão dos jesuítas por várias décadas, formando uma memória missionária encarnada na imaginação e na prática".[6]

De fato, a educação e a integração social se tornaram os dois principais meios da missão evangelizadora dos jesuítas no contexto latino-americano. O Noviciado de Córdoba foi estabelecido em 1608, enquanto a primeira missão no território dos guaranis, a de San Ignacio Iguazú, foi fundada em 1609. As duas iniciativas se desenvolveram até a expulsão da Ordem na segunda metade do século XVIII.

Nesse contexto, os jesuítas, muito atentos à dimensão da pessoa e ao conhecimento de si mesmos cultivado desde a formação como membros da Ordem, a partir da visão do fundador da Companhia de Jesus, Inácio de Loyola, empregaram seu conhecimento e práticas psicológicas, acomodando-os às visões de mundo das culturas locais; usaram esses saberes também para persuadir e promover a adesão dos nativos ao seu projeto de evangelização. Desses saberes, apresentaremos a seguir alguns exemplos, organizados pelos gêneros de sua produção.

Psicologia filosófica dos jesuítas e sua transmissão na América Latina

Os saberes dos jesuítas acerca da pessoa e do psiquismo humano eram compendiados em tratados, pois a Companhia de Jesus valia-se com grande eficiência do recurso da estampa para imprimir e veicular suas produções intelectuais. Um conjunto de livros na bagagem dos missionários da Companhia de Jesus, que chegaram à América Latina, consistia em tratados recém-impressos e apelidados de *Conimbricenses*. O termo derivava do fato de terem sido escritos em Coimbra, cujo antigo

6 *Idem*, "The Foundation", 2017.

nome romano era Conímbriga. Coimbra era a sede do Real Colégio das Artes e das Humanidades, fundado em 1542 pelo Rei D. João III, e a partir de 1555 sob a direção da Companhia de Jesus. Os livros foram compostos para serem recursos à didática e ao estudo dos jovens. O conhecimento do conteúdo desses textos nos ajudará a entender o modo de pensar dos missionários jesuítas e daqueles que foram treinados nas escolas que eles criaram em território latino-americano.

Ao todo, são oito volumes de Comentários do Colégio Conimbricense da Companhia de Jesus, todos comentários das obras aristotélicas e compêndios de suas interpretações pela tradição filosófica cristã, especialmente a tomista, mas também das teorias dos autores *modernos*. As partes referentes à "*scientia de anima*", ou seja, a psicologia filosófica de origem aristotélica, tomista e agostiniana, foram impressas em Coimbra e Lisboa de 1592 a 1606.

Os tópicos relacionados ao estudo psicológico são abordados nos seguintes textos dos tratados conimbricenses: o comentário ao *De Anima* (*Sobre a Alma*, Góis, 1602), o comentário à *Parva Naturalia*,[7] o comentário à *Ética a Nicômaco*,[8] e o comentário ao *De Generatione et Corruptione*.[9] Nos textos, todos escritos em latim, e a maioria deles de autoria do docente jesuíta Manuel de Góis (1543-1597), são destacados os principais conceitos relativos ao conhecimento psicológico.

A proposição da psicologia aristotélica passa pela apropriação realizada pelo filósofo e teólogo Tomás de Aquino, no século XIII, no contexto da visão antropológica moldada pelo cristianismo; assume, portanto, a denominação de doutrina aristotélico-tomista. Entretanto, a visão do ser humano e do psiquismo veiculada pela tradição filosófica medieval é interpretada à luz das mudanças culturais que marcaram o período humanista e renascentista. Essas influências são filosóficas, mas também médicas, ou de outras áreas da "filosofia natural". A qualidade e a quantidade das fontes citadas são significativas da posição dos filósofos jesuítas que procuram discutir e, quando possível, conciliar teorias às vezes muito diferentes entre si; ou seja, eles estão procurando acomodar doutrinas antigas e modernas.

A análise dos comentários às obras psicológicas aristotélicas permite entender o amplo panorama da época em relação ao conhecimento antropológico e psicológico. Com efeito, os textos apresentam os problemas, as soluções, os temas e conceitos, e os métodos de conhecimento que na época eram considerados

7 Góis, *Pequenas coisas naturais*, 1593.

8 *Idem*, *Ética*, 1593b.

9 *Idem*, *Sobre geração e corrupção*, 1607.

componentes essenciais do domínio definido como o estudo da "*anima*". Um elemento importante desse processo de transformação do conhecimento são os desafios decorrentes da necessidade de se abrir para os "novos" mundos fora da Europa, com os quais os europeus entraram em contato no século XVI. Essa foi uma verdadeira revolução produzida no campo do conhecimento pela descoberta de novos mundos, novos seres humanos, novos povos e novas formas sociais.

Quanto aos conceitos psicológicos presentes nessas obras, algumas teses fundamentais referentes à definição aristotélico-tomista da alma humana constituem os fundamentos do conhecimento proposto sobre os fenômenos anímicos. A psique, ou alma, é definida como o primeiro ato substancial do corpo, a forma do corpo e o princípio de nossa atividade, de acordo com a doutrina aristotélica clássica.[10] A alma tem habilidades peculiares chamadas de "poderes" (δυναμις). Elas são classificadas em quatro tipos. Primeiro, o poder vegetativo com as funções nutritiva e geradora. Segundo, o poder sensorial, responsável pelo conhecimento sensível que atua por meio dos sentidos externos (visão, audição, olfato, paladar e tato) e pela elaboração desse conhecimento através dos sentidos internos. São eles: o senso comum, cuja função é reunir as sensações provenientes dos cinco sentidos externos, distinguindo-as e comparando-as entre si; a fantasia, que compõe e divide as sensações entre si; o poder cogitativo, ou estimativa; e a memória. Em terceiro e quarto lugar, há a potência apetitiva, que se distingue em potência apetitiva sensitiva, orientada para objetos sensíveis e singulares (ou seja, paixões ou emoções, ou a própria vida afetiva), e a potência apetitiva intelectual, dirigida pela razão (ou vontade) e da qual deriva também a prudência ou moderação. A potência intelectual é composta pelo conhecimento intelectual intuitivo (informação sobre um objeto presente) e pelo conhecimento intelectual abstrato (apreensão de um objeto que não está presente). Estes conhecimentos se manifestam nas diversas formas de: intuição, entendimento, engenho, juízo, discernimento e raciocínio.

A atuação conjunta das capacidades intelectuais e apetitivas proporciona à pessoa humana a experiência das coisas. Na perspectiva jesuítica, esta expressão condensa os diferentes sentidos da experiência humana da realidade: a experiência sensível como prova e experimentação; a experiência como conhecimento, habilidades e práticas; a experiência como abertura do sensível para o transcendente e para o reconhecimento da ação divina nas circunstâncias da história humana; e a experiência modelar (mística) onde acontece a identificação de cada jesuíta com a vivência do fundador e

10 Aristóteles, *De Anima*, 2006.

com os valores e os fins da Companhia. Todos estes sentidos são relacionados entre si, por serem etapas de um processo unitário que leva ao conhecimento da realidade: desde a experiência como verificação e prova, diante do novo, até sua consolidação num conhecimento adquirido ao longo do tempo que se torna hábito e prática; desde a realidade concreta até a realidade transcendente.[11]

Na visão dos filósofos jesuítas, há uma profunda interseção entre a corporeidade e o psiquismo da pessoa. Os tratados conimbricenses ensinam que o funcionamento da dinâmica psíquica está enxertado na "compleição natural" de cada pessoa, ou seja, na condição psicofisiológica do corpo, expressa pelo conceito de temperamento. A ligação entre esses dois níveis é considerada tão importante que o conhecimento do temperamento integra o estudo da alma. As origens do conceito de temperamento remontam à teoria médica grega. A partir de 400 a.C., a doutrina filosófica dos quatro elementos do cosmo foi aplicada a quatro substâncias empiricamente encontradas pelos médicos no corpo humano como fruto do metabolismo: os humores. A doutrina disso resultante encontra-se consolidada num texto anônimo escrito em grego, *Acerca da natureza do homem*, que compõe num sistema único a patologia humoral e a cosmologia filosófica de Empédocles. Posteriormente foi sistematizada por Hipócrates (460-377 a.C.) e por Galeno (129-217 d.C.). A teoria considera a constituição do ser humano como determinada pela presença de quatro humores fundamentais. Estes correspondem aos quatro elementos básicos da composição do universo. Os humores são: bile negra (ou melancolia), bile amarela, fleuma e sangue. Dentre os humores, o sangue é o único essencial e benéfico ao corpo humano: desse modo, a prevalência do sangue é considerada como sendo a disposição mais saudável (*complexio temperata*). A saúde perfeita é o equilíbrio entre eles, podendo este ideal ser alcançado apenas por aproximações. Com efeito, a prevalência de um ou de outro humor é o fator determinante da constituição de cada pessoa, bem como de sua predisposição para tipos específicos de enfermidades. A configuração e composição humoral do organismo é também tida como responsável pelas qualidades psíquicas do indivíduo (temperamento).

Desse modo, a teoria estabelece uma correspondência entre a preponderância de um tipo de humor no corpo e o temperamento do indivíduo. Assim, o excesso de bile negra (*melanê kolê*) corresponde ao temperamento melancólico; o excesso de bile amarela corresponde ao colérico; o excesso de sangue, ao sanguíneo; o excesso de água/fleuma, ao fleumático. Os temperamentos determinam

11 Massimi, "A experiência", 2013.

as características psicossomáticas do indivíduo: sua condição orgânica, bem como seus estados psíquicos.

Entretanto, o excesso ou defeito de um ou de outro humor pode degenerar em patologias psíquicas e físicas. A partir dessa teoria, surgiu no Ocidente uma área de conhecimento definida como "Medicina da Alma", ou "Medicina do Espírito". A Medicina da Alma baseia-se em uma analogia entre a alma e o corpo. Ela pressupõe a existência de "doenças da alma". Assim, ela admite a especificidade da patologia psicológica. Ao mesmo tempo, a dimensão psicológica é considerada um intermediário entre o orgânico e o espiritual.

No século XVI, deve-se ao médico espanhol e docente da Universidade de Alcalá, Huarte de San Juan (1529-1588), o estabelecimento, no modelo da *República* platônica, de correlações entre as qualidades de engenho, juízo e prudência, a estrutura temperamental dos indivíduos, os talentos individuais e a organização política das funções. No *Examen de Ingenios para las ciencias* redigido em 1575,[12] Huarte retoma a teoria humoralista na perspectiva de um dos princípios básicos da medicina hipocrático-galênica: a relação entre saúde do corpo individual e do corpo político, com o objetivo de contribuir para a melhoria da república, através da utilização racional de seus "engenhos", levando em conta o perfil fisiológico e temperamental dos membros do corpo social. O quinto capítulo do *Examen* aborda a importância do temperamento para a formação e o desenvolvimento das qualidades morais da pessoa. Segundo Huarte, cada um ocupa na sociedade um lugar indicado pela natureza que deve ser descoberto pelo discernimento, estudo e descrição das disposições naturais individuais. O autor parte do pressuposto de que certo desequilíbrio dos temperamentos é o estado normal dos indivíduos e também da sociedade. O conhecimento desta condição é importante para restabelecer o equilíbrio através dos cuidados médicos, dos hábitos morais, do exercício das artes e das ciências, assim como da prática política. O temperamento de cada indivíduo indica as particulares predisposições e talentos que ele possui para certa arte ou ciência. Tal visão organicista da sociedade (macrocosmo), concebida em analogia com o corpo humano (microcosmo), justifica a fundamentação da prática social e política na filosofia natural e na medicina, de modo a adaptar a "enfermidade" (o destempero) de cada membro em função do bom funcionamento do conjunto. Huarte distingue três níveis de engenhos: os que somente conseguem compreender matérias e questões fáceis e claras; os que alcançam o entendimento

12 San Juan, *Examen*, 1989.

de todas as matérias e questões; e os que são tão perfeitos que não precisam de mestres para aprender. O indivíduo é caracterizado não somente pela compleição e pelo engenho, mas também por um conjunto de potências psíquicas tais como a *vis* imaginativa, o entendimento, a memória e os apetites (concupiscível e irascível), todas elas cooperando para o funcionamento do organismo psicossomático e devendo ser levadas em conta para uma ajustada integração entre microcosmo e macrocosmo. A cada uma das potências anímicas correspondem grupos de atitudes, saberes e profissões. O tratado de Huarte inspirará um gênero de literatura difundida nos séculos XVII e XVIII, que enfatiza a relação entre a caracterização psicológica dos povos e dos indivíduos e a necessidade da adaptação ao Estado e às comunidades. É plausível que o texto de Huarte foi conhecido e difundido junto à Companhia de Jesus e que tenha diretamente influenciado o conhecimento sobre a compleição natural dos corpos, exposto nos tratados dos mestres jesuítas de Coimbra, de modo particular na discussão acerca da diversidade dos temperamentos.

O autor dos comentários à *Parva Naturalia,* notadamente na parte dedicada ao *Libro de Generatione et Corruptione Aristotelis Stagiritae nunc recens omni diligentia recogniti et emendati,* (1607),[13] observa que raramente ocorre nos indivíduos a presença do temperamento uniforme, onde todas as quatro qualidades (calor e frio, úmido e secura) estão presentes em igual proporção, uma condição muito rara dada a imperfeição do ser humano. Portanto, o temperamento mais comum é o disforme, onde não há distribuição equilibrada das quatros qualidades. Entre os temperamentos disformes, além dos quatro tipos já indicados na doutrina humoralista clássica (temperamento colérico, sanguíneo, fleumático e melancólico), o autor assinala a frequência de uma grande variedade de combinações. A prevalência de uma das quatro qualidades determina as diferenças: por exemplo, se no temperamento colérico predominar a secura, tem-se o temperamento colérico-melancólico; se predominar o calor, tem-se o temperamento colérico-sanguíneo. Um destaque importante é dado ao fato de que uma mesma pessoa possa não conservar, ao longo de sua existência, o temperamento que herdou de seus pais, devido às mudanças internas (idades da vida, regime de vida, alimentação, doenças) ou externas ao próprio organismo (clima, local geográfico). Nessa recusa da teoria da determinação absoluta das diferenças individuais pelos fatores humorais, os filósofos jesuítas distanciam-se da tradição galênica ortodoxa, frisando o papel da responsabilidade do sujeito no que diz respeito ao aperfeiçoamento, ou a correção de suas inclinações.

13 Góis, *Parva Naturalia* (Livro II, capítulo VIII, Quaestio I, articulo II), p. 661-664.

O exercício das virtudes (entre elas, a mais jesuítica sendo a da obediência) pode moderar o influxo dos humores e, portanto, modificar o temperamento.

Dentre todos os tipos de temperamento, alguns são mais propícios à excelência das qualidades intelectuais, como o engenho, e à perspicácia da mente.[14] Sobre essa questão, o comentarista jesuíta diverge de Aristóteles: este considerava o humor melancólico como o mais favorável para o desenvolvimento das atividades intelectuais, ao passo que o filósofo jesuíta indica o colérico-melancólico como sendo o melhor temperamento. A justificativa fornecida é a de que a constituição colérica favorece o empenho e a velocidade da ação e da percepção, uma vez que o calor do componente colérico temperaria os efeitos negativos da *atrabílis* preta. Todavia, é plausível que pese nessa afirmação o fato de os biógrafos terem rotulado como coléricas as duas figuras exemplares da Companhia, Inácio de Loyola e Francisco Xavier.[15] As qualidades atribuídas ao temperamento colérico derivam da teoria do médico Cláudio Galeno (129-216 d.C.). Na tipologia dos temperamentos por ele delineada em *Sobre as discrasias compostas*, os coléricos são retratados como dotados de sentidos agudos, propensos à insônia, prontos para a ação, impetuosos, violentos, ferozes, rápidos, dispostos para comportamentos tirânicos e para a ira. No século XVI, o médico holandês Levinio Lemnio, ou Liévin Lemmens (1505-1568), retoma a tipologia galênica.[16] Lemnio, seguindo Galeno, afirma que, enquanto os indivíduos de temperamento sanguíneo são inconstantes e volúveis e por conseguinte pouco aptos para a vida religiosa, a perseverança e a diligência do ânimo procedem do humor bilioso, sendo que este humor determina a velocidade, o ímpeto e a inquietação, bem como a fluência do discurso. A concepção de Lemnio parece indicar o motivo de os temperamentos definidos como colérico-melancólico, ou colérico-sanguíneo, ou simplesmente colérico serem considerados mais aptos para a atividade missionária, na visão dos jesuítas. Com efeito, os indivíduos cuja compleição é colérica seriam dotados de ímpeto, capacidade de comunicação e inteligência necessários para empreender ações num campo social e natural difícil e novo. Diversamente, na organização da Companhia, os indivíduos fleumáticos são destinados aos ofícios domésticos; os melancólicos trabalham nos colégios como professores e desenvolvem atividades

14 *Idem*, *Parva Naturalia* (Livro II, capítulo VIII, Quaestio III: *Quodnam temperamentum ad excellentiam ingenii et mentis perspicaciam magis idoneum sit*), 1607, p. 685-691.

15 Teixeira, "Liber", 1899; Blecua, "Del gentilombre", 1991; Mateo, "El mundo", 1991.

16 Lemnio, *Della complessione*, 1561-1564.

intelectuais. Dos coléricos também faz menção o Padre Geral Claudio Acquaviva:[17] ao realizar o exame de consciência, cada jesuíta deve ser capaz de descobrir seus "diferentes movimentos interiores" – se for tímido, colérico etc. – e identificar "qual é a paixão que mais o afeta e o aflige: se for colérico, qualquer coisa mínima o perturba; etc." (ms. 429, folha 34, trad. nossa).

De modo geral, é evidente que o conhecimento psicológico transmitido e elaborado pelos conimbricenses se insere na estrutura da modernidade nascente. De fato, eles discutem questões de interesse contemporâneo, mesmo que busquem reafirmar aspectos da visão de mundo tradicional. Um exemplo é o grande espaço dedicado no Comentário do *De Anima* à questão das diferenças individuais e raciais e da alma humana. Esse tema já havia sido abordado por Tomás de Aquino na *Suma Teológica* de forma um tanto duvidosa e interpretado por filósofos peripatéticos de diferentes maneiras. Ele é tratado com grande ênfase por Manuel de Góis no capítulo sobre as qualidades da alma. Neste, afirma-se firmemente que, no que diz respeito à alma e seus poderes (chamados de potências), os seres humanos de todas as raças e de todos os tempos são iguais. Assim, a deficiência ou a perfeição das operações de uma potência psíquica não deve ser atribuída à menor ou maior perfeição da mesma, mas sim ao defeito ou perfeição do órgão do corpo envolvido. Portanto, toda desigualdade intelectual que existe de indivíduo para indivíduo deriva apenas da constituição desigual dos corpos individuais. A importância da discussão fica clara quando lembramos o debate realizado por teólogos e filósofos católicos contemporâneos, especialmente na área ibérica, sobre a humanidade dos povos ameríndios.[18] A transmissão dessa discussão na produção cultural jesuítica na América Latina colonial pode ser encontrada no *Diálogo sobre a conversão do gentio*, escrito por Manuel da Nóbrega em meados do século XVI, dedicado ao tema da evangelização do indígena brasileiro.[19]

Em suma, o conhecimento psicológico elaborado e transmitido pelos tratados conimbricenses informava a visão sobre si mesmo e sobre o outro dos missionários jesuítas recém-chegados à América Latina.

---

17 Em *Instructio as reddendam rationem conscientiae iuxta morem Societatis Iesu* (manuscrito n. 429, da Opera Nostrorum, ARSI, folhas 33-42), que instituiu como "*perpetua praxe Societatis*", a prática do exame de consciência para o autoconhecimento e o cuidado de si mesmo (In: *Institutum*, 1893, v. 2, p. 257).

18 Hanke, *La humanidade*, 1985.

19 Nóbrega, "Diálogo", 1988.

Empregos das categorias da psicologia aristotélico-tomista e da teoria dos temperamentos na composição dos Catálogos Trienais da Companhia de Jesus

Os saberes sobre conceitos psicológicos e sobre temperamentos que, como vimos, encontraram amplo espaço na exposição dos tratados conimbricenses, têm modos originais de aplicação prática na composição dos Catálogos Trienais da Companhia de Jesus. Tais Catálogos eram redigidos nas residências e colégios dos inacianos, em todos os lugares de sua presença missionária, e sistematicamente enviados ao responsável pelas Províncias e ao Padre Geral em Roma. Esses documentos deviam dar conta de retratar a condição de cada jesuíta e, a partir disso, fornecer indicações para seu melhor emprego no contexto missionário e no contexto da comunidade de pertença.

Cada Catálogo Trienal era composto por três partes, ou catálogos: o primeiro, o segundo e o terceiro, conforme a norma da Companhia, que decreta que os *Catálogos* sejam organizados em três partes. O *Catálogo Primeiro* fornece informações acerca de cada jesuíta: nome, sobrenome, naturalidade, idade, estado de saúde, tempo de vida religiosa na Companhia, formação intelectual realizada, antes e depois do ingresso na Companhia, ministérios desenvolvidos e sua duração, graus obtidos e data dos votos definitivos. Neste Catálogo, a cada jesuíta é atribuído um número, correspondente ao nome. O *Catálogo Segundo* é reservado apenas à leitura do Provincial e do Padre Geral, e avalia o perfil psicossomático e as aptidões de cada um: é organizado por número, sendo omitidos os nomes correspondentes, devido ao caráter reservado dos dados nele contidos. Por causa disso, é chamado também de "secreto": trata-se de uma estratégia para ocultar os nomes citados, em caso de roubo ou extravio do catálogo. Esse documento fornece informações acerca do perfil de cada jesuíta, de modo tal que poderíamos defini-lo numa linguagem atual, como uma espécie de perfil psicossomático dos indivíduos membros da Ordem. Com efeito, refere-se a vários aspectos psicológicos e comportamentais: o "engenho", o "juízo", a "prudência", a "experiência", o "talento", a "compleição" (ou temperamento). Apesar de ser assinado pelo Padre Provincial, normalmente é redigido pelo superior local do Colégio, por ter conhecimento mais direto dos indivíduos. O *Catálogo Terceiro* refere-se à situação material (numérica, econômica etc.) das casas ou colégios da Companhia nas diversas Províncias.

As normas para a redação destes catálogos são fornecidas pela *Formula scribendi*, inserida já a partir de 1580 nas Regras da Companhia e que pode ser encontrada no Livro Terceiro dos *Institutum*, coletânea dos textos oficiais da Companhia de Jesus.[20] A atenção ao valor das diferenças individuais e às diversas distribuições nos corpos e mentes de cada um, de qualidades comuns, norteia a composição dessa fórmula.

A estrutura dos *Catálogos Segundos* empregados na Companhia de Jesus ao longo dos séculos XVI, XVII e XVIII, para descrever e ordenar os membros da ordem religiosa nas diversas comunidades espalhadas pelo mundo e entre si articuladas (que serão objetos do segundo capítulo deste livro), deve ser entendida dentro de um universo conceptual marcado pela tradição aristotélico-tomista e pela medicina humoralista hipocrático-galênica.[21] A ordenação da vida (entendida como vida corporal, anímica e espiritual) ao seu fim último, e de cada um ao Corpo (nas suas dimensões de corpo eclesial, social, político e místico) – ideal fundante da Companhia de Jesus –, encontra nessas tradições de pensamentos e de práticas um instrumento poderoso para se atuar. Dessas tradições derivam as categorias empregadas nos *Catálogos Segundos*, as quais buscam compendiar as informações acerca do perfil de cada jesuíta (poderíamos defini-lo numa linguagem atual como uma espécie de perfil psicossomático), indicando diversos aspectos psicológicos e comportamentais: o "engenho", o "juízo", a "prudência", a "experiência", o "talento" e a "compleição" (ou temperamento). A escolha de usar essas categorias não depende da decisão de cada redator, mas obedece a uma normativa precisa.

A função dos Catálogos não é apenas de um simples registro, mas também a de auxílio para os superiores quanto à melhor distribuição das funções entre os membros da Companhia, num determinado contexto de vida e de missão. As *Constituições* da Companhia atribuem ao Padre Geral a tarefa de distribuir as

---

20 "(32) In primo describantur omnes, quin suis Domibus vel Collegiis ac missionibus sunt, in quo contineatur uniuscumque nomen, cognomen, patria, aetas, vires, tempus Societatis studiorum, et ministeriorum quae exercuit, et gradus in litteris, si quos habet, et an Professus, vel Coadiutor sit etc., et a quo tempore. (33) In secundo catálogo dotes et qualitates uniuscuiusque describantur, videlicet: ingenium, iudicium, prudentia, experientia rerum, profectus in litteris, naturalis complexio et ad quae Societatis ministeria talentum habeat; quae omnia diligenter, et Deo prius commendata, et mature considerata, et omni privato affectu semoto, sincere et breviter perstringenda erunt. Et utrumque catalogum ad suum Provincialem mittant" (In: *Institutum Societatais Iesu*, v. 3, Florentiae, 1893, p. 45).

21 Massimi, *História*, 2023.

funções de maior responsabilidade em conformidade aos talentos.[22] Todavia, segundo Inácio, a relação entre disposição individual, função no organismo social e exigências do ambiente missionário devia ser avaliada com muito cuidado, à luz do ideal do equilíbrio.

Ribadeneira, no capítulo da biografia de Inácio referente ao governo dos noviços, ressalta a atenção especial dada por ele à distribuição das funções entre os membros da Ordem: "Se via que alguém era bom para um ofício [...], mas o ofício não era bom para ele, porque iria se perder, ou correr perigo, o exonerava daquele ofício, antepondo a saúde e o bem de seu súdito ao fruto que, naquele ofício, poderia fazer".[23] Com efeito, a nona parte das *Constituições* da Companhia de Jesus descreve as atribuições e qualidades específicas exigidas para o exercício de cada ministério. Quem for escolhido para o cargo do governo, por exemplo, deve possuir qualidades e atributos de tipo espiritual e psicológico: caridade, respeito, lealdade e sinceridade, responsabilidade e capacidade de assumir decisões, coragem, perseverança, prudência e cuidado no exame da circunstância, capacidade educativa, facilidade de comunicação e diálogo, e, sobretudo, discernimento, devendo, portanto, ser livre de afetos desordenados. O pregador deve ter bom domínio da língua e dispor de todos os meios úteis ao ministério, sobretudo o conhecimento da arte retórica. Deste modo, ordenada conforme uma estrutura hierárquica de funções, desde o Padre Geral até o cozinheiro e o enfermeiro, a Companhia de Jesus devia se constituir num organismo material, anímico e espiritual, ou seja, um "corpo" no sentido pleno e integral do termo. Deste corpo anímico e espiritual, os Catálogos são registros e ao mesmo tempo instrumento, expressão e articulação, representação e modo de composição.

Em suma, a significação atribuída às categorias mencionadas na *Formula Scribendi* dos Catálogos, ou "*qualitates*", pode ser entendida à luz das *Constituições* e da psicologia filosófica dos conimbricenses. "*Ingenium, iudicium, prudentia, experientia rerum*", ou seja, engenho, juízo, prudência, experiência das coisas, são derivados da terminologia da filosofia aristotélico-tomista, especialmente dos Comentários ao *De Anima* e à *Ética a Nicômaco*. A expressão "*naturalis complexio*" é o rótulo derivado da tradição médica humoralista e retomado nos Comentários à *Parva Naturalia*.

---

22 Ao Padre Provincial cabe escolher o preposto, o mestre de noviços, os responsáveis dos serviços materiais, os confessores, os consultores, os pregadores e os docentes (*Institutum* II, Regulae Prov., p. 79). Quando o superior percebe que um dos membros tem talento para o governo, deve cuidar especialmente de sua formação, notificando-o ao Padre Geral (*Institutum* II).

23 Ribadeneira, *Tractatus*, 1610, p. 622, trad. nossa.

O processo de construção do conhecimento sobre os povos indígenas e suas características psicológicas na correspondência epistolar e nos escritos

As cartas, usadas como um elo de comunicação entre o Novo e o Velho Mundo, são de particular relevância na Europa da época. Nos séculos XVI e XVII, a carta era vista não apenas como um meio de comunicação, mas também como um gênero literário próximo à autobiografia. Nela, o autor da escrita é também o protagonista da narrativa.[24] Dessa forma, as cartas se tornaram um espaço para se pôr questões pessoais, um terreno propício para a elaboração de experiências vividas por seus autores, e não apenas um meio para a transmissão de informações, doutrinas e ideais. Nesse contexto, o uso da carta como veículo de conhecimento psicológico também é evidente. Esse conhecimento também molda a elaboração das experiências narradas pelos autores. A escrita de uma carta é um processo complexo. Por um lado, ela é o resultado de uma elaboração pessoal e, às vezes, comunitária. Por outro, também faz parte de um determinado universo marcado por exigências históricas e culturais precisas em termos de conteúdo e estilo, retórica e poética.[25]

Um extenso conjunto de cartas foi escrito pelos missionários da Companhia de Jesus que viviam na América Latina. O uso de correspondência epistolar foi um instrumento amplamente utilizado por essa ordem religiosa. O'Malley se refere à ênfase extraordinária que as Constituições da Ordem deram a tal correspondência como um instrumento para obter a união dos corações. O historiador comenta que,

> na medida do possível, os reitores tinham de escrever ao Padre Provincial e os Provinciais ao Padre Geral uma vez por semana; o Padre Geral tinha de responder aos Provinciais pelo menos uma vez por mês, e os Provinciais tinham de se corresponder com os reitores locais das residências. Essas prescrições eram muito exigentes para serem observadas, exceto em casos especiais, como nos primeiros meses de abertura de um novo colégio. Em todo caso, elas propunham um ideal de comunicação frequente e franca.[26]

24 Longo, "De epistola", 1981.

25 Pécora, "Cartas", 1999.

26 O'Malley, *Os primeiros*, 2002.

Os jesuítas mantinham correspondência entre si, oficial ou não, nos idiomas vernáculos e, raramente, em latim. Portanto, a maioria das cartas desse período foi escrita em espanhol, português, italiano e em outros idiomas. Elas trazem informações e edificação, tanto para os jesuítas quanto para os outros. Como toda correspondência epistolar da época, também no caso da correspondência jesuítica, a escrita emprega recursos das artes retóricas que também conseguem mobilizar o dinamismo psíquico dos destinatários, provocando persuasão.

As missivas jesuíticas são comunicações densas e cheias de informações também sobre aquela esfera de fenômenos que hoje definimos como "psicológicos". Os jesuítas usavam os saberes psicológicos produzidos em seu próprio universo cultural não apenas para o conhecimento de si mesmos, mas também para a compreensão dos povos e das pessoas com quem viviam.

No caso da América Latina, chamada na linguagem dos inacianos da época de Índias Ocidentais, isso era particularmente desafiador, dada a diversidade antropológica e cultural entre o mundo dos missionários e o dos nativos. E, como veremos, os jesuítas tentaram compreender os indígenas a partir das categorias culturais fornecidas por seu mundo-da-vida de origem, as mesmas aplicadas ao conhecimento de sua própria experiência. O uso dessas categorias diante do outro é orientado pela observação dos sinais comportamentais.

Um primeiro aspecto desse conhecimento foi construído pelo uso de um conjunto de saberes difundidos na medicina ocidental e que já vimos empregados no seio da Companhia de Jesus: a teoria humoralista hipocrático-galênica. Entre os autores das cartas missionárias enviadas do Brasil, José de Anchieta[27] mostra um olhar particularmente atento aos traços psicossomáticos do temperamento dos nativos: ele afirma que os indígenas "são um tanto melancólicos".[28]

No que diz respeito aos sentidos externos e internos, o tema da imaginação se destaca na observação dos indígenas. Em uma carta escrita em Piratininga em

---

27 José de Anchieta nasceu em 19 de março de 1534 em Tenerife, Ilhas Canárias, Espanha. Em 1551, ingressou na Companhia de Jesus, em Portugal. Dois anos depois, embarcou com destino ao Brasil, na armada de Duarte da Costa, junto com outros missionários da Companhia. Em 25 de janeiro de 1554, fundou, com o Padre Manuel da Nóbrega, um colégio para os meninos indígenas em Piratininga; aos poucos, se formou um povoado ao redor do colégio, batizado por Anchieta de "São Paulo". Foi mandado para São Vicente para catequizar os indígenas e com eles aprendeu a língua Tupi. Anchieta foi professor dos noviços que entravam para a Companhia de Jesus no Brasil. Viveu em São Paulo, Rio de Janeiro e Espírito Santo. Em 1595 escreveu *Arte da gramática da língua mais usada na costa do Brasil*, a primeira gramática do Tupi-Guarani. Escreveu poesias, cartas e autos, onde mescla sua língua materna, o castelhano, latim, português e tupi. Faleceu em 9 de junho de 1597 no Espírito Santo.

28 Anchieta, *Cartas*, 1988, p. 442.

1557, quando relatou a retirada dos indígenas do recém-criado colégio jesuíta, Anchieta escreveu que "a maior parte destes índios [...] fizeram outras moradas não longe daqui, onde agora vivem, porque [...] agora lhes persuadiu uma imaginação diabólica, que essa igreja está feita para sua destruição". Essa "imaginação diabólica" vem do fato de que "outros índios lhe dizem isso", especialmente "alguns de seus feiticeiros, a quem chamam pajés".[29] Possivelmente, Anchieta está seguindo a doutrina tomista sobre esse assunto. De acordo com a concepção tomista, a imaginação pode ser diabólica porque o demônio tem o poder de agir nos sentidos internos e externos do ser humano. No caso da imaginação, o demônio age sobre o indivíduo fazendo-o parecer como real, algo enganoso, ou fazendo-o ver algo diferente do que é, modificando as espécies sensíveis recebidas pelos sentidos externos.

Os jesuítas retratavam em suas cartas a força que, no dinamismo psíquico dos indígenas, os apetites sensíveis pareciam ter: segundo os padres, seu movimento excessivo em direção a objetos inadequados determinaria condutas "antinaturais", como a antropofagia. Ao relatar a Inácio de Loyola a situação dos nativos na costa do Brasil, Anchieta apontava que,

> de Pernambuco [...] mais de 900 milhas, [...] os índios sem exceção comem carne humana; nisso sentem tanto prazer e doçura que muitas vezes viajam mais de 300 milhas quando vão à guerra. E se cativam a quatro ou cinco de seus inimigos, sem cuidar de outra coisa, voltam à aldeia com grandes vozes e festas e copiosos vinhos, que fabricam com raízes, e os comem de tal maneira que não perdem nem a menor unha, e toda a vida se vangloriam dessa egrégia vitória.[30]

Entretanto, a questão é complexa: para a compreensão da conduta antropofágica, Anchieta também se referia ao movimento dos apetites intelectuais. Por exemplo, como explicar o comportamento dos prisioneiros condenados a essa morte atroz, que a aceitavam como uma honra, senão a partir do fato de que o juízo e a vontade dos indígenas eram movidos pelos valores de sua tradição cultural? "Até os cativos pensam que é coisa nobre e digna para eles, enfrentando uma morte tão gloriosa, como julgam, porque dizem que é próprio dos tímidos e impróprio para a guerra morrerem de modo que tenham de suportar na sepultura o peso da terra, que julgam ser muito grande".[31]

29 *Ibidem*, p. 366.

30 *Ibidem*, p. 108-109.

31 *Ibidem*, p. 109.

Os apetites dos indígenas se tornam desordenados porque são guiados por objetos de valor inadequado e são acentuados pela "paixão desenfreada das bebidas": "Quando estão mais bêbados, a memória dos males passados se renova, e começam a se vangloriar deles, logo ardendo no desejo de matar os inimigos e na fome de carne humana".[32]

A posição de Anchieta se referia às teorias antropológicas de autores contemporâneos: o jesuíta José de Acosta e o ex-jesuíta Giovanni Botero.

O Padre José de Acosta, escritor e jesuíta espanhol (Medina del Campo ca. 1539 – Valladolid, 1600), enviado como missionário ao Peru (1571), publicou um catecismo no idioma aimará, o primeiro livro impresso no Peru. De volta à Espanha, compôs a *Historia natural y moral de las Indias* (Sevilha, 1590), que foi traduzida para vários idiomas. Nos primeiros quatro livros, Acosta apresenta suas observações sobre a geografia física e a história natural do México e do Peru, e, nos três livros seguintes, oferece informações sobre a psicologia, os costumes e as instituições políticas e religiosas dos nativos.

Nesses textos, José de Acosta afirmava que os "bárbaros" são aqueles que se afastam da razão reta e inspiradora das práticas habituais humanas. A definição de "razão correta" e "hábitos habituais" é enxertada na visão aristotélico-tomista. De acordo com Tomás de Aquino (1225-1274), a inteligência humana tem uma tendência natural em direção ao seu Criador. Ao mesmo tempo, o ser humano é um composto de corpo e alma e, portanto, seu pensamento é um ato que ocorre dentro da corporeidade e do condicionamento material em que vive (exemplo: clima, espaço geográfico etc.). Dessa forma, ao mudar algumas condições (por exemplo, a política), poderia ocorrer um processo educacional que levasse e transformasse a condição de barbárie em outra, de civilização.

Acosta apontava "desvios monstruosos" na conduta de populações indígenas que ele classificou, dentro de uma hierarquia estabelecida de condições humanas, como "homens selvagens" em um estado de barbárie absoluta. Entre eles, descritos como "sem lei, sem rei, sem pactos, sem magistrados fixos ou regime de governo", antropófagos e sem moradas fixas, capazes de praticar crimes que os tornavam "como feras", estaria "um bom número de povos do território brasileiro" (Acosta, 1987, p. 68-69).

O estereótipo dos nativos latino-americanos foi transmitido pelos escritos de Giovanni Botero (1544-1617), autor da volumosa obra *Relações Universais*,

32 *Idem*.

um grande compêndio de geografia antropológica elaborado em cinco volumes, escritos em 1591, 1592, 1594, 1596 e 1611.

Giovanni Botero tinha entrado na Companhia de Jesus aos dezesseis anos, mas em 1580 deixou a ordem por causa de desentendimentos com seus superiores e, a partir de 1582, residiu em Milão como secretário do cardeal Carlo Borromeo e, depois, de seu sobrinho, o cardeal Federico.

Os volumes das *Relações Universais* são uma geografia antropológica, com notícias detalhadas sobre a configuração física, demográfica, militar e política das nações do Velho e do Novo Mundo. Na obra de Botero, o espírito da Companhia é evidente, e a maioria das fontes utilizadas é jesuíta. O objetivo do tratado é retratar as características do que o autor considerava ser o novo orbe cristão, com base na leitura de cartas, relatórios e outros documentos jesuítas, entre outros. A obra de Botero tem uma intenção apologética: a descrição do movimento missionário no mundo evidencia a forte expansão do cristianismo concebido de acordo com a visão do Concílio de Trento. Uma grande parte da obra é dedicada à América Latina. Botero demonstra uma grande preocupação em ressaltar as características de subdesenvolvimento socioeconômico e cultural desses povos e descreve detalhadamente sua população, geografia, flora, fauna, condições políticas e econômicas, construindo um grande compêndio de informações derivadas da leitura das cartas e narrativas dos missionários jesuítas.

Botero sugere alguns métodos baseados na consideração da diversidade antropológica entre os diferentes povos americanos e inspirados no trabalho de Acosta. Botero retoma a oposição entre o ser humano selvagem e o civilizado, tendo como critério de comparação o uso reto da razão, formulado por Acosta. Na terceira parte das *Relações* (1595), ele define os indígenas brasileiros entre os povos mais bárbaros, "por levarem uma vida selvagem e bestial sem chefes, sem leis, sem qualquer forma de civilidade e política".[33] O escritor também formula uma avaliação depreciativa de suas características psicológicas: "Seu entendimento parece obscurecido pelos sentidos, a razão pelos apetites e o julgamento pelas paixões. Seu pensamento não se afasta da terra, nem se estende além do objeto presente".[34] Por esse motivo, os nativos não adoram nenhuma divindade, embora confiem "nos feiticeiros e em suas falsas profecias". Botero acredita que seria apropriado lidar com os indígenas antropófagos como se fossem "loucos", e também que dever-se-ia recorrer ao

33 Botero, *Relações*, v. 3, 1595, p. 2.

34 *Ibidem*, p. 2.

uso de armas.[35] A quarta parte das *Relações* (1596) relata o trabalho missionário dos jesuítas no Brasil: Botero conta sobre a grande dificuldade encontrada pelos missionários, causada pela "bestialidade" daquelas populações. Para exemplificar seu julgamento, ele novamente descreve em detalhes o ritual antropofágico.[36] Botero atribui o estado de bestialidade à ação de poderes demoníacos e descreve o surgimento de superstições que ele define como "loucura".[37] Ele afirma que esses "surtos doentios" são estimulados pelo uso do suco de uma erva chamada *Petima*, que induz nos usuários sintomas semelhantes aos que hoje definiríamos como epilépticos: "Caem como mortos no chão, com a boca torcida e a língua para fora, se esticam e se viram com tremores de todo o corpo e falam entre os dentes".[38]

A semelhança entre a interpretação de Anchieta do comportamento indígena em suas cartas e os textos de Acosta e Botero é evidente. Todos eles são inspirados no modelo de psicologia filosófica aristotélico-tomista dos pensadores jesuítas do século XVI. Quando ocorre a prevalência das potências sensoriais, especialmente dos apetites sensíveis, sobre os apetites intelectuais e as potências cognitivas, os indivíduos são incapazes de julgar e avaliar os objetos de seus desejos. A insatisfação resultante os leva a excessos em seus comportamentos e experiências de sensações e afetos. Eles apresentam hábitos desregrados, entre os quais a violência, a crueldade e a antropofagia. Esses processos também podem ser determinados por influências sobrenaturais (os demônios) e pelo consumo de ervas e bebidas. Essas influências podem atuar não apenas no nível sensorial, mas também no funcionamento dos apetites intelectuais.

Entretanto, José de Anchieta era também um homem de formação humanista, que acreditava no poder da educação quanto à modificação dos hábitos humanos e à consciência de si mesmo. Ao escrever em 1555 para Inácio de Loyola, de Piratininga, onde vivia a tribo chefiada por Tibiriçá, o missionário procurou mostrar exemplos de como a convivência com os missionários surtiu alguns efeitos positivos. Ele afirmava que "as outras ignomínias nefastas também necessariamente diminuem; e alguns são tão obedientes a nós que não ousam beber sem nossa permissão, e apenas com grande moderação se compararmos com a antiga loucura".[39] Anchieta destacou a mudança de hábitos e valores "à maneira dos

35 *Ibidem*, p. 53.

36 *Idem*, v. 4, 1596, p. 78.

37 *Ibidem*, p. 84.

38 *Ibidem*, p. 85.

39 Anchieta, 1988, p. 194.

cristãos", a partir da convivência com essa mesma população que antes pensava que só poderia ser convertida pela intervenção da força militar. Escreveu ele: "A sujeição destes índios é por demais admirável, não vivendo obrigados a nenhuma lei, nem direito, e não obedecendo à autoridade de ninguém".[40] Na ponderação de Anchieta, esse fato é inexplicável à luz da teoria civilizatória dos autores já citados, segundo a qual seria previsível a necessidade de lei, religião e obediência a um rei, para possibilitar a conversão religiosa. Mas o fato é explicado pela força da convivência educacional e esse é um argumento utilizado para destacar a importância da presença da Companhia de Jesus no território colonial, tendo em vista a criação e a preservação de uma "República Cristã".

Os jesuítas usavam a terminologia aristotélico-tomista aprendida em seus estudos em Coimbra, e especialmente pelos tratados conimbricenses que já aqui apresentamos, para se referir aos processos cognitivos observados nos nativos. A principal categoria utilizada é o entendimento. A avaliação acerca do entendimento dos indígenas está presente em várias cartas e adquire diferentes valorações.

Nesse sentido, é significativa a carta enviada por Anchieta para Inácio de Loyola, na qual o autor descreve a condição das várias etnias brasileiras e estabelece diferenças entre elas. A descrição é semelhante às já mencionadas teorias políticas de José de Acosta e Giovanni Botero, segundo as quais os povos que não têm em sua organização política e social um soberano, uma jurisdição e uma religião vivem em uma condição não conforme à razão; enquanto os povos que têm pelo menos um desses três pilares evoluem para uma condição cada vez mais racional. De fato, de acordo com Anchieta (e com a tradição na qual ele se inspira), esses três aspectos (organização jurídica, governo e religião) pertencem ao direito natural. Referindo-se aos indígenas da região de Porto Seguro, o autor afirmou que "são indômitos e ferozes, nem se dobram à razão". Ao contrário, "os carijós são muito mais mansos e mais propensos às coisas de Deus", de forma semelhante a "outros povos do oeste, pelo interior até a província do Peru". Esses "são muito mansos, se aproximam mais da razão, estão todos sujeitos a um só chefe, cada um vive com sua esposa e filhos separadamente em sua casa, e de modo algum comem carne humana. Continuando a descrição, Anchieta trata do "povo que se chama Ibiraiaras, que julgamos estar à frente de todos esses no uso da razão, na inteligência e na mansidão dos costumes". E explica as razões para esse julgamento: "Todos eles obedecem a um único senhor, têm horror a comer

40 *Ibidem*, p. 110.

carne humana, estão satisfeitos com uma única mulher [...]. Não acreditam em idolatria nem em feiticeiro, e se adiantam a muitos outros em bons costumes, de modo que parecem mais próximos da lei da natureza".[41]

Na opinião dos jesuítas, a demanda por aprendizado manifestada pelos nativos provava seus dons intelectuais e justificava o trabalho missionário. Nóbrega escreveu em uma carta ao Provincial de Portugal em 1549, no início da missão da Companhia de Jesus na Bahia: "Têm escolas de ler e escrever; parece-me um bom meio de trazer os índios desta terra, que têm grandes desejos de aprender e, quando se lhes pergunta se querem, mostram grandes desejos".[42]

Portanto, na perspectiva dos jesuítas, a avaliação sobre os poderes cognitivos era associada à resposta dos indígenas à iniciativa de evangelização. Quando os indígenas demonstravam resistência aos missionários, eram qualificados como pouco racionais. Um exemplo é o seguinte trecho de uma carta escrita a Torres de Rio Vermelho por Nóbrega, em 1557: "Tenho entendido por experiência quão pouco se podia fazer nesta terra na conversão dos gentios por falta de serem súditos, e são uma forma de gente em uma condição mais próxima das bestas selvagens do que das pessoas racionais".[43] E em uma carta escrita ao mesmo destinatário no ano seguinte, Nóbrega traçava um quadro bastante diferente daquele exposto em suas cartas iniciais. Ele colocava a necessidade de que os indígenas, uma vez "submetidos" à força, fossem ensinados a viver "racionalmente" e, em seguida, fossem evangelizados: "Antes de tudo, é preciso sujeitar os gentios e fazê-los viver como criaturas racionais, fazendo-os guardar a lei natural".[44]

José de Anchieta, na "Informação da Província do Brasil" (1585), uma longa carta informativa dirigida ao Padre Geral da Companhia, afirmava a importância da pregação como instrumento fundamental para a doutrinação dos indígenas. Justificava a afirmação com a observação de que os indígenas atribuem um enorme valor ao discurso e à palavra. Ele escrevia:

> Eles fazem muito caso entre si, como os romanos, dos bons oradores e os chamam de mestres da fala. E um bom orador consegue deles o que quer: ele consegue que eles matem ou não matem nas guerras; ou que andem de um lado para o outro; e ele é o senhor da vida e da morte.

41 *Ibidem*, p. 117-118.

42 Nóbrega, "Diálogo", 1989, p. 110-111.

43 *Ibidem*, p. 400.

44 *Ibidem*, p. 447.

> Eles o ouvem a noite toda e, às vezes, também durante todo o dia, sem dormir ou comer. Para saber se ele é um bom orador e eloquente, muitos o ouvem a noite toda para vencê-lo e cansá-lo e, se não conseguirem, consideram-no um grande homem e orador. É por isso que há entre eles pregadores muito estimados que os exortam a guerrear, a matar homens e a praticar outros atos desse gênero.[45]

A atenção de Anchieta à linguagem e ao uso da palavra é também uma expressão de sua própria formação nas áreas da poética, retórica e humanidades, recebida em Coimbra, e de suas habilidades de linguista, poeta e escritor. Os registros teatrais escritos por Anchieta utilizaram o plurilinguismo como uma forma de aculturação. Era comum usar os três idiomas nos mesmos escritos. Assim, para Anchieta, a palavra seria o grande recurso para a transformação dos costumes e das ideias dos nativos, de acordo com os objetivos evangelizadores. A posição de Anchieta deve ser inserida em um contexto mais amplo. Num país colonial como era o Brasil, onde a maioria da população era analfabeta, o uso da palavra oral como veículo de transmissão de ideias e como meio "terapêutico" era prioritário.

O poder terapêutico das palavras

O uso da palavra "oral" como veículo de transmissão de ideias e como meio "terapêutico" foi o primeiro ponto de convergência entre a tradição indígena e as ações dos jesuítas na América Latina colonial.[46] De fato, a palavra era amplamente valorizada em sua conotação de comunicação, governo e cura, dentro da tradição cultural indígena: desde o século XVI, os relatos e as missivas de viajantes e missionários destacam o importante papel atribuído a ela pelos nativos.[47]

Uma das informações mais antigas a respeito aparece em uma narrativa de 1593, já citada, escrita pelo padre visitador da Companhia de Jesus, o português Fernão Cardim (1548-1625). O relato destaca as peculiaridades da retórica indígena e enfatiza a grande propensão dos nativos para a prática da palavra. Cardim relata que, na aldeia do Espírito Santo, após a recepção pelo "principal" (expressão usada nos relatos missionários da época para indicar as autoridades políticas das populações nativas), ele e os outros dois visitantes (Padre Cristóvão de

45 Anchieta, 1988, p. 441.

46 Pawling, *De la compositio*, 2004.

47 Massimi, *Palavras*, 2005.

Gouveia e Irmão Barnabé Telho) foram levados em procissão para a Igreja pelos indígenas com danças e música de flauta. Cardim escreve:

> Depois de orarem, o padre os mandou falar no [seu] idioma, e eles ficaram muito confortados e satisfeitos. Naquela noite, os principais índios, grandes oradores, pregaram sobre a vida do padre missionário à sua própria maneira. A maneira é a seguinte: eles começam a pregar ao amanhecer, deitados na rede por meia hora. Depois se levantam e caminham por toda a aldeia, pé ante pé, bem devagar. E a pregação também é pausada, fleumática e lenta; eles geralmente repetem as palavras com gravidade. Nesses sermões, eles contam todos os trabalhos, tempestades, perigos de morte que o padre sofreu, vindo de tão longe para visitá-los e consolá-los. Juntos, eles começam a louvar a Deus pela misericórdia recebida e pedem ao povo que traga seus presentes ao padre, em agradecimento. Era comovente vê-los chegar com suas coisas, patos, galinhas, leitões, farinha, beijus com algumas raízes e legumes da terra.[48]

Os chefes da tribo, apropriando-se do discurso do pregador missionário, traduziram-no para sua própria língua para transmiti-lo à comunidade. Dessa forma, eles legitimavam a presença do missionário e, ao mesmo tempo, se colocavam como mediadores insubstituíveis entre ele e o povo.

No mesmo documento, Cardim fornece informações sobre o valor da pregação com os indígenas. Ele nos conta que em cada oca havia um diretor, cuja autoridade era exercida principalmente pelo uso da palavra: ele os exortava ao trabalho, os estimulava à guerra e era muito respeitado por todos. Essas exortações, inicialmente, eram feitas dentro da oca, "por meio de pregações", "que ele faz em voz alta, bem devagar, repetindo as palavras muitas vezes".[49]

O relato de Cardim diz que, entre os principais indígenas e pregadores, "há entre eles alguns velhos de grande nome e autoridade, que têm fama em todo o sertão, trezentas e quatrocentas léguas, e mais". Ele afirma que os nativos estimam tanto "um bom orador que lhe chamam o 'senhor da fala'. Em sua mão tem a morte e a vida, e as levará aonde quiser sem oposição". Quando os indígenas querem testar se um indivíduo possui essa habilidade, "muitos se reúnem para ver se conseguem cansá-lo, falando muito com ele todas as noites. Ficam assim às vezes dois, três dias, sem se aborrecerem".[50]

---

48 Cardim, *Tratado*, 1980, p. 146.

49 *Idem*.

50 *Ibidem*, p. 152-153.

Essa pormenorizada descrição de Cardim revela a surpresa dos religiosos portugueses diante da importância atribuída ao uso da palavra pelos indígenas brasileiros. Trata-se de um inesperado ponto de convergência entre a cultura dessas populações, desconhecida dos missionários, e o imenso esforço de comunicação da cultura europeia da época, evidente na criação de novos instrumentos, como a imprensa, na busca de contatos e de conhecimento de novos povos, novas culturas e novas línguas, e no grande desenvolvimento da arte retórica e de suas infinitas possibilidades como meio pedagógico e doutrinário.

O valor da palavra também está presente nas populações guaranis das Reduções. Como veremos, entre os Mbyá-Guarani do Guairá, a linguagem revela a origem da porção divina da alma humana e a palavra é considerada a expressão da manifestação da alma.[51] A importância da palavra na cultura guarani é atestada por Antônio Ruiz de Montoya, que trabalhou e viveu entre eles e foi o primeiro observador após a fundação das Reduções a escrever e publicar um extenso tratado sobre a antropologia e a cultura dos guaranis. O relato *Conquista Espiritual*, de Montoya, é dentre os mais conhecidos e grandes relatos de testemunhas oculares jesuítas do século XVII. E é "a riqueza das observações de Montoya sobre o primeiro contato e a política espiritual do encontro que distingue o seu relato de todos os outros".[52] Montoya, ao retratar a figura de um xamã chamado Zaguacari, fornece uma descrição de suas características físicas e comenta que ele demonstrou "inteligência e eloquência excepcionais – ele possuía uma retórica natural que mantinha seus ouvintes fascinados".[53]

O uso de palavras, imagens e gestos nas práticas oratórias pode ter constituído um terreno comum e fértil para esses processos, favorecendo o diálogo entre diferentes identidades. Esse diálogo levou a encontrar pontos de convergência e a tornar "porosas" as fronteiras que demarcavam os vários componentes socioculturais envolvidos na prática cultural da pregação. Essa "porosidade" teria, entre seus fatores genéticos, a aplicação constante, por parte dos pregadores, da norma da retórica clássica, denominada "acomodação", da qual trataremos em breve. Em outras palavras, a prática da pregação tinha contribuído para um processo de hibridização cultural. A hibridização cultural refere-se a um conjunto de processos que proporcionaram trocas e misturas de culturas.[54]

---

51 Cadogan, "Ayvu", 1969.

52 Ganson, "Antonio Ruiz", 2006, p. 202.

53 Montoya *apud* Ganson, 2006, p. 204.

54 Canclini, *Hybrid*, 2005.

De fato, no contexto colonial, a prática da oratória sagrada era um meio privilegiado de usar a palavra para evangelizar os ouvintes e para a transmissão cultural. Entre outros efeitos, a oratória sagrada transmitia conhecimento psicológico. Ao mesmo tempo, atuava no campo da comunicação persuasiva, utilizando os recursos da arte retórica e influenciando, por meio deles, o dinamismo psíquico dos ouvintes. Pela força da palavra, conceitos, práticas e crenças da tradição clássica, medieval e renascentista ocidental foram comunicados à população, com o objetivo de induzir mudanças nos hábitos e na mentalidade de indivíduos e grupos sociais.

O famoso jesuíta luso-brasileiro Antônio Vieira (1608-1697), em um sermão de 1669, proferido diante da Capela Real de Lisboa, apresenta o pregador como o verdadeiro médico das feridas do corpo espiritual e do corpo social e político. Ele afirma ser "obrigação desta cadeira (que é o remédio das almas) disputar a enfermidade, e prescrever o remédio. E se for provado, e não custoso, será fácil de aplicar".[55] Essa função corresponde à visão antropológica na qual Vieira se inspira, segundo a qual as dimensões individual, comunitária e política são expressões do dinamismo unitário da pessoa humana.

O uso frequente do termo "médico das almas", para apelidar o pregador, e as analogias entre os estados da mente e os estados do corpo nos sermões deste na América Latina colonial evidenciam a apropriação, a articulação e a transmissão de uma longa tradição. Já vimos que a Medicina da Alma é um conjunto de conhecimentos que visam proporcionar uma vida saudável e o uso da palavra como recurso para atingir esse objetivo. A saúde é concebida como uma qualidade de vida pessoal, em sua integridade. A associação entre a palavra e a saúde da alma e do corpo já era encontrada nos textos dos médicos-filósofos gregos e foi explicitada por Platão no diálogo *Timeu*. Consolidada pelo médico grego Hipócrates e, posteriormente, pelo médico romano Galeno, tal associação foi aplicada pelos oradores e filósofos Cícero e Sêneca. Difundiu-se durante a Idade Média e foi retomada e ampliada no Humanismo e no Renascimento.

Em vários sermões, Vieira atua como médico das almas junto aos seus ouvintes: dentre eles destaca-se o dedicado à "arte de não estar tristes",[56] levando em conta que a tristeza é "a mais universal enfermidade, que padece neste mundo a fraqueza humana", "não só a mais contrária à saúde dos corpos, mas também a mais perigosa para a salvação das almas".[57] Ao relacionar a tristeza aos "tristes

55 Vieira, *Sermões*, 2001, p. 101.

56 *Idem*, 1993, v. 2, p. 762.

57 *Ibidem*, p. 763.

acidentes da melancolia",[58] Vieira remete à matriz hipocrático-galênica da concepção da doença: o desequilíbrio entre os elementos da natureza e os humores do corpo humano. A tristeza é provocada pela melancolia, depositada em excesso no coração, o órgão central do organismo humano, de onde saem "todos os espíritos vitais que se distribuem pelos membros do corpo".[59] Os venenos mortais da melancolia são levados pelos espíritos vitais que saem do coração para todo o corpo e em todas as suas partes, chegando a "perturbar o cérebro e confundir seu julgamento".[60] Os efeitos mais graves da melancolia, entretanto, ocorrem no nível da alma, e a morte que ela traz à alma é a própria separação de sua vida, ou seja, de Deus. Ela alcança esse efeito criando uma predisposição para o pecado. Citando a doutrina dos Padres da Igreja, Vieira explica que "essa fortíssima e tenebrosa paixão afoga a alma" e faz "cair os homens em pecado por falta de juízo e conselho".[61] De fato, a tristeza impede o bom funcionamento do entendimento e da vontade, causando, assim, desordem em todo o dinamismo psíquico. Portanto, os remédios, ou a "arte de nunca estar triste", sugeridos por Vieira, estão todos situados no plano espiritual e se condensam na capacidade reflexiva do ser humano sobre seu destino. Vieira diz: "Nestas duas palavras: *Quo vadis?* Nesta brevíssima pergunta e nesta única máxima, ou preceito, consiste a arte de nunca estar triste".[62] A pessoa que se faz essa pergunta e "vê que com os passos do tempo nunca se detém [...] põe debaixo de seus pés tudo o que costuma entristecer os que não consideram isto".[63] De fato, segundo a doutrina humoral, os excessos do humor melancólico são causados por vários fatores acentuados pela intemperança dos hábitos. Dessa forma, a verdadeira medicina é a moderação que nasce do autêntico conhecimento de si mesmo, que se adquire tendo "diante dos olhos" a própria condição mortal e o próprio destino imortal ("o fim para o qual fomos criados e para o qual caminhamos é o céu").[64]

A complexidade da alma-corporal pode ser controlada pela dimensão espiritual: é nessa perspectiva que o autoconhecimento é necessário e que o pregador se apresenta como o autêntico médico da alma, entendendo-a como a dimensão

58 *Idem.*

59 *Ibidem*, p. 766.

60 *Idem.*

61 *Idem*, 1993, v. 3, p. 727.

62 *Idem*, 1993, v. 2, p. 772.

63 *Ibidem*, p. 774.

64 *Ibidem*, p. 790.

psíquica e a dimensão espiritual do ser humano, ambas sempre entrelaçadas com a corporeidade.

A pessoa como ser-em-devir e a educação como processo, em uma perspectiva jesuíta

A partir da segunda metade do século XVI, devido às demandas da sociedade europeia e dos territórios missionários, a criação de escolas para a educação de crianças e jovens tornou-se a principal forma de ação missionária da Companhia de Jesus.[65] A ênfase na educação como um ministério dos inacianos remonta às suas origens. Inácio de Loyola relata em sua *Autobiografia* que, em 1524, percebeu a necessidade de se dedicar ao estudo para ajudar as almas. Segundo ele, há uma estreita correlação entre a aquisição da virtude e o estudo das letras. Em uma carta enviada pelo secretário Pedro Ribadeneira ao imperador Filipe II da Espanha, Loyola reiterava o compromisso da Companhia com a fundação de colégios, afirmando que todo o bem-estar da humanidade e do cristianismo depende de uma educação adequada dos jovens.[66]

Nas Reduções e nos centros urbanos das províncias missionárias latino-americanas, a educação e os colégios tornaram-se um espaço importante para conquistar a confiança e o apoio dos nativos, criar novos ambientes de vida e convivência, modificar hábitos, costumes e práticas culturais das novas gerações. As cartas dos missionários revelam a importância dada ao trabalho nos colégios, e os espaços arquitetônicos das Reduções e das cidades evidenciam a função fundamental do colégio na estrutura urbana concebida pelos jesuítas. A fundação de uma escola de leitura e escrita para crianças e jovens é um dos primeiros atos realizados pelos missionários ao iniciarem as Reduções, conforme evidenciado pela análise das cartas anuais.[67]

No Brasil, o compromisso pedagógico dos jesuítas junto às crianças indígenas baseia-se na convicção humanista dos religiosos de que a inferioridade cultural dos povos nativos se deve à falta de educação e não a uma diversidade estrutural antropológica ou psicológica. Isso é afirmado por Manuel da Nóbrega no já mencionado texto *Diálogo sobre a conversão do gentio*. Nele, é retratada a

65 O'Malley, *Os primeiros*, 2002.

66 Giard, *Les jésuites á la Renaissance*, 1995.

67 Leonhardt, *Cartas*, 1927-1929.

conversa imaginária entre dois jesuítas que representam duas posições diferentes efetivamente presentes na Companhia, sobre os métodos e objetivos do trabalho missionário. Ao comparar a "rudeza" dos indígenas com a civilização ("polícia") dos antigos povos pagãos, um dos interlocutores afirmava: "Ter os romanos e outros gentios mais polícia, que estes, não lhes veio de naturalmente terem melhor entendimento, mas de terem melhor criação, e se criarem mais politicamente" (Nóbrega, 1988, p. 240). José de Anchieta escrevia em uma carta de 1557 que os filhos dos indígenas criados nos colégios da Companhia "se tornarão cristãos firmes".[68] Dessa forma, através da atuação dos jesuítas, a convicção sobre a possibilidade de o ser humano "fazer-se a si mesmo" por meio do processo educacional, característica do Humanismo e do Renascimento, encontra no Brasil, recém-descoberto pelos europeus, um grande laboratório de experimentação. Por meio da educação, os religiosos pretendiam atuar na transformação dos nativos, de sua cultura e sociedade, em membros do "corpo social cristão" da colônia.

Sob essa perspectiva, o importante papel das escolas jesuítas deve ser destacado. As primeiras escolas construídas na América Latina tinham o objetivo de ensinar a ler e escrever. Nos vários locais de presença missionária, os jesuítas criaram escolas primárias para o ensino do catecismo e da alfabetização; escolas de latim e gramática; escolas para o estudo dos clássicos e para a prática do teatro e da retórica; cursos de filosofia e artes, matemática e física, teologia moral e dogmática. Os estudos nessas escolas eram regidos por normas precisas promulgadas pela Companhia de Jesus e condensadas na *Ratio Studiorum* (1559). A *Ratio* recomendava que os estudos fossem gratuitos, que as escolas aceitassem alunos de todas as classes sociais, que os métodos pedagógicos levassem em conta as características psicológicas e o caráter de cada aluno e que houvesse um equilíbrio entre o ensino humanístico e o científico.[69]

O método de trabalho desenvolvido nessas escolas é condensado no tratado dedicado à arte de educar crianças e discípulos, escrito pelo padre jesuíta Alexandre de Gusmão: *Arte de criar bem os filhos na idade da puerícia*. Esse tratado foi publicado em Lisboa em 1685, já que no Brasil ainda não havia imprensa devido à proibição da Coroa Portuguesa. Gusmão nasceu em Lisboa em 1629 e morreu na Bahia em 1724; veio para o Brasil aos dez anos de idade e entrou para a Companhia em 1646. Ocupou vários cargos importantes em diversos colégios: mestre

68 Anchieta, *Cartas*, 1988, p. 159.

69 Giard, *Les jésuites á la Renaissance*, 1995; Giard, *Les jésuites á l'âge baroque*, 1996.

de noviços, professor de humanidades, prefeito de estudos no Rio de Janeiro, reitor do colégio de Santos e da Bahia e, finalmente, Provincial do Brasil. Gusmão foi fundador e diretor de um colégio, o Seminário de Belém, em Cachoeira do Campo, um lugar próximo a Salvador da Bahia, criado em 1686. Ao longo de setenta e três anos, nesse local cerca de mil e quinhentos estudantes brasileiros receberam a primeira educação através de seu ensino.

O livro *Arte de criar bem os filhos...* é o resultado da experiência pedagógica realizada no Seminário. Ao mesmo tempo, faz parte da extensa obra do Padre Gusmão como escritor. De fato, esse jesuíta estava atento ao valor da escrita para a transmissão de valores e para a formação cristã das novas gerações e empregou diferentes tipos de escrita em suas obras. Entre eles, utilizou o gênero do romance alegórico, do qual foi precursor no Brasil: *História do Predestinado Peregrino e de seu irmão Precito* (1682).[70]

O objetivo da composição do volumoso tratado é apontado de início: a formação de um "menino perfeito" (Gusmão, 1685, p. II). O autor pretende explicar aos pais e professores em que consiste a "boa educação" e "como fazê-la bem"[71] e afirma que o livro se destina também às mulheres: "filhas e mães de família".[72] Algo inovador na época, num dos capítulos, Gusmão defende o direito das mulheres de receberem formação em primeiras letras e artes liberais, tal como os homens. No tratado, é citada a experiência pedagógica adquirida pela Companhia de Jesus nos seus dois séculos de vida, por meio de numerosos exemplos. Na verdade, o tratado não pretende apresentar uma mera teoria pedagógica, mas discutir os resultados adquiridos através da prática: neste sentido, são citados os trabalhos de muitos educadores da Companhia de Jesus. O método de argumentação utilizado por Gusmão para apoiar as suas posições entrelaça as doutrinas dos antigos com as experiências dos modernos.

No livro, a abordagem pedagógica implica também o uso dos conhecimentos psicológicos disponíveis na época. Em primeiro lugar, Gusmão aponta para a importância do processo de desenvolvimento da pessoa desde o início da vida, e o papel decisivo das relações parentais. Ao considerar as primeiras fases do processo educacional, Gusmão enfatiza a necessidade de os pais cuidarem de seus filhos desde os primeiros meses e anos de vida e alerta às mães sobre a importância de

70 Massimi, "The Pilgrim", 2017.

71 Gusmão, *A arte*, 1685, p. III.

72 *Ibidem*, p. IV.

amamentarem seus próprios filhos, dedicando todo o terceiro capítulo a essa necessidade. As razões dadas são várias: primeiro, o fato confirmado pela autoridade de Galeno e Avicena, de que "o leite da mãe é mais saudável para seu filho";[73] segundo, uma razão psicológica, extremamente interessante: o fato de que com o leite se comunica a "inclinação".[74] De fato, os humores também seriam transmitidos através do leite, e essa transmissão poderia modificar a compleição individual original. A questão se torna importante em um ambiente social onde era costume que as crianças amamentadas fossem entregues a babás, geralmente escravas.

Gusmão inicia o tratado com esta afirmação: "Pelo ensino e educação que derdes aos vossos filhos no início da vida, eles poderão saber o que hão de ser".[75] Essa tese se baseia na concepção de *Ética a Nicômaco* de Aristóteles (texto base do aristotelismo renascentista) e à já mencionada teoria aristotélica do conhecimento que vimos partilhada pelos filósofos jesuítas de Coimbra. A teoria considera que os poderes psicológicos que fornecem o conhecimento têm o seu fundamento na atividade dos sentidos. Portanto, as mudanças que neles ocorreram nas primeiras fases da vida teriam o efeito de moldar os processos cognitivos do adulto. A plasticidade do ser humano, as infinitas possibilidades de ser que ele pode escolher para si, foi um tópico aristotélico assumido pela filosofia e pedagogia humanistas dos séculos XV e XVI. Por isso, Gusmão afirma que "todo o bem das crianças depende de sua boa criação". De fato, "os ânimos infantis, como tábulas rasas, estão dispostos a formar neles quaisquer imagens. Conforme a primeira doutrina, que derdes aos vossos filhos, podereis saber o que há de ser".[76]

Um capítulo particularmente interessante do tratado de Gusmão é dedicado a "se houvesse pais com filhos em más condições".[77] Gusmão define como "crianças de má condição" aquelas que "não são dóceis por natureza à disciplina". Atribui esta situação a três causas diferentes: o "mau entendimento", isto é, a falta de capacidade intelectual; a "vontade rebelde", isto é, a dificuldade ao nível da motivação; e o conjunto das causas anteriores.[78] Todas as três condições são "disciplináveis", pois "nenhuma criança está em tão má condição que não

73 *Ibidem*, p. 80.

74 *Ibidem*, p. 184.

75 *Ibidem*, p. 1.

76 *Ibidem*, p. 4.

77 *Ibidem*, p. 134.

78 *Ibidem*, p. 135.

possa ser corrigida, e domesticada, se no pai ou no amo houver vigilância e prudência para criá-la enquanto é pequena".[79] Uma consequência muito importante desta afirmação, no plano pedagógico, é que "os pais não devem abandonar os seus filhos que sentiram más condições, desconfiados de fazerem neles fruto, porque nenhum pode ser de tão mau natural, que doutrinado e domesticado não possa ser de proveito pela boa educação".[80] Quando os pais se sentirem incapazes de executar esta tarefa de formação, devem procurar o auxílio daqueles que são competentes na matéria. Neste caso, recomenda-se ao pai que "consulte os políticos previstos nesta matéria, isto é, aqueles que tenham escrito políticas de crianças, ou que, por experiência, possam dar-lhe conselhos".[81]

Em suma, a proposta pedagógica de Gusmão e dos jesuítas, em geral, parte da concepção de uma pessoa que realiza seu destino por meio do bom uso de suas disposições pessoais, inclusive psicológicas. Dentre essas disposições, o dinamismo anímico tem uma função fundamental de articulação entre a dimensão corporal e a espiritual. Portanto, em sua ação pedagógica os jesuítas visam à incorporação da pessoa ao todo, mobilizando e exercitando sentidos, afetos, juízo e vontade, corpo e alma, segundo um caminho orientado à consecução do objetivo final. O desenvolvimento ordenado da personalidade moldada pela educação contribuiria para a formação do Corpo Social Cristão, que os jesuítas pretendiam realizar no universo missionário latino-americano.

Conhecimento psicológico e práticas culturais

Os jesuítas buscaram promover o processo de mistura dos diferentes componentes do corpo social das colônias, por meio de diversas práticas voltadas principalmente para a educação das crianças. Assim, festas e jogos eram empregados em tal perspectiva, como pode ser visto nos relatos dos autores da Companhia de Jesus. Descrições dessas práticas culturais presentes nas culturas dos indígenas e nas misturas que ocorreram com a tradição europeia, especialmente a lusitana e a espanhola, por ocasião da colonização e cristianização da América Latina, constam nas fontes redigidas pelos missionários jesuítas. Evidências numerosas indicam que celebrações, festividades e rituais eram práticas intrínsecas da vida

79 *Ibidem*, p. 137.

80 *Ibidem*, p. 139.

81 *Ibidem*, p. 141-142.

social nas Reduções Jesuítas-Guaranis.[82] Cerimônias diárias e celebrações festivas são um elemento organizador fundamental na vida cotidiana das Missões Jesuítas-Guaranis, particularmente das atividades produtivas.[83]

Segundo o conhecimento psicológico aristotélico-tomista, que perpassa a ação evangelizadora jesuítica, as experiências das pessoas ganham intensidade à medida que os sentidos são provocados, as sensações e afetos são despertados, os entendimentos são mobilizados. Afetos de alegria e prazer estão ligados a sensações estimuladas nos sentidos da visão, audição, paladar, olfato e tato. A mobilização desse dinamismo contribui para a formação de entendimentos e motivações que promovem a integração do corpo social, político e religioso. Essa é a função social das práticas festivas.

A narrativa epistolar, elaborada em 1590 por Fernão Cardim, sobre a viagem e missão jesuítica do padre visitante Cristóvão de Gouveia pelas regiões da Bahia, Ilhéus, Porto Seguro, Pernambuco, Espírito Santo, Rio de Janeiro, São Vicente etc., entre os anos de 1583 e 1590, descreve práticas festivas de vários tipos desenvolvidas nestes territórios.[84] São elas: festas de recepção, celebrações (chamadas de "festas espirituais") de cunho religioso (missas, batizados, casamentos), e, finalmente, jantares e festas à moda indígena. Um exemplo é a recepção recebida pelos visitantes quando chegavam à aldeia de São João, próxima à cidade de Salvador. Cardim relata que quando os jesuítas se aproximaram pelo mar, por um

> caminho de grandes campos e desertos, antes da aldeia mais de uma milha, vinham os principais índios. Eles se revezavam para levar o padre em uma rede, e como o caminho já era curto, a cada passo eles se revezavam para que nenhum deles ficasse sem levar o padre. Eles ficavam muito felizes em ter isso como uma grande honra e favor. Fomos recebidos com muitas festas.[85]

Após essa recepção cerimonial, os jesuítas realizavam suas práticas religiosas com a comunidade indígena (batismos, eucaristia, missas solenes). Os indígenas,

82 Wilde, *Religión*, 2009.

83 Os manuscritos originais dessas fontes estão preservados nos Arquivos da Companhia de Jesus em Roma e foram posteriormente reproduzidos em edições modernas. São predominantemente cartas e relatórios. Como já enfatizamos ao analisar as cartas, essas narrativas trazem o filtro dos observadores e escritores que as elaboraram; os objetivos evangelizadores são evidentes nelas.

84 Cardim, *Tratado*, 1980.

85 *Ibidem*, p. 155.

"depois das festas espirituais, faziam outro jantar conforme sua tradição e toda a tarde se dedicavam às suas festas".[86]

Em outra seção, Cardim se refere a três festas que eram celebradas pelos indígenas de forma efusiva. Todas elas são festas de tradição cristã, trazidas ao Brasil pelos portugueses e depois pelos jesuítas:

> A primeira é a das fogueiras de São João: nesta ocasião, seus aldeões queimam em fogueiras. Eles pulam as fogueiras sem se preocupar em queimar suas roupas. [...] A segunda é a festa do Domingo de Ramos: é bonito de se ver, as palavras, as flores e os enfeites que eles usam [...]. A terceira, que todos mais celebram, é a Quarta-feira de Cinzas: nesta, ninguém falta, e vêm de longe para participar e receber as cinzas na testa em forma de cruz. [...] Se acontece que o padre não vai ao mofo, eles dão as cinzas uns aos outros, como aconteceu a uma senhora idosa que, na falta do padre, chamou todos os moradores do mofo à igreja e lhes deu as cinzas, dizendo que assim eram os Abarés, e que eles não ficariam em tal solenidade sem cinzas.[87]

A carta de 1556 enviada da Bahia do Salvador ao "Nosso Pai Inácio", pelo jesuíta Antônio Blasquez, enfatiza a grande força afetiva exercida pela "música e cantos" entre a população indígena. Ele narra que, "em volta da igreja, as crianças diziam um canto, e o outro coro respondia com as flautas. Era coisa muito bonita, máxima para acontecer entre esses índios, que em extremo são apegados à música e ao canto".[88] A carta escrita pelo padre Antônio Pires em 1560 descreve a visita do padre Luiz da Grã na Bahia, à aldeia do Espírito Santo, e se refere a uma recepção com "folia de tamboris".[89]

Em geral, as narrativas de festas e comemorações presentes nas cartas jesuíticas mostram a ocorrência de uma mistura bem-sucedida de tradições festivas, a indígena e a europeia, num claro esforço comunicativo de persuadir os leitores sobre o sucesso das atividades missionárias: "Durante toda esta noite, não só da parte dos indígenas, com suas danças, mas também da parte dos brancos, com seu tambor e folia, a festa foi celebrada com grande prazer e alegria".[90] E mais:

86 *Ibidem*, p. 155.

87 *Ibidem*, p. 156.

88 Navarro, *Cartas*, 1988, p. 188.

89 *Ibidem*, p. 302.

90 *Ibidem*, p. 446.

> finalmente, no meio desta procissão houve danças, tambores, com sua bandeira, folia, não só da parte dos índios, mas também dos cristãos, que não estavam pouco se regozijando e rejubilando com a festa. Com esta ordem e maneira, eles percorreram a aldeia com grande satisfação de todos.[91]

A procissão é intercalada por danças, tambores, folia e a presença da bandeira; todos elementos ainda presentes hoje nas tradições religiosas e lúdicas brasileiras.

Nas *Informações da Província do Brasil ao Padre Geral da Companhia de Jesus,* escritas em 1585 por José de Anchieta, entre as notícias relatadas sobre o contexto missionário, o autor descreve as aldeias da Bahia e algumas festas e brincadeiras que ali ocorrem. Nas "festas" das crianças indígenas, ele relata a presença conjunta de elementos da tradição lúdica portuguesa ("fazem suas danças aos portugueses com pandeiros e violas, com muita graça, como se fossem crianças portuguesas") e elementos da tradição lúdica indígena ("e quando fazem essas danças colocam na cabeça uns diademas de penas de pássaros de várias cores e dessa sorte também fazem os arcos, urdem e pintam o corpo, e assim pintados e muito galanteadores, a seu modo tornam suas festas muito agradáveis").[92] O uso do pandeiro em festas é comum no Brasil: é um pequeno tambor de fácil execução e construção. Junto com a gaita de fole, foi um dos primeiros instrumentos europeus a chegar ao Brasil. Há relatos do pandeiro encantando os indígenas tupiniquins desde o início da colonização.[93] Anchieta usa a história dessas práticas para comprovar o argumento conclusivo: essas crianças "já são homens políticos e cristãos feitos". As práticas festivas e lúdicas são, portanto, um elemento significativo do projeto jesuítico de aculturação e cristianização dos nativos.

Nas Reduções, os jesuítas buscaram substituir as práticas festivas de tradição guarani por celebrações religiosas de caráter católico. O padre Provincial, Pedro Oñate, relata em 1620:

> a maneira em que também se realizava a festa do nosso Beato Padre Inácio, padroeiro desta Redução, na qual também mandou-se dispor luminárias nas paredes de nossa moradia por falta de [...] janelas e galerias. Os dois naipes de chirimias (pequenos oboés indígenas de madeira), alguns deles de junco, os outros de cabaças, também alegravam

91 *Ibidem*, p. 452.

92 Anchieta, *Cartas*, 1988, p. 412, 417.

93 Cascudo, 2012.

estas festas, sendo ainda mais admiráveis as nossas festas pela extrema pobreza com que são feitas, mais do que as de outras partes.[94]

Como veremos, no encontro com as populações guaranis, os jesuítas perceberam que elas tinham um grande amor pela música e imediatamente a usaram para estabelecer o contato, assim como posteriormente, na vida cotidiana nas Reduções. O jesuíta boêmio Antônio Sepp, fundador da Redução de São João Batista, localizada no atual território do Rio Grande do Sul, escreve sobre isso: "Não há nada que eles gostem mais do que a música. Quando eu lhes mostrava meus instrumentos, as partituras trazidas da Europa e tocava um pouco [...], eles não conseguiam se conter de alegria".[95] O missionário conta em seu diário que, em dias de festa, antes da missa solene, e durante as procissões, grupos de jovens indígenas vestidos com trajes festivos realizavam suas danças. Por exemplo, "durante a festa do Corpo de Deus, alguns dançavam diante do Santíssimo Sacramento".[96]

Nesse contexto, os gêneros do drama, do teatro e da ópera lírica foram utilizados pelos jesuítas para fins catequéticos e pedagógicos. As fontes repetem referências à encenação de lutas e batalhas entre personagens da história cristã, especialmente mouros e cristãos, ou o Arcanjo Miguel e o dragão. As festas religiosas, momento importante do calendário da Redução, parecem querer retraduzir as antigas festas tribais, com o objetivo de que nessa "tradução" triunfe o ideal civilizador e evangelizador proposto pela vida cristianizada da Redução. Torres Bollo, primeiro Provincial do território reduzido, afirma em uma carta de 1612 que os missionários retomavam "o antigo costume de se reunirem aos domingos e feriados importantes", agora "para a instrução do catecismo e para ouvir o sermão pregado a eles pelo padre", e ainda comenta que os guaranis "celebravam o dia de Santo Inácio com grande solenidade". Nessa ocasião, havia "jogos populares, exercícios de cavalgada, música, arcos triunfais".[97] Os missionários reconheciam a importância que as festividades, a música e as danças assumiam aos olhos dos seus catecúmenos guaranis, entendendo que elas "servem para o entretenimento honesto em suas aldeias, para que não sejam tentados a fugir e para que, para o bem e com deleite da alma e do corpo, entrem neles as coisas de Deus".[98] Eles

94 Leonhardt, *Cartas*, 1927, p. 93.

95 Sepp, *Viagem*, 1973, p. 9.

96 *Ibidem*, p. 91.

97 Leonhardt, *Cartas*, 1927, p. 84.

98 *Ibidem*, p. 84.

entendiam o valor que a música e as danças têm para o povo guarani. Segundo Martins,[99] de fato, as festas religiosas nas Reduções pareciam querer reproduzir os festivais tribais, introduzindo, porém, transformações profundas quanto aos conteúdos e objetivos propostos. As festas eram preparadas cuidadosamente, e através delas os missionários promoviam um processo de acomodação e de tradução de significados, introduzindo novos sentidos a gestos tradicionais, como a troca de dons, a oferenda de alimentos e vinhos, e os bailes rituais. Por exemplo, o gesto de levantar a Cruz que principiava a organização da Redução era acompanhado por elementos dos rituais indígenas, como cantos, danças e comidas.

A Carta Ânua de 12 de novembro de 1628 ao Padre Geral do Provincial, Nicola Paolo Broggio Mastrilli Duran (1568-1653), que relatava sua visita junto às Reduções de Loreto e Santo Inácio, descrevia a grande festa de acolhida organizada pelo missionário Padre Cataldini, pelos caciques e pelo povo inteiro:

> Uma légua antes de chegarmos, o Padre Cataldini [da marca de Ancona] saiu para nos receber em um barco muito decorado com arcos e ramos. Depois vieram outras valsas também adornadas. Em umas vinham os caciques principais do povoado, em outras os cantores com suas viguelas e chirimias e o rio inteiro estava cheio de muitas canoas que lutavam entre si com muita festa. Na praia estava o povo inteiro, homens e mulheres, ansiosos para ver um Provincial que nunca tinham visto. Fomos [em procissão pela rua, bem enfeitada com arcos] à igreja, que estava cheia de gente, e fiquei muito contente de vê-la por ser tão grande e de três naves tão bem feitas e tão alegres. E estava tão enfeitada com flores e outras decorações que me pareceu um retrato do céu, e só por esta visão eu consideraria todo o meu trabalho como bom. E Vossa Paternidade dê ação de graças a nosso Senhor que tenha tantos filhos em lugares tão remotos aumentando a honra de Jesus Cristo.[100]

Em suma, as festas organizadas pelos missionários nas aldeias indígenas tinham o objetivo de promover a miscigenação cultural, suscitando a participação de todos os atores sociais presentes e visando à persuasão quanto aos objetivos evangelizadores. Dessa forma, buscavam estimular o processo de formação do "corpo social cristão".

Adentrando a função dos saberes psicológicos nesse processo, devemos reconhecer que essas práticas festivas e lúdicas tinham como objetivo promover

99 Martins, *Sobre festas*, 2006.

100 Leonhardt, *Cartas*, 1929, p. 304.

dinâmicas comunicativas e persuasivas, e, como tais, eram construídas a partir de conhecimentos que articulavam psicologia filosófica e retórica, difundidos na tradição ocidental e apropriados pelos jesuítas tendo em vista o fim evangelizador. Já vimos que, segundo os preceitos da retórica clássica, interpretados na perspectiva cristã a partir de Agostinho de Hipona, os processos de comunicação por meio de palavras, imagens e gestos visam encantar, comover e convencer por meio da compreensão, aos destinatários. O deleite experimentado pelos sentidos movimenta os afetos, mobilizando o interesse, a atenção e o conhecimento daqueles que participavam dessas práticas. Disso decorre a importância do envolvimento emocional observado pelos autores das cartas. Expressões encontradas nas cartas, como "não podiam ser felizes", ou demonstravam "extrema afeição pela música e pelo canto", revelam a importância e a atenção dada pelos narradores ao grau de envolvimento emocional dos moradores das aldeias nas festas e brincadeiras promovidas.

A participação nesses eventos comemorativos ativava o dinamismo psíquico das pessoas, principalmente por meio do envolvimento sensorial. Isso era proporcionado pelo fornecimento de estímulos sensoriais (como luzes, cores, sons, cheiros etc.) e pela apresentação de figuras (imagens, alegorias, atores mascarados etc.), movimentos (danças e gestos) e palavras.

Na perspectiva do conhecimento psicológico inspirado na filosofia aristotélico-tomista ainda vigente na época, a alma sensível, responsável pelo conhecimento sensível, pelos apetites sensíveis e pelo movimento, tem como primeira função a sensação. As faculdades sensíveis são capazes de receber estímulos sensoriais, que se atualizam em sensações. Portanto, a capacidade de sentir só é acionada quando o organismo pessoal e psíquico está em relação com o objeto sensorial e produz a sensação.

Dentre os cinco sentidos externos, o sentido da visão é especialmente estimulado. Já foi visto em relatos jesuítas que, por ocasião da festa de São João, aldeias ardem em fogo por causa das fogueiras: a luz encanta e mobiliza as pessoas a saltarem sobre ela. A audição é outro sentido que fica evidente nos relatos de festas e brincadeiras. Assim como a luz, o som, ligado à música, tem o poder de unir as pessoas e envolvê-las com a prática cultural ou religiosa proposta. Os instrumentos, flauta, pandeiro e viola, além dos cânticos e cantos, são elementos por meio dos quais o som é utilizado na mobilização dos participantes, que por terem "extrema afeição pela música e pelos cânticos" se envolvem intensamente. Pode-se considerar também a importância dos sentidos do paladar, olfato e tato nas celebrações e brincadeiras. Durante as celebrações, era frequente um banquete (com perus, galinhas, leitões etc.) por meio do qual o aspecto do paladar e do olfato era destacado. As danças, as argolas de corrida, as brincadeiras na água, ou pelo arco e pelo pião mostram a importância do corpo e do tato nas atividades de festividades e jogos. Sensações de prazer, alegria e encanto são despertadas à medida que sentidos diversos são explorados, gerando entendimento e posicionamento nos participantes.

Se, segundo Aristóteles, todas as ações do ser humano buscam um fim, mas todas elas juntas buscam um fim último, um bem supremo, a felicidade, é para esse ideal que o entendimento e a vontade devem ser guiados. A perfeição da alma racional é chamada por Aristóteles de virtude dianoética e tem dois dinamismos em sua relação com o mundo: o de se voltar para o próprio mundo e para as coisas mundanas; e o de olhar para as verdades supremas e necessárias (sabedoria).

Nas narrativas das celebrações que tiveram lugar na América Latina colonial, o objeto celebrado (o sacramento eucarístico, a imagem de um santo padroeiro ou da Virgem Maria) faz parte de uma ordem presente no mundo, mas que sinaliza uma ordem transcendente (a presença divina). Afirma-se, assim, uma transição constante entre o invisível e o visível. Nesses eventos, o que se apresenta são estímulos sensoriais e o movimento de corpos e aparelhos efêmeros, mas o que se experimenta são sensações, sentimentos, pensamentos e posições que de alguma forma realizam em cada um e no corpo social os efeitos políticos, culturais e religiosos visados. E remetem os participantes ao plano último de realidades invisíveis.

O psiquismo é a interface entre a dimensão corporal e a espiritual da pessoa. Assim, todas as potências psíquicas dos participantes das celebrações são mobilizadas pela apresentação do corpo mundano e extramundano que é o protagonista da celebração, ao mesmo tempo que seus corpos físicos são envolvidos na participação da ação festiva que se realiza. A mobilização do dinamismo da alma visa capturar a adesão e a integração, inclusive no plano espiritual. Dessa forma, cada um se torna parte desse organismo material, anímico e espiritual que é a comunidade cristã da cidade ou da Redução. Para promover tal adesão e integração, a compreensão, o julgamento e a prudência são ensinados e persuadidos por meio das engenhosas criações dos organizadores da festa. A eficácia dessa transmissão é promovida pela ação de um processo psíquico e cultural decisivo: a memória coletiva.

Saberes psicológicos e processos de miscigenação

No contexto latino-americano, o conhecimento psicológico é usado pela Companhia de Jesus não apenas como um objeto de transmissão para populações nativas, mas também para potencializar processos de comunicação, persuasão e evangelização com essas populações. Esse conhecimento e as práticas baseadas nele contribuíram para aqueles processos de miscigenação entre os povos que ainda caracterizam o ambiente social e cultural da América Latina hoje.

Nas partes a seguir, evidenciaremos alguns exemplos dos modos em que os saberes psicológicos acima evidenciados foram veiculados e usados no território dos Trinta Povos. Tais exemplos foram encontrados em fontes produzidas pelos inacianos, naquele universo espaço-temporal: catálogos, cartas, sermões, informes e tratados. Nessas fontes, aborda-se várias temáticas: o papel de temperamentos e qualidades psíquicas na organização e na ação da comunidade missionária; a elaboração da experiência pessoal e a função dos afetos, da memória e da imaginação na escrita das cartas; e o impacto de recursos retóricos como palavras e imagens no dinamismo psíquico das populações guaranis.

Saberes, temperamentos e qualidades psíquicas nos perfis dos missionários inacianos da Província do Paraguai

Um exemplo do uso de saberes psicológicos nos Catálogos Trienais da Companhia de Jesus, visando organizar e ordenar as funções dos missionários junto às Reduções dos guaranis, encontra-se num dos primeiros documentos elaborados nesse território: o Catálogo Trienal (em particular, o Primeiro e o Segundo), escrito pelo Padre Diego de Torres Bollo, que como vimos foi o promotor da proposta das Reduções e o primeiro Provincial da região.[1] O documento, redigido em 1614, atualmente se encontra no Arquivo Romano da Companhia de Jesus.[2]

Na análise desse documento, o foco escolhido são as avaliações acerca da constituição psicossomática dos indivíduos presentes nas residências e colégios da Província do Paraguai. Tais dados coletados no *Catálogo Segundo* podem ser melhor entendidos se forem comparados com os dados do *Catálogo Primeiro* e com as demais informações derivadas de fontes jesuíticas. Assim, pode-se obter um exemplo do emprego dos saberes psicológicos acerca dos temperamentos em função da melhor organização da vida comunitária e missionária.

O *Catalogus Primus Iuxta Formula Scribendi Anno 1614*, redigido por Torres Bollo, é organizado por residências e categorias, contendo os seguintes itens: número, nome, pátria, idade, forças, tempo de Companhia, ministérios que exerceu, grau na Companhia. Nele, consta a distribuição dos missionários da província por Colégios e Residências: Colégio de Asunción (19); Casa do noviciado Córdoba (33); Colégio de São Thiago del Estero (6); Colégio de São Miguel (6); Residência de Buenos Aires (3); Residência de Santa Fé (2); Colégio de Chiles

1 Este tema foi tratado também em artigo: Massimi, 2024.

2 Fundo ARSI: PARAQ. 4.I: 1610-1660. Os catálogos originalmente são em língua espanhola, traduzidos por nós em idioma português. No arquivo, existe também uma cópia redigida com uma caligrafia melhor do mesmo catálogo.

(37); Colégio de Mendonça (4); Residência da Companhia em suas missões (13). Segue a lista dos nomes dos jesuítas em ordem alfabética. No *Catálogo Primeiro*, Torres Bollo fornece dados biográficos e referentes aos estudos e ao ofício ocupados por cada um na Companhia. Os membros são listados por Colégios ou Residências, antes os padres e depois os irmãos.[3]

O *Catálogo Segundo*[4] assume caráter peculiar por diferentes motivos. Em primeiro lugar, apesar de Torres Bollo declarar no título que o *Catálogo Segundo* fora elaborado *iuxta formula scribendi*, ele acaba por citar (indevidamente) o nome de cada jesuíta, quando, como vimos, por norma os nomes deveriam permanecer ocultos, cada membro devendo ser indicado apenas por um número correspondente àquele que consta no *Catálogo Primeiro*. Em segundo lugar, as categorias usadas para rotular os indivíduos seguem o padrão corriqueiro da redação do *Catálogo Segundo* (juízo, engenho, prudência, experiência das coisas, temperamento, talento), mas, em vários pontos, encontram-se formulações peculiares. Através delas, Torres Bollo parece registrar *do seu jeito* a sua experiência de conhecimento direto de cada componente da Província, eludindo os rótulos de classificação normatizados. Na lista, cuja ordem não é alfabética, constam em primeiro lugar os padres e, em segundo, os irmãos.

Desse modo, ao analisar o catálogo, pode-se reconstruir os traços do perfil de cada jesuíta da Província assim como retratado pelo Provincial, especialmente no que diz respeito à "compleição", mas também às relações entre qualidades intelectuais e morais, talentos e funções desempenhadas no corpo da Companhia.

Para o entendimento do documento que é objeto do nosso estudo, será importante lembrar do quanto foi exposto nas páginas anteriores acerca do significado dos termos empregados e da função dos Catálogos Trienais, especialmente o *Catálogo Segundo*.

A composição dos corpos e do corpo da Companhia em Missão na Província

Um primeiro elemento que se ressalta na leitura do documento é a prevalência de temperamentos coléricos, que parecem caracterizar ao todo vinte e cinco

3 Apesar de serem assinados pelo Padre Provincial, normalmente os catálogos eram redigidos pelo superior local do Colégio. Todavia, acreditamos que, no caso da nova Província, o autor da redação tenha sido o próprio Diego de Torres Bollo.

4 O *Catálogo Segundo* se encontra nas fls. 20 a 23 do documento e tem uma segunda cópia redigida com melhor caligrafia, talvez por algum secretário (de fl. 24 a 27).

jesuítas. Esse dado parece em consonância com resultados obtidos em outras pesquisas referentes aos Catálogos do Brasil.[5] No estudo "*Secundus Catalogus*", elaborado em 1598 pelo então Provincial Pedro Rodrigues, entre os 163 jesuítas presentes no Brasil, os temperamentos mais comuns eram o colérico (106) e as combinações de colérico-sanguíneo (18) e colérico-melancólico (18). De fato, como vimos na discussão acerca dos temperamentos nos tratados conimbricenses, o excesso do humor da cólera predispõe o indivíduo à ação, ao heroísmo, a enfrentar circunstâncias árduas tão frequentes no contexto quotidiano dos territórios missionários.

No início da atividade missionária na Província do Paraguai, poucos são os melancólicos (ao todo 8) e os fleumáticos (2). Mas aqui também aparecem alguns temperamentos mistos e colérico-melancólicos (5) que, como já foi dito, são apreciados pelos inacianos. Bem 24 indivíduos são rotulados como sendo de "condição boa", "aprazível" ou "bem condicionados".

Em suma, o "corpo" jesuítico da Província parece composto por indivíduos seletos. De fato, muitos entre os nomes presentes nesse catálogo são personagens de relevo na história missionária da região, distintos pela dedicação e empenho social, pela coragem, pela força construtiva, pela capacidade de enfrentar com inteligência e clarividência os desafios enormes de viver em ambientes geográfica e antropologicamente desafiadores.

Conforme a ótica acima descrita que norteava o emprego das categorias referentes à compleição no universo jesuítico, Torres Bollo estabelece nexos entre certo tipo de temperamento e a função do governo no âmbito da Companhia, assinalando por exemplo que um colérico pode incorrer em dificuldade nessa função.

Todavia, em consonância com o quanto foi afirmado pelos conimbricenses, o Provincial evidencia que não há uma determinação mecânica entre temperamento e comportamento: de fato, o exercício da virtude pode levar à moderação da cólera. Torres Bollo emprega os termos "mortificação", "moderação" e "remissão" para referir-se ao controle virtuoso das predisposições psicossomáticas.

Este exercício sempre é possível, mesmo nos casos em que o sujeito seja muito colérico, como era Vincenzo Griffi. Esse missionário italiano, nascido em 1575 na cidade de Benevento, entrou na Companhia de Jesus em Nápoles em 23 de novembro de 1599. Após ter despachado dessa cidade uma *indipeta* em 23 de novembro de 1602 solicitando o envio em missão,[6] ele chegou na Província do

---

5 Massimi, "A teoria", 2000; Massimi, *A teoria*, 2010.

6 ARSI: FG 733, n. 182.

Paraguai em 29 de novembro de 1607 e atuou na localidade de San Salvador de Jujuy. Em 1621, passou para a ordem dos Franciscanos.[7] Nos Catálogos de 1614, de Padre Vincenzo Griffi (fl. 12, n. 8) se diz que reside no Colégio de Asunción, tem 36 anos de idade, boas forças físicas, já cursou três anos de artes e dois de teologia. No *Catálogo Segundo* (fl. 20v), Griffi é rotulado como um sujeito de "bom engenho, juízo, prudência e experiência das coisas", "bom talento para os ministérios da Companhia, como a pregação", "moderada capacidade para o governo", "muito dedicado aos índios e bom religioso". Torres Bollo avalia que Griffi é "bem colérico, apesar de que capaz de corrigir-se". O Provincial conhecia bem esse jesuíta, amplamente citado nas suas Cartas Ânuas:[8] dele, elogiava as intensas atividades missionárias junto aos nativos, inclusive em tempos dramáticos como os de epidemias. O grande empenho e os grandíssimos desafios da ação missionária são evidentes nas palavras que Vincenzo Griffi escreve em uma carta enviada a Torres Bollo e por ele citada na Carta Ânua de 1611:

> A enfermidade foi tão grande que as casas dos índios se tornaram hospitais. E o que me afligia, e com razão, era que eu não tinha mais o que dar-lhes para comer, porque o maior estoque que havia era uma espiga, ou duas, de milho, pois nem um pão nós tínhamos. E não paramos nem de noite nem de dia, visitando-os e ajudando-os como podíamos, porque a pobreza desses índios é grande e em março estava a doença em seu pico e o frio era grande. Nós lhes procurávamos madeiras para que [o fogo] lhes fizesse luz e os esquentasse de noite. E aos mais necessitados prestávamos nossos cobertores.[9]

Certamente, o temperamento colérico de Griffi favorecia sua capacidade de empreender ações, tomar decisões, assumir riscos, ser incansável nas práticas de cuidado, em contextos tão difíceis. Ao mesmo tempo, a conduta virtuosa de moderar os excessos da cólera habilitava o missionário à paciência, à escuta e à partilha.

Na redação do Catálogo, Torres Bollo se refere também a casos em que a falta do exercício da virtude e do conhecimento e do domínio de si mesmo resulta numa conduta caracterizada pela impaciência moldando os relacionamentos com os subalternos, a ponto de que o sujeito "chega a ser pouco amado pelos súditos", como é o caso do Padre Gaspar de Morro (fl. 20) e do Padre Maciel Lorenzana (fl. 20).

7 Storni, *Catálogo*, 1980.

8 Leonhardt, *Cartas*, 1927.

9 *Ibidem*, p. 506.

O temperamento pode também ser associado ao caráter: por exemplo, Giuseppe Cataldini, o missionário nativo da Marca de Fabriano, na Itália, aparece indicado como "colérico e teimoso" (fl. 20v). Além disso, Torres Bollo o descreve como possuidor de "razoável engenho, juízo, prudência e experiência das coisas, razoável aproveitamento nas letras" (20v). Cataldini tem um grande carisma missionário, como desde o catálogo de 1614 transparece nas palavras do Provincial, que lhe atribui também "bom talento para os ministérios da Companhia". O documento diz que ele é "muito bom missionário junto aos índios e de muita confiança", "bom religioso". Tem quarenta e três anos de idade, tem boas forças, e reside no Colégio de Asunción. Após ter atuado como "missionário de espanhóis e índios e pregador" (12 n. 4), foi enviado em 1612 junto com outro italiano, Simão Mascetta, para empreender uma primeira viagem exploratória em busca de populações indígenas e de territórios onde estabelecer os primeiros núcleos do projeto reducional formulado por Torres Bollo e Alfaro.[10] Como o próprio Torres Bollo relata na Carta Ânua de 1612,[11] nos primeiros sete meses de sua atividade missionária, Cataldini e seu companheiro dedicaram-se à assistência espiritual dos colonos espanhóis em Maracayú, onde acabaram adoecendo. Uma vez restabelecidos, voltaram a pregar nas regiões de Guayrá e na Vila Rica de Espírito Santo, para "populações de espanhóis", encontrando "grandes dificuldades nas consciências e na conversão a Deus", "peitos endurecidos na liberdade da carne e nos maus-tratos e agrados contra os indígenas, a quem tinham imposto um rigoroso serviço pessoal" na colheita da erva-mate. O temperamento colérico e a teimosia

10 As origens do projeto reducional se encontram no Memorial de Torres Bollo, escrito em 1603 durante sua estadia na Espanha. Nesse documento, dirigido ao Presidente do Conselho das Índias, Dom Pedro Fernández de Castro, e publicado em Valladolid em dezembro de 1603, Torres Bollo realiza uma síntese da experiência acumulada nas missões latino-americanas, que o leva também a uma forte denúncia dos abusos contra os nativos e lhe inspira a formulação de uma proposta concreta sobre como evitá-los. Com base nisto, Torres Bollo conseguiu da Coroa da Espanha um espaço nos territórios da colônia que lograsse autonomia política, jurídica e econômica e onde se tornasse possível a convivência entre grupos de nativos e missionários. Para a elaboração desse projeto, Torres Bollo contou com a colaboração do jurista espanhol Francisco de Alfaro (1551-1644), autor de uma legislação específica para ordenar a vida das Reduções. As *Ordenanzas* (1612) de Alfaro e as *Instructiones* (1610) de Torres Bollo regulamentaram o ritmo da vida cotidiana, o trabalho indígena e o relacionamento entre as comunidades nativas e o Estado espanhol. Os indígenas foram reconhecidos como pessoas jurídicas, como súditos da Coroa espanhola, a quem deviam pagar impostos, podendo se beneficiar da renda de seu trabalho (como alternativa ao sistema de *encomiendas*).

11 Carta Ânua da Província de Paraguai, Chile e Tucumán, enviada por Torres Bollo de Santiago do Chile, onde se relaciona o que aconteceu na Província no ano de 1612 (In: Leonhardt, *Cartas*, 1927, p. 494 e ss).

de Cataldini foram, portanto, elementos indispensáveis para enfrentar as derrotas e as oposições à missão evangelizadora. E seriam atributos ainda mais necessários diante do desafio que se apresentou a eles em seguida: a missão junto aos indígenas guaranis e a busca de territórios onde fundar as primeiras Reduções. De fato, Cataldini e Mascetta, uma vez que chegaram na "região da Tibajida, subiram rio acima, onde saíram ao seu encontro muitos índios de diversas nações em suas canoas". Diante da insistência dos caciques para que os padres visitassem as suas terras, conseguiram convencê-los de adiar a visita e "foram buscando pelo rio as maiores e mais espaçosas terras". Cataldini e Mascetta demonstraram firmeza ao recusar o primeiro convite recebido pelos indígenas e determinação para perseguir o propósito da fundação das Reduções conforme as instruções recebidas pelo Provincial. Uma vez encontrado um território propício "na parte alta, tomaram assento em Pirapó". O motivo da escolha do lugar é indicado "porque até Pirapó pode-se vir de canoa e balsa muito segura e sem risco, pelos recifes e saltos do rio".[12] Uma vez lá instalados, os dois missionários "enviaram a chamar os índios vizinhos para que viessem povoar ali". Os que aderiram à convocação, "no fim do primeiro assentamento e acordo, trocaram a palavra e deram seu nome para fazer dos povos, um só". Assim nasceu a primeira Redução, que foi dedicada à Nossa Senhora de Loreto, orago do santuário mariano próximo à cidade de origem de Cataldini, santuário onde ele tinha servido nos seus primeiros anos de sacerdócio. Desde o início, o empreendimento foi audacioso, pois "no mesmo Pirapó" foram reunidos "três mil índios, que contados com suas mulheres e filhos de três turmas a seis, cada casa, são dezoito mil almas. E logo pelo rio acima como oito léguas, dever-se-ia formar outro povoado de outros dois mil índios, que será de 12 mil almas", a futura Redução de Santo Inácio. Torres Bollo ainda se refere aos "trabalhos de que padecem nossos padres por estarem em terra tão destituída do necessário". A sobrevivência era difícil no meio de florestas e em territórios inacessíveis cheios de perigos de todos os tipos (cobras venenosas, animais ferozes, tempestades naturais, violência por parte de bandeirantes e de indígenas e espanhóis inimigos e, sobretudo, falta de alimentos). De fato, quando os outros companheiros, o espanhol Martin Urtazun e o peruano Antônio Ruiz Montoya, juntaram-se a eles, o primeiro sucumbiu à fome. Após a chegada, Montoya descreveu em uma carta a condição em que encontrara os dois jesuítas italianos: "Eles eram pobres, mas cheios de alegria. Os remendos em suas roupas eram indistinguíveis do material

12 Leonhardt, *Cartas*, 1927, p. 495.

principal; seus sapatos eram remendados com pedaços de tecido que cortavam da bainha da batina. Eu me considerava feliz por me ver em sua companhia". Em sua casa, "a escassez era tão grande que não tinham nada a oferecer além de algumas batatas, algumas bananas e raízes de mandioca, que eram seu sustento comum, sem terem experimentado carne, vinho, pão e sal por dois anos, exceto por algumas vezes quando os índios lhes davam caça como esmola".[13]

Os relatos dos primórdios da vida missionária nas Reduções evidenciam o valor das informações acerca do perfil psicossomático dos jesuítas missionários, contidas no catálogo e úteis para orientar os superiores na distribuição das tarefas a serem realizadas. A cólera e a teimosia de Giuseppe Cataldini foram qualidades importantes para a adaptação a ambientes tão árduos e novos. Alguns anos mais tarde, ele mesmo escreve uma carta ao novo Provincial, Pedro de Oñate, o qual a transcreve na sua Ânua, de 22 de abril de 1618. O relato confirma a avaliação expressa por Torres Bollo nos Catálogos, acerca das qualidades de Cataldini: "muito bom missionário junto aos índios e de muita confiança" e "bom religioso":

> Aqui somos três, sozinhos e divididos em nossos corpos, mas muito unidos pela caridade e ansiosos pela salvação de nossos irmãos. E como o principal meio é nossa própria jornada espiritual, tentamos, o tanto quanto possível, observar as regras de nosso instituto: exercícios espirituais, lições, orações, exames e conferências todas as sextas-feiras em que podemos nos encontrar [...]. Nosso modo de vida causou admiração em muitos, e não menos curiosidade em outros para entendê-lo.[14]

Cataldini narra as enormes dificuldades e a exigência de grande adaptação a situações adversas que chegam até a ameaçar a sobrevivência:

> Quanto à vida temporal, parece que os sete anos de esterilidade que levaram um bom companheiro, o padre Martin Urtasu, e nós três que estávamos muito perto de segui-lo por causa das grandes doenças que tivemos devido ao trabalho contínuo e excessivo e à falta de suprimentos, estão passando. Quase sempre nos falta o que é necessário para a vida, sem pão, carne, vinho ou sal, nem nada com que cobrir o corpo; e as raízes são o sustento comum, mas sem substância ou suco, que prolongam a morte em vez de aumentar a saúde.[15]

13 *Ibidem*, p. 520.

14 *Ibidem*, p. 147.

15 *Idem*.

Quando Cataldini escreve a carta, a situação narrada já faz parte do passado ("os sete anos de esterilidade [...] estão passando"). Certamente, atravessar essas circunstâncias foi possível também pela posse de uma compleição adaptável, como vimos ser a colérica.

Acerca do Padre Pedro Romero, o *Catálogo Primeiro* (fl. 12 v, n. 6) informa que ele reside junto ao Colégio de Asunción, é nativo de Sevilla e tem 28 anos de idade. Apesar de jovem (entrou na Companhia em 7 de março de 1607), já é "obreiro de índios" e "superior de missões". No *Catálogo Segundo* (fl. 22), é descrito como de "boa condição, apesar de algo colérico". Além disso, é dotado de "bom engenho, juízo e prudência; experiência das coisas moderadas"; tem competência nos "casos de consciência"; é "bom confessor" e possui "talento para ministério". Já demonstrou ser "muito bom missionário de índios" e "bom religioso". Em 1646, Pedro Romero foi martirizado pelos indígenas Itatines. Nas Cartas Ânuas de Torres Bollo e de Pedro Oñate, elogia-se o grande "zelo" pelos nativos de Romero. Posteriormente, Oñate, na Carta Ânua de 1615, referiu-se ao enorme esforço de Pedro Romero quanto à aprendizagem "da língua destes índios", que "é dificultosíssima e particular, e para aprendê-la é necessário saber antes da língua geral do Paraguai". O novo Provincial afirma que Romero e seu companheiro, Antônio Moranta,

> são tão zelosos do Divino Serviço e da salvação daquelas pobres almas, que não somente têm vencido as muitas dificuldades que existem para isto, mas também estão no meio delas com grande consolo e alegria, e apesar de terem perdido nesta empresa grande parte de sua saúde e estando enfermos, têm feito ao meu predecessor e a mim tanta instância para que não os tiremos daquele lugar, de modo que foi necessário conceder-lhes isto. Eu recebi cordialíssimo consolo ao ver estes padres e neles um retrato dos primeiros que foram para o Japão ou de Prestes João; e em ver aquela nação tão domesticada e tão sujeita aos Padres, que me causou notável admiração e deu matéria para louvar o Senhor.[16]

Mais tarde, em outra carta, ele cita a missiva recebida por Romero em 22 de novembro de 1619, em que este se alegra "pelo fato de Deus ter aberto a porta da pregação do Santo evangelho numa gentilidade tão distante e até agora não conhecida, onde se devem ganhar infinitas almas", e declara seu desejo missionário: "Eu queria ser o tambor e o anunciador. E ir por todas as Províncias de nossa

16 *Ibidem*, p. 17.

Companhia e anunciar a quem quiser vir para esta nova e gloriosa conquista, [...] aliás, mais apostólica por ser mais distante e trabalhosa".[17] O zelo missionário do colérico Pedro Romero encontrará seu desfecho no martírio.

Dentre os vinte e cinco coléricos rotulados por Torres Bollo, encontramos as figuras mais salientes do início da história missionária da Província do Paraguai: além de Pedro Romero, os já citados padres Maciel de Lorenzana, Giuseppe Cataldini, Vincenzo Griffi, Juan Batista Ferrufino, que desempenhou importantes funções de governo, e Antônio Moranta, incansável missionário junto aos guaranis e guaicurus e, junto com Pedro Romero, fundador da Redução de Santa Maria dos Reis. Já vimos como, na perspectiva jesuítica, os indivíduos cuja compleição é colérica são considerados possuidores de aptidões para a comunicação e de inteligência prática, dotes necessários para a presença missionária num campo social e natural árduo e desconhecido.

Temperamentos e traços psicológicos

No Catálogo de 1614, de Diego de Torres Bollo, evidencia-se a associação frequente entre temperamentos e específicos estados psicológicos, algo que foge, de certo modo, da norma da *Formula scribendi*. Por exemplo, na redação do documento, os excessos de melancolia ou de cólera são associados a traços psicológicos como "o ser apreensivo" ou o "ser escrupuloso". Desse modo, Torres Bollo parece complementar e detalhar a descrição do perfil de cada jesuíta com observações próprias acerca do comportamento de cada indivíduo em questão.

O adjetivo "apreensivo" é frequentemente associado aos temperamentos melancólicos e coléricos, e recorrem a estas formulações: "melancólico e algo apreensivo"; "é melancólico e colérico e apreensivo"; "colérico, melancólico e apreensivo"; "colérico e algo apreensivo"; "melancólico e apreensivo"; "algo colérico e apreensivo". O termo "apreensivo", na língua espanhola, denota "pessoa que sente apreensão, ou medo infundado ou excessivo de dano, ou doença"; "que tem medo de possível dano ou desconforto". Nos casos em que "o indivíduo é tão apreensivo que anda sempre de médico em médico",[18] o termo se

17 *Ibidem*, p. 220.

18 "[persona] que siente aprensión o miedo infundado o excesivo a sufrir daños, o enfermedades"; "que siente temor ante un posible daño o molestia. Ex: Es mui aprensivo, siempre está quejándose de enfermedades. Que tiene tendencia a sentir aprensión [persona]. Es tan aprensivo que anda siempre de médico en médico" (Real Academia Española y Asociación de

torna sinônimo de "hipocondríaco". O estudo de Vega cita um caso diretamente relacionado à situação dos missionários jesuítas nas Reduções: o Padre Alejandro Villavieja do Colégio de Asunción foi denunciado por ser veemente, apreensivo, imprudente, indecoroso e nocivamente caluniador.[19] O padre foi repreendido, castigado com a proibição de ministrar os sacramentos e submetido ao controle do pároco local. Nesse caso, o traço psíquico de "apreensivo" representou um elemento de dificuldade na prática missionária, ainda mais pelo fato de ser associado a outras características e condutas repreensíveis.

O tema dos indivíduos "escrupulosos" tem amplo espaço nos Exercícios espirituais inacianos.[20] Nas "Notas que ajudam a discernir e compreender os escrúpulos e as insinuações do nosso inimigo", o artigo 346 – Primeira [nota] define "escrúpulo como o que provém do nosso próprio juízo e liberdade, a saber: quando eu livremente imagino que é pecado aquilo que não é pecado". Inácio coloca um exemplo para ilustrar a experiência do escrúpulo e seus efeitos e para distinguir entre juízo errôneo e escrúpulo: "Assim acontece que alguém, depois de ter pisado casualmente numa cruz de palha, imagina, por seu próprio juízo, que pecou; isto é propriamente um juízo errôneo e não propriamente um escrúpulo". Todavia, continua a Segunda [nota] (n. 347), se "depois de ter pisado naquela cruz, ou depois de ter pensado ou dito ou feito qualquer outra coisa, vem-me de fora um pensamento de que pequei e, por outro lado, parece-me a mim que não pequei. Contudo sinto nisto perturbação, a saber, enquanto por um lado duvido e por outro não duvido. Isto que é propriamente um escrúpulo e uma tentação que o inimigo me sugere". Uma vez definido o que é escrúpulo, Inácio assinala que este pode ter uma função positiva quando o sujeito "se dá a exercícios espirituais" ([32,351], 348 – Terceira [nota]), pelos quais ele pode "purificar e limpar sua alma, separando-a muito de toda a aparência de pecado".

O escrúpulo assume função negativa ou positiva a depender do estado psíquico da pessoa. Sobre este estado pode agir o poder demoníaco, conforme a Quarta [nota] (n. 349):

> O inimigo observa muito se a alma é grosseira ou delicada. Se é delicada, procura torná-la ainda mais delicada, até o extremo, para mais a perturbar e arruinar; por exemplo, se vê que uma alma não consente

Academias de la Lengua Española. *Diccionario panhispánico de dudas* [DPD]. 2. ed. Disponível em: https://www.rae.es/dpd/aprensivo).

19 Vega, "Las sanciones", 2019.

20 Loyola, *Exercícios*, 1999, p. 75.

> em pecado mortal nem venial nem sequer em aparência de pecado deliberado, então o inimigo, quando vê que não a pode fazer cair em coisa que pareça pecado, procura fazê-la imaginar pecado onde não há pecado, como, por exemplo, numa palavra ou pensamento sem importância. Se a alma é grosseira, o inimigo procura engrossá-la mais, por exemplo: se antes não fazia caso dos pecados veniais, procurará que faça pouco dos mortais, e se algum caso fazia antes, procurará que muito menos ou nenhum faça agora.

Por isso, Inácio apela ao discernimento e à recusa dos excessos (n. 350); "se o inimigo procura afiná-la, para a levar ao excesso, a alma procura consolidar-se no meio-termo, para totalmente se tranquilizar" (n. 350). A norma aristotélica do meio-termo inspira o realismo inaciano acerca das vivências psíquicas e espirituais. Além disso, os escrúpulos são superados pela decisão de permanecer firme na realização de ações inspiradas "em conformidade com a Igreja, e com as tradições dos nossos maiores, que sejam para glória de Deus".

Nessa ótica, o Provincial precisa cuidar para impedir que, no âmbito sob sua responsabilidade, os escrúpulos dos seus subalternos dificultem a ação missionária e a tomada de decisões necessárias. Portanto, as anotações pessoais de Torres Bollo, as quais na redação dos Catálogos complementam as categorias da *Formula scribendi*, parecem ditadas pela preocupação prática de que os membros da nova Província, em suas diferenças individuais e variedade de talentos, sejam adequados ao desafio ímpar de levar a cabo o ambicioso e inovador projeto das Reduções em ambientes marcadamente hostis, devido à oposição dos colonos espanhóis, à resistência das populações indígenas, às investidas dos bandeirantes, à natureza e ao clima.

Temperamento e governo

O tema do governo é um dos pontos do funcionamento do corpo missionário da Companhia a que Torres Bollo dedica especial atenção. A disposição para o governo depende, entre outros fatores, do temperamento: Torres Bollo, ao descrever o perfil do Padre Valdívia, observa que "o governo o estorva ser muito melancólico, donde nasce alguma mudança e pusilanimidade no governo dos súditos", estabelecendo então uma relação entre a intensa presença do humor melancólico e a inconstância e fraqueza no governo. O fato de o indivíduo não ter disposição ao governo não implica que ele não possua talentos. Sobre o Padre Luís de Valdívia, Torres escreve que ele tem "muito bom engenho, bom juízo, prudência e experiência. Bem douto, tem talento para todos os ministérios da Companhia". Por exemplo, é "muito bom pregador e grande missionário junto aos índios e muito dedicado a eles, pois conhece uma língua muito bem e de outras duas tem rudimentos. É muito bom religioso" (fl. 20). No *Catálogo Primeiro*, Luís de Valdívia (fl. 17) se encontra na Residência de Concepción. Natural de Granada, já tem 54 anos de idade e 34 anos de Companhia. O Padre teve um papel muito importante na organização da guerra defensiva contra os bandeirantes, conforme Carta Ânua de Torres Bollo, de 1612.[21] Inclusive, naquele mesmo período, Valdívia foi escolhido por Torres Bollo com a aprovação do Padre Geral para ocupar o cargo de Vice-Provincial, para substituí-lo no governo durante a longa viagem ao Paraguai. É possível que o juízo que aparece no *Catálogo Segundo* de 1614 seja fruto da observação de alguns efeitos negativos da conduta de Valdívia nessa função.

Não apenas o excesso de melancolia, como também os excessos de cólera prejudicam a capacidade ao governo. Torres Bollo anota acerca de outros padres: "é colérico, e isso o impede um pouco ao governo" (Maciel de Lorenzana, fl. 20); "é melancólico e muito colérico"; e "maximamente com os súditos é colérico, enfada-se facilmente" (Juan Romero, fl. 20). Moderar os excessos é, portanto, a postura necessária, pois o excesso é um fator de desequilíbrio e até de doença na perspectiva da medicina hipocrática. Vimos que, assim como a enfermidade do corpo deve-se ao excesso nele de uma das qualidades que originam os quatro humores (calor, frio, secura, umidade), as da alma devem-se ao excesso do calor (da concupiscência ou da ira) ou da secura (da tristeza e do temor). Por isso, a moderação é um termo recorrente nas normas jesuíticas voltadas para a conservação da saúde psíquica e física dos religiosos, condição essencial para realizar sua missão no mundo.[22]

Portanto, no que diz respeito às qualidades exigidas pela função do governo, a capacidade de moderação, que facilita o equilíbrio dos humores, é associada à virtude da prudência, uma das categorias que comparecem nos *Catálogos*, e que assume grande importância na literatura jesuítica, como também na literatura da primeira Idade Moderna de modo geral, pela retomada renascentista do ideal aristotélico da moderação e do equilíbrio. A prudência é enfatizada pelas *Constituições* como a virtude indispensável para quem exerça responsabilidades na Ordem[23] e saiba evitar os excessos.

21 Carta enviada por Torres de Santiago do Chile, onde se relaciona o que aconteceu na Província no ano de 1612 – de 15 de fevereiro a 10 de maio de 1612 (citada por Lozano, 1754, p. 718).

22 Cf. *Institutum, Index Generalis*, p. 730-731.

23 "Et quamvis doctrina valde ei necessaria sit, qui tam multis viris eruditis est praefuturus; magis tamen est necessaria prudentias et in rebus spiritualibus et internis exercitatio ad varios

O filósofo jesuíta Manuel de Góis, nos *Comentários Conimbricenses da Ética Aristotélica*, dedica um capítulo inteiro à prudência (*Disputatio VIII*), considerada como a mais importante entre as virtudes morais, seja por ela pertencer ao entendimento, que é uma potência superior, seja por dirigir as demais virtudes. Góis retoma a definição aristotélica da prudência como "o hábito de praticar ações verdadeiras segundo o que é razoável acerca do que é o bem ou o mal para o ser humano".[24] Ela é a virtude que ensina "o modo de bem viver",[25] indicando o que deve ser evitado e o que deve ser procurado. A prudência pressupõe a boa inclinação da razão e da vontade, pois a primeira estabelece os fins aos quais o ser humano deve tender e a segunda move o intelecto na busca dos meios para realizá-los. A arte do bom governo proposta pelo escritor jesuíta Baltasar Gracián (1601-1658) relaciona a prudência ao bom conhecimento de si mesmo: faz parte da "arte da prudência" o conhecimento de suas qualidades e talentos e também de sua disposição humoral: "Uma boa lição de prudência é refletir sobre si mesmo e conhecer sua verdadeira disposição, de modo a prevenir-se. [...] Conhecer-se é o primeiro passo para corrigir-se". Como os afetos variam segundo os humores, "eternamente arrastados por esse desequilíbrio vulgar, comportam-se de forma contraditória. Esses excessos não só corrompem a vontade, mas prejudicam o julgamento e a compreensão".[26]

A prudência é o grande antídoto contra a impaciência. No catálogo, Torres Bollo estabelece uma relação entre o excesso do humor colérico e a conduta impaciente, reprovável sobretudo no exercício do governo: "É colérico, algo impaciente em algumas ocasiões" (Luís de Leira, f. 20), "é algo colérico e melancólico, e impaciente no governo e assim pouco amado pelos súditos" (Gaspar de Morros, fl. 20).

Em suma, a aptidão para o governo do corpo social da Companhia depende da capacidade de governar o seu próprio dinamismo anímico. Lidar com os temperamentos diferentes dos companheiros de missão implica a capacidade de moderar o seu próprio e particular temperamento. Mais uma vez, a importância do

---

spiritos discernendos, ad consilium ac remedium tam multis, qui necessitatibus spiritualibus laborabunt, adhibendum." (In: *Generali magis necessaria quam doctrina*; cap. 2: *Qualius esse debeat praepositus generalis*, p. 129, v. II, *Institutum*).

24 Góis, *Ética*, 1957, p. 255. O texto original em latim de 1593 é: Góis, *Commentarii Collegii Conimbricensis Societatis Iesu*. In: *Libros Aristotelis qui Etica Nicomaci appellantur*. Lisboa: Simão Lopes, 1593.

25 *Ibidem*, p. 257.

26 Gracián, *A arte*, 1647/2003, p. 61.

conhecimento de si mesmo se faz presente na visão inaciana, não tanto como expressão de uma antropologia teorética quanto em função da prática missionária.

Os fleumáticos

No Catálogo, Torres Bollo descreve dois sujeitos que apresentam temperamento fleumático. No conjunto das características de cada indivíduo, o excesso da fleuma desempenha papéis diferentes.

Veja-se o caso do Padre Diego Gonzalez (fl. 12 e fl. 20), nativo de Cáceres na Estremadura, de 62 anos. Sobre ele, o Catálogo diz que "é de compleição fleumática": pode-se entender que assim o seja devido à idade do missionário, pois sabe-se que o humor da fleuma é presente em maior quantidade nos corpos dos idosos. Todavia, o retrato do padre Gonzalez não corresponde ao de um indivíduo de condição fleumática desde o nascimento. De fato, esse missionário é descrito como possuidor de "bom engenho e bom juízo, prudência e experiência das coisas". Além disso, em sua vida apostólica, demonstrara ter "talento muito bom para todos os ministérios da Companhia", dentre os quais a pregação. E, sobretudo, é "grande missionário junto aos índios e notavelmente dedicado a eles", conhecendo três línguas deles. Com efeito, Lozano (1754, p. 718) informa em sua crônica que, quando Diego de Torres partiu de Lima no mês de junho de 1607, junto com parte de seus companheiros, para irem por terra até Potosí e depois entrarem por essa via na Província de Tucumán, deixaram em Lima Diego Gonzalez "para terminar a impressão da *Arte, y Vocabulario de la Lengua Quichua*, que ele tinha em mãos". Sobre ele se diz enfim que é "homem muito espiritual". Comparecem no perfil elaborado por Torres Bollo três linhas de difícil interpretação: "é algo descuidado no governo espiritual dos nossos" e, pelo contrário, "no temporal algo mais cuidado do necessário e nos traços e modos, com pouco acerto". Em suma, no caso do Padre Diego Gonzalez, a prevalência do humor da fleuma não acarreta os efeitos tradicionalmente a ele associados: segundo o médico e filósofo Marsílio Ficino, "a fleuma enfraquece e sufoca o engenho";[27] e posteriormente o jesuíta Daniello Bartoli irá escrever que "a fleuma causa estupidez e quase letargia sonolenta".[28]

Outro fleumático retratado no Catálogo é o Padre Mateus de Montes (fls. 14v e 20), que reside no Chile no Colégio de San Miguel, tem 47 anos de idade e forças medianas. Missionário junto aos espanhóis, pregador e leitor de latim,

27 Ficino, *De vita*, 1995.

28 Bartoli, "Dell'uomo", 1965, p. 327, trad. nossa.

seu perfil psicossomático parece configurar-se mais na tipologia do fleumático segundo o padrão estabelecido pela medicina hipocrático-galênica: é moderado quanto a engenho, juízo, experiência das coisas e prudência, e possui "moderado talento para pregar e para confessar". Além disso, sua conduta demonstra "menos recato de que convém", mas se empenha em aprender a língua e vai "melhorando-se em seu espírito".

Estes são os únicos dois fleumáticos descritos no Catálogo, contra a grande prevalência dos coléricos.

A "boa condição" temperamental como parte de duas biografias exemplares

No Catálogo, uma quantidade razoável de jesuítas – vinte e cinco – é rotulada por Torres Bollo como de "boa condição" ou "bem condicionados", a significar que eles teriam uma constituição temperada, onde a presença dos quatro humores é equilibrada e prevalece o sangue. Dentre eles, destacam-se dois grandes atores da história missionária platina: o Padre Antônio Ruiz de Montoya e o Padre Roque González.

Padre Antônio Ruiz de Montoya (ARSI: PARAQ. 4.I: 1610-1660: 12v, n. 4, e 21 v), dotado de "boa condição", dispõe de "bom engenho, juízo e prudência", "talento para os ministérios da Companhia e especialmente como superior", é "muito bom obreiro dos índios e muito bom religioso". Nativo de Lima (1585), em 1614 se encontrava no Colégio de Asunción, tinha 24 anos de idade e boas forças. Filho de pai espanhol e de mãe peruana, aos cinco anos Antônio ficara órfão da mãe e, aos oito anos, do pai. Foi então entregue a tutores, que o matricularam no Real Colégio San Martín em Lima, fundado pelos jesuítas naquela cidade. Permaneceu no colégio até os quinze anos, quando abandonou os estudos e passou a viver uma vida aventurosa: por correr risco de ser preso, desterrado ou morto, pediu permissão ao Vice-Rei do Peru para seguir ao Chile e participar de uma expedição contra os Araucanos, um grupo indígena considerado indomável. Em 1605, decidiu retornar aos estudos e fazer os exercícios espirituais inacianos, entrando na Ordem de Santo Ignácio em 22 de novembro de 1606. No Colégio Mayor de San Pablo em Lima, terminou os estudos de Idiomas, Gramática, Dialética, Lógica e Retórica e foi admitido, em seguida, para o noviciado.[29] Acompanhou a expedição de Diego de Torres Bollo em direção ao Chile e, enfim, para Córdoba de Tucumán, onde deu prosseguimento aos estudos em Letras Clássicas e Humanidades. Por exigência de Torres Bollo, Montoya apressou o término de seus estudos para após a ordenação seguir para Asunción e dedicar-se a aprender o idioma guarani, na espera de entrar nas Reduções do Guairá, recentemente fundadas.

Montoya se tornou um dos grandes protagonistas da história missionária da Província do Paraguai: presente na região do Guairá desde 1612, passou a auxiliar os seus companheiros nos cuidados espirituais dos guaranis e, de 1615 até 1622, dedicou-se à construção da igreja da Redução de Nossa Senhora de Loreto. Ao mesmo tempo, seguindo o exemplo dos primeiros jesuítas na Província, realizou missões volantes buscando contato com os caciques da região. Desse modo, conseguiu ligar-se a diferentes grupos de indígenas, o que lhe deu a possibilidade de observar as distinções existentes entre cada grupo contatado e captar seus traços culturais, hábitos e formas de estabelecimento das relações sociais, relatados depois nos seus escritos, de maneira minuciosa, e condensados, especialmente no tratado *Conquista espiritual hecha por los religiosos de la Compañía de Jesus, en las Provincias del Paraguay, Parana, Uruguay y Tape* (1639) (Montoya, 1997). Montoya foi o principal responsável, entre os anos de 1622 e 1628, pela fundação de novas Reduções. Entre os anos de 1628 e 1631, devido aos ataques das bandeiras dos paulistas, as Reduções foram quase que completamente destruídas e muitos indígenas foram aprisionados e levados para o trabalho escravo nos engenhos de cana-de-açúcar. O envolvimento das autoridades coloniais, tanto espanholas quanto portuguesas, fez com que os jesuítas ficassem entregues junto aos seus indígenas diante da violência dos paulistas, e a solução foi abandonar o Guairá para fugir dos bandeirantes. Montoya organizou então o plano de fuga, reunindo cerca de 12 mil indígenas. A transmigração ocorreu em 1631, pelo rio Paranapanema, descendo o rio Paraná até as Sete Quedas; de lá, o grupo seguiu o trajeto a pé até o território situado entre o rio Paraná e o rio Uruguai. Em 1636, Montoya foi nomeado superior de todas as missões e, diante da iminência de um novo ataque por parte dos bandeirantes, organizou a fuga dos indígenas para a região do Paraná e Uruguai.

Na tentativa de resolver o problema definitivamente, após a Sexta Congregação Provincial, Ruiz de Montoya e Francisco Díaz Taño foram para Madri e Roma, respectivamente, para denunciarem os crimes cometidos pelos bandeirantes e

29 Rouillon, *Antonio*, 1997, p. 5, 29, 57; Rabuske, Montoya, 1985, p. 47.

a conivência das autoridades coloniais, propondo o armamento de um exército indígena (Furlong, 1962, p. 125). Durante essa estadia na Corte, na espera das resoluções do Conselho das Índias, Montoya escreveu a *Conquista Espiritual* e imprimiu três livros dedicados à língua indígena: *Tesoro de la lengua guarani*; *Arte, y vocabulario de la lengua guarani* e *Catecismo de la lengua guarani*. Retornou ao Vice-Reinado do Peru (1643) com as Cédulas Reais de aprovação do armamento indígena. No último período de sua vida, o missionário dedicou parte de seu tempo aos cuidados espirituais dos negros escravizados e ao ensino da língua guarani na Universidad San Martín. Antes de sua morte, em 1652, ainda escreveria o manuscrito *Sílex de el Divino Amor y Rapto activo del Anima. En la Memoria, Entendimiento y Voluntad que se emprende el Divino fuego mediante un acto de Fé*, onde reporta os ensinamentos místicos que recebeu do indígena guarani Ignacio Piraycí.[30] Deixou outro livro manuscrito: *Apología en defensa de la doctrina Cristiana*.

Sem dúvida, na atuação quase lendária de Antônio Ruiz de Montoya, a "boa condição" de sua compleição deve ter-lhe possibilitado a dedicação e a energia para desenvolver todas as etapas dessa sua rica e multifacetada biografia, aqui brevemente sintetizadas, e sobre a qual têm se debruçado muitos pesquisadores.

Outra personagem exemplar que também é descrita por Torres Bollo como de "boa condição" é Padre Roque González de Santa Cruz (fl. 22 e fl. 12 v, n. 7). No momento da redação do Catálogo em 1614, aos 38 anos de idade, ele residia junto ao Colégio de Asunción, após sete anos de vida na Companhia. Possuía compleição "temperada" e aparentava qualidades, como "engenho razoável, juízo bom, boa prudência e experiência das coisas". Torres Bollo o descrevia como "grande missionário junto aos índios e bom religioso", apesar de "algo escrupuloso". Suas capacidades missionárias se evidenciaram logo: em 22 de novembro de 1619, o Padre Pedro Romero escreve ao Provincial Pedro de Oñate enaltecendo o fato de que novas portas se abriram na pregação aos indígenas, "na medida em que aquela gente vai conhecendo o Padre Roque González e todos os caciques vêm a dar-lhe as boas-vindas e a dizer que se alegram pela sua vinda"; e o apelidam de "Capitão valoroso".[31]

---

30 Montoya, *Sílex del Divino Amor y Rapto activo del Anima. En la Memoria, Entendimiento y Voluntad que se emprende el Divino fuego mediante un acto de Fé, que es el fundamento desta obra* (1648). Lima: Fondo Editorial, 1991; Rodrigues e Moura, "'Rastrear la primera causa': A doutrina mística do Sílex do Divino Amor, do criollo jesuíta Antônio Ruiz de Montoya." *Medievalia*, 31: 105-133, 2012.

31 Leonhardt, *Cartas*, 1929, p. 220.

A biografia desse jesuíta tem sido objeto de muitos estudos e narrativas (Nunes, 2021; Teschauer, 1928; Blanco, 1929; Jaeger, 1940). A sua morte trágica junto aos outros dois companheiros, martirizados por um grupo de nativos em Caibaté em 15 de novembro de 1628, é objeto de relatos e iconografias. Assim como Montoya, Roque nascera no território latino-americano, em Asunción, em 16 de agosto de 1576, fora ordenado sacerdote antes de entrar na Companhia, para onde foi atraído pelo desejo de dedicar-se à evangelização dos indígenas. Entrou na Ordem em 9 de maio de 1609 e participou da fundação de várias Reduções, junto aos povos guaicurus e aos guaranis, percorrendo incansavelmente, junto com seus companheiros de missão, vários territórios da região missioneira: desde as proximidades do rio Paraguai, perto de Asunción, as margens direita e esquerda do rio Paraná, até aos territórios ao sul do atual Mato Grosso do Sul, oeste de Paraná, Santa Catarina e Rio Grande do Sul, chegando até o leste do rio Uruguai. A constante peregrinação missionária e a obra de fundação de Reduções de Roque González foram interrompidas pela sua morte violenta na localidade de Caaró, nas margens do rio Uruguai.

A intensa e audaciosa atividade missionária, acompanhada por deslocamentos contínuos e desgastantes também do ponto de vista físico, e o grande empenho quanto ao estabelecimento de contatos e trocas com diferentes populações de nativos exigiam de fato aquele equilíbrio psicossomático que Torres Bollo rotulara nele como "boa condição".

Em síntese, a atividade missionária exemplar depende de várias circunstâncias, dentre as quais comparecem as boas condições da compleição psicossomática do jesuíta.

Cuidar do Corpo, cuidar dos corpos

Na redação do Catálogo de 1614, o autor, Diego de Torres Bollo, movido pelo intenso envolvimento no projeto missionário da Companhia de Jesus na América Latina, demonstra a preocupação em cuidar do "corpo" da Companhia da nova Província do Paraguai, num momento tão decisivo qual o processo de sua constituição. Possivelmente, deveu-se a essa circunstância a atenção por ele demonstrada ao retratar o perfil de cada um dos missionários e ao combinar características pessoais, talentos e ofícios às exigências daquele específico e árduo contexto missionário.

No que diz respeito à descrição dos temperamentos e das qualidades pessoais, objeto do *Catálogo Segundo*, viu-se que a grande maioria dos missionários da região Platina foi rotulada como colérica, assim como eram coléricas as figuras significativas da epopeia missionária da Antiga Companhia de Jesus, dentre elas, Inácio e Francisco Xavier.

O Catálogo é um exemplo da importância que assume na Companhia o cuidado com o equilíbrio do corpo social e espiritual de seus membros e da atenção à compleição, ou seja, a constituição psicossomática de cada indivíduo. Trata-se da visão da pessoa como unidade psicossomática presente na Companhia, desde suas origens. No *Diário Espiritual*, onde Inácio de Loyola narra as experiências místicas que lhe aconteceram durante a escrita das Constituições da Ordem, encontra-se um relato da vivência corporal na contemplação da Santíssima Trindade: "Nesse momento e depois, com grande efusão de lágrimas, moções e soluços interiores, me parecia que as veias ou partes do corpo repercutiam como que sensivelmente".[32] Na biografia de Loyola redigida por Valtrino (1591-1593), aluno do Colégio Romano, o fundador é descrito como sujeito de grande força física e "boa disposição" corporal.[33]

Em suma, o Catálogo de Torres Bollo, assim como de modo geral os Catálogos Trienais, não é um simples registro formal e normatizado, mas responde à exigência de que a Companhia de Jesus, presente nos mais diversos contextos de vida e de missão, seja um "corpo" vivo e saudável, nos níveis espiritual, psíquico e somático; e como tal seja capaz de responder aos desafios advindos dos ambientes em que se faz presente. E, sem dúvida, o projeto reducional que Diego de Torres Bollo idealizara e empreendera na região Platina exigia uma acentuada capacidade de atuação e de acomodação.

32 Loyola, *Diário*, 1996, p. 33.

33 Valtrino, 1964, p. 339.

A viagem do Velho ao Novo Mundo entre imaginação e realidade: cartas *indipetae* e cartas missionárias

A longa viagem ao Paraguai, "paraíso das delícias na terra": do horizonte de imaginação e desejo à terra da consolação, nas cartas *indipetae* e nas cartas missionárias de jesuítas italianos

As *indipetae* e o horizonte missionário

As cartas conhecidas como *indipetae* foram escritas por jovens jesuítas europeus, normalmente noviços, e destinadas ao Padre Geral da Ordem: têm por objeto o pedido para serem enviadas em missão em terras distantes. A leitura dessas fontes, milhares de documentos redigidos de modo ininterrupto entre 1560 e 1960, com exceção do período de extinção da Companhia (1773-1814), evidencia que o impulso missionário foi concebido como um elemento central da identidade jesuíta.[1]

As *indipetae* assumem um caráter autobiográfico, e o desejo missionário é o tema dominante.[2] A narrativa autobiográfica de que as *indipetae* são um exemplo é um gênero que remonta a Agostinho de Hipona (*Confissões*), mas que, sobretudo no início da Idade Moderna, começou a adquirir grande destaque e difusão. Nessa época, nasce a Companhia de Jesus; e, de fato, as autobiografias são frequentes no seio da Companhia, a começar daquela do próprio fundador, Inácio de Loyola: o *Diário espiritual*, escrito entre 1544 e 1545 (1996); e a *Autobiografia* narrada por Inácio ao secretário Luís Gonçalves da Câmara e por ele transcrita ao

1 Colombo e Massimi, *In Viaggio*, 2014.

2 Acerca do tema do desejo e do teor autobiográfico das *indipetae*, remetemos a vários estudos anteriormente desenvolvidos e que fundamentam este artigo: Massimi, Vilela e Souza, "Il desiderio", 2002; Massimi e Prudente, "Aquele encendido", 2002; Massimi e Pacheco, "O conhecimento", 2005; Massimi, "Narrativas", 2014; Massimi e Brunello, "Indipetae", 2016; Massimi, "Indipetae", 2022.

longo de três períodos, entre 1559 e 1561 (1991). Evidentemente, a autobiografia do fundador é o modelo exemplar da narrativa autobiográfica dos jesuítas, mas também cabe citar as *Confissões* de Pedro Canísio (1570) e o *Memorial* de Pierre Favre, escrito entre 1542 e 1546. A modalidade de reconstruir e narrar sua própria história de vida, típica das *indipetae*, realiza-se, portanto, à luz deste modelo exemplar que é a narrativa inaciana; e o escopo da narrativa autobiográfica das *indipetae é* documentar ao Padre Superior a conformação pessoal de quem escreve à experiência modelar de Inácio, sendo esta conformação o objetivo prioritário da vocação jesuítica, cujo valor precede o próprio pedido das Índias que é o objeto da carta.

Cada carta *indipetae* contém uma narrativa autobiográfica na medida em que apresenta uma "reflexão do autor sobre a trajetória de sua vida",[3] numa "perspectiva totalizadora".[4] Isso acontece quando o autor realiza por meio da narrativa "a conexão entre as diversas partes de seu próprio transcurso vital", pois coloca uma "meta", a partir da qual "todo evento anterior é apenas uma estação no caminho que conduz até ela". Assim, "a compreensão da vida do autor realiza-se na relação entre as partes dessa vida e a concretização de um valor absoluto, de um bem incondicionalmente supremo. Nessa relação, surge para aquele que olha para trás a consciência do significado de cada momento anterior da vida".[5]

O desejo das missões, genericamente definidas como *Índias* (*petere índias*), é o tema principal desse gênero de carta. Trata-se de um desejo modulado pelas práticas formativas da Companhia de Jesus: os exercícios espirituais, o discernimento, a direção espiritual e sobretudo a aquisição da virtude da obediência. Portanto, não se trata apenas do desejo natural, mas também de um desejo missionário harmoniosamente articulado ao dinamismo pessoal e orientado para o Bem último. De fato, as *indipetae*, além de terem a função de solicitar ao Padre Geral que os envie às missões, são também a demonstração da realização do caminho de formação dos aspirantes à Companhia de Jesus, na busca da conformidade aos modelos exemplares: Cristo, Inácio e Francisco Xavier.

Nesse sentido, as *indipetae*, como fonte documental, não podem ser interpretadas de maneira imediata e como expressão espontânea do desejo tomado como vivência subjetiva. O desejo do *indipetente* é moldado pelo trabalho pedagógico realizado nas escolas jesuíticas, que configura a *forma mentis* dos jovens autores e ordena suas personalidades de modo tal que a dimensão do psiquismo seja atrelada

3 Dilthey, *A construção*, 2010, p. 179.

4 Burr, "The Autobiography", 2009, p. 11.

5 Dilthey, *A construção*, 2010, p. 176-177.

à do corpo e abra-se à do espírito. Nesta perspectiva, a compreensão do desejo, assim como dos demais termos indicadores de movimentos psíquicos usados na petição (especificamente: motivos, afetos, vontades, sonhos, recordações e temperamentos, ou seja, complexões), só é possível pelo entendimento dos conteúdos relatados à luz dos saberes psicológicos da época, especialmente da "ciência da alma" aristotélico-tomista, que vimos ser estudada e praticada no âmbito jesuítico.

Nas cartas, a manifestação do desejo missionário implica também a sugestão de um destino, apesar da preferência expressa sempre estar remetida à avaliação e à decisão do superior, cuja vontade é reconhecida como expressão da vontade divina. A indicação dos destinos pretendidos nos permite entender os conteúdos do horizonte missionário dos jovens aspirantes: inicialmente, China, Japão, Índia e, depois, também México, Peru e Brasil comparecem como metas solicitadas. Nas primeiras décadas do século XVII, aparece uma nova meta: o Paraguai.

Dimensões do desejo do *indipetente*

Segundo o jesuíta holandês Pedro Canísio (1521-1597), que, como vimos, foi autor de uma importante autobiografia da Companhia, experimentar desejos é a tônica da juventude, sendo que "neles aparece a inclinação da mente para uma realidade futura".[6] Numa fonte jesuítica muito utilizada no âmbito da formação dos jovens nos noviciados da Companhia, o *Ejercicio de Perfección y virtudes cristianas* (1609; 1887), escrita por Afonso Rodríguez (1538-1617), o desejo é tido como o alicerce de toda a vida humana e espiritual. O autor afirma que, "em todas as coisas e assinaladamente nas obras morais, o amor e o desejo do fim é a primeira coisa que move todas as outras a obrar".[7]

Viu-se que, segundo os tratados conimbricenses, o "desejo" é um termo sinônimo de "apetite intelectivo", expressão da vontade guiada pela razão e orientada pelo reconhecimento do Bem último a ser perseguido. O desejo das Índias é, portanto, o movimento do apetite intelectivo voltado para alcançar a meta vislumbrada pelo intelecto, e representada pela imaginação e pela ação dos demais sentidos internos articulados pelo método inaciano da *compositio loci*.[8] Esta complexa operação psíquica é proposta na segunda semana dos *Exercícios Espirituais*: o sujeito é conduzido a formar no seu interior, através dos sentidos internos, a representação

6 Canísio, *Memorial*, 1998, p. 27-28.

7 Rodrígues, *Ejercicio*, 1887, p. 20.

8 Acerca da *compositio loci*, veja-se o livro de Pawling (2004).

de um "lugar" onde é possível o envolvimento em primeira pessoa, e que se tornará, a seguir, um espaço de oração e de contemplação. Escreve um *indipetente*: "Ao imaginar encontrar-me entre as chamas do fogo, entre as ondas furiosas do mar padecendo a morte, recebo singular contentamento e me abraço com as chamas e com as ondas como rosas".[9]

A meta das *Índias*, que como vimos é a expressão genericamente usada para referir-se às terras de missão, constitui-se como tema para a imaginação dos *indipetentes*. O processo imaginético aproxima a meta futura ao cotidiano presente: "Toda vez que tenho a ocasião de pensar naqueles países, eu me sinto comover e enternecer a alma, e frequentemente vou imaginando estar no navio viajando entre dificuldades e padecimentos. Não posso evitar derramar algumas lágrimas pela grande consolação que disto decorre".[10]

Nas *indipetae* do século XVII, o desejo pelas Índias é descrito como a força interior que desencadeia um dinamismo próprio: "Internamente sinto-me puxar em países distantes, onde consumir meu tempo e minha vida".[11] O desejo assume múltiplas qualidades, sendo caracterizado como: "eficaz", "ardente", "experimentado", "grande", "fervoroso", "repentino", "pobre"; qualificado como "impulso que reina em mim, contínuo", "vivo", "abrasador", "encendido", "forte e vigoroso".

Várias são as alusões ao fato de que a afirmação do desejo produz tranquilidade do ânimo: podendo "exercitar esses desejos, fico contente e sossegado".[12] De fato, o desejo se apresenta como uma experiência dinâmica, cuja força pode diminuir ou crescer em intensidade. Os obstáculos encontrados no percurso podem diminuí-lo ou aumentá-lo: "O desejo de ir cresce mais depois de ser retido". Os autores abordam a análise meticulosa do manifestar-se desse fenômeno: declaram "sentir a cada dia crescer o desejo de ir para lá, e às vezes tanto que não posso estudar nem fazer mais". A intensidade de desejo experimentada empurra o requerente para insistir no pedido: "Agora cresce cada vez mais o desejo, é forçado a rezar novamente com o maior carinho da minha alma, para me chamar o mais rápido possível". A metáfora do fogo é usada para se referir a ele: "Um desejo [...] fomentou cada vez mais na forja do meu peito, como o fogo alimentado e crescido, mas agora acho que não posso mais esconder sob as cinzas do silêncio".

9 Delcantos, Antônio. "Carta *Indipeta* n. 88, 21 de janeiro de 1627." ARSI, FG. n. 173 (trad. nossa).

10 Rossino, Francesco. "*Indipeta* n. 185, Palermo, 14 junho de 1617." ARSI, FG. n. 735.

11 D'Orta, Carlo. "*Indipeta* n. 144, Capua, 29 de abril de 1617." Arquivo Histórico Companhia de Jesus (ARSI), Fundo Jesuítico ARSI, FG n. 173 (trad. nossa).

12 Reguer, Juan. "Carta *Indipeta* n. 38, 18 de janeiro de 1585." Arquivo Histórico Companhia de Jesus (ARSI), Fundo Jesuítico ARSI, FG. n. 173 (trad. nossa).

Assim, o desejo se torna elemento permanente da vida pessoal, a ponto de que "não sei orar, ler, velar, nem fazer coisa alguma sem ele".[13] E até ao longo da noite, o desejo pelas Índias toma lugar nos sonhos dos *indipetentes*, os quais sonham que tal desejo não possa ser realizado, ou que, pelo contrário, seja-lhes concedido ir.

O dinamismo anímico configurado em volta do desejo relaciona-se à expectativa da realização de uma meta desejada, determinando uma vivência própria da temporalidade: a esperança e a expectativa de que se realize o esperado. Segundo Borgna, nela "vemos o futuro mover-se em direção a nós: como uma estrela que num movimento vertiginoso se aproxime da terra. Libertos do futuro imediato, nós vivemos na esperança de um futuro mais amplo, mais distante, mais rico de promessas".[14] Desse modo, o devir adquire um horizonte.

Como já acenado, a vivência do desejo narrada nas cartas é descrita por palavras extraídas do vocabulário da *scientia de anima*, de matriz aristotélico-tomista e agostiniana, próprio do tempo histórico em que foram escritas e que apresentamos no capítulo anterior. O desejo se refere a uma dimensão importante do psiquismo, a das afeições, cujo movimento é expresso pelo termo "apetite".

Vimos que a psicologia filosófica aristotélico-tomista proposta pelos tratados conimbricenses considera o apetite como um ato psíquico que se realiza de acordo com duas dimensões, a da sensibilidade (apetite sensível) e a do intelecto (apetite intelectual). Se, na primeira dimensão, o apetite segue a inclinação natural do ser vivo, ligada à sensibilidade e, portanto, ao movimento dos sentidos externos e internos, na segunda, é orientado por atos de processos psíquicos superiores, isto é, a cognição (inclusive, a reflexão e o julgamento sobre os objetos do apetite) e a vontade (ou seja, a decisão que direciona a escolha dos objetos a se desejar).

De acordo com a psicologia filosófica agostiniana, o desejo é o motor da experiência e se distingue em sensorial natural (concupiscência) e intelectual natural (amor). A direção do caminho humano é dada pela meta à qual o desejo tende, isto é, o objeto escolhido e desejado como tal. Para que isso aconteça, o dinamismo psíquico pessoal deve ser ordenado de tal forma que os movimentos de processos psíquicos, como sensibilidade e apetite sensível, sejam orientados e guiados pela cognição e motivação.

O desejo é um movimento do apetite intelectivo decorrente da apreensão de um determinado objeto representado pelas potências cognitivas e julgado bom.

---

13 Araçolas, Francisco. "Carta *Indipeta* n. 98, de Francisco de Araçolas, 26 de janeiro de 1588." ARSI, FG. n. 173 (trad. nossa).

14 Borgna, *L'attesa*, 2006, p. 52.

A escolha do objeto é decisiva para orientar o desejo que, por si mesmo, tem um status indefinido: pode ser âmbito de uma possível desordem, mas também da ordem estabelecida por Deus, quando orientado para o bem, através da oração e do esforço de conversão pessoal. A experiência inaciana mostra que, no caso em que o objeto do desejo consista em bens materiais, embora estes suscitem inicialmente grande ansiedade de posse, acontece que, uma vez adquiridos, percam seu apelo. A busca pela satisfação é então transformada em uma inquietação constante que vaga de um objeto para outro. É um afeto desordenado. Pelo contrário, no caso de objetos espirituais, experimentamos desinteresse quando eles nos faltam, mas, uma vez obtidos, aumentam o desejo, de modo que, paradoxalmente, a saciedade aumenta o apetite. É a experiência definida por Inácio como consolação. A respeito dela, escreve Inácio em seu *Diário espiritual*:

> Chamo de consolação quando na alma se produz alguma moção interior, com a qual vem a alma a inflamar-se no amor de seu Criador e Senhor; e quando, consequentemente, nenhuma coisa criada sobre a face da terra pode amar em si mesma, a não ser no Criador de todas elas. E também, quando derrama lágrimas que a movem ao amor do seu Senhor, quer seja pela dor de seus pecados ou da Paixão de Cristo nosso Senhor, quer por outras coisas diretamente ordenadas a seu serviço e louvor. Finalmente, chamo de consolação todo o aumento de esperança, fé e caridade e toda a alegria interior que chama e atrai as coisas celestiais e a salvação de sua própria alma, aquietando-a e pacificando-a em seu Criador e Senhor.[15]

Pierre Favre em seu *Memorial* (1546/1995) descreve o acontecer dessa vivência espiritual em sua história de vida:

> Antes de firmar meu ânimo no gênero de vida que Deus me outorgou por meio de Inácio, achava-me sempre agitado e ofuscado por tais ventos, que ora escolhia o matrimônio, ora a medicina, ora a jurisprudência, ora a regência, ora o doutorado em teologia, ora o clericato sem grau, ora às vezes até o monacato. Antes era movido por esses ventos, segundo o maior ou menor elemento predominante, a saber, segundo esta ou aquela afeição desordenada reinante. Desses pendores, como disse, o Senhor me livrou e me fortificou com consolações espirituais a ponto de

15 Loyola, *Diário espiritual*, 1996, p. 72.

> deliberar ser sacerdote, dedicado a seu serviço, em tão difícil e perfeita vocação.[16]

O desejo do *indipetente* é dessa natureza, e em várias cartas sua manifestação é associada à vivência da consolação. A consolação é acompanhada muito frequentemente pelo derramamento das lágrimas, tópica inaciana expressiva da vivência afetivamente intensa da presença do ser divino. A moção das lágrimas é um sinal de autêntico discernimento quanto ao próprio rumo existencial, em oposição à ansiedade e inquietação, sinais estes de que ainda não se encontrara o caminho apropriado. A meta missionária é vivida pelos autores das *indipetae* como meio para experimentar consolação e superar uma condição presente de falta de liberdade, devido ao apego aos afetos desordenados: "Aqui eu me encontro por todos os lados amarrado por inúmeros laços de vários desejos e oprimido pelas amarras das minhas paixões, de modo tal que é impossível me levantar e dar-me todo ao Senhor. Por isso, para mim, as Índias seriam um remédio para sair desta situação".[17]

Em muitos casos, as *indipetae*, escritas pelos jovens vocacionados e avaliadas pelos superiores, especialmente pelo Padre Geral da Companhia, permanecem apenas como documentos comprobatórios do percurso de formação de seus autores. Mas, frequentemente, o pedido ali apresentado recebe resposta afirmativa, de modo que a intenção de realizar a meta se concretiza no envio às terras de missão.

Simone Mascetta, Giuseppe Cataldini, Adriano Formoso e Pietro Commentali, quatro jovens italianos estudantes nos Colégios da Companhia de Jesus, escreveram várias *indipetae* e, uma vez que o pedido foi aceito, foram enviados e atuaram nas primeiras décadas da missão no Paraguai. Desse território, enviaram para a Europa outro tipo de carta, que escreveram uma vez que chegaram nos lugares de destino, relato das vivências nas terras de missão. A comparação entre as *indipetae* e essas cartas missionárias permitirá perceber de que modo a Província do Paraguai, lugar que fora objeto de desejo, tornou-se espaço de ação missionária e de uma presença que durou até a morte. Nesse âmbito, ressaltaremos a elaboração de saberes psicológicos.

Simone Mascetta e Giuseppe Cataldini, que serão pioneiros da missão da Companhia na Província do Paraguai,[18] ainda noviços nos colégios italianos,

---

16 Favre, *Memorial*, 1995, p. 3.

17 Zambosti, Carlo. "*Indipeta* n. 184, Novillara, 13 de junho de 1617." ARSI, FG. n. 173.

18 A respeito dos dois italianos, há uma ampla literatura: Jarque, *Vida*, 1664; Page, "De las indipetae", 2023; Neris e Rojas, "La labor", 2023; Cortesão, *Carta*, 1951; Techo, *Historia*,

manifestaram seu desejo missionário nas cartas *indipetae* enviadas ao Padre Geral Claudio Acquaviva (1543-1615). Nestas, aparentavam desconhecer a existência daquele novo destino da ação dos inacianos. De fato, ao indicar suas preferências quanto ao envio, se referiam à localidade das Índias Orientais, como Japão, China, Índia ou, ainda, Turquia. Todavia, a virtude da indiferença os levava a dizer-se disponíveis para serem enviados "nas Índias, ou em qualquer outra parte do mundo". Portanto, foram escolhidos para integrar o primeiro grupo dos religiosos destinados à nova Província do Paraguai, juntamente com os espanhóis Antonio Ruiz de Montoya (1585-1652) e Martín Javier de Urtasun (1590-1613).

Simone Mascetta: "Sempre desejei e desejo ainda agora"

Simone Mascetta nasceu em 1577 na aldeia de Castilenti (Província de Téramo, na Itália). Sabemos, por uma anotação escrita na *Indipeta*, que ele frequentou o Colégio de Atri, cidade natal do próprio Acquaviva. No dia 1 de fevereiro de 1606, entrou no noviciado da Companhia de Jesus em Nápoles. Escreveu uma *Indipeta* de Nápoles no dia 20 de julho de 1606. Nessa *Indipeta* que, aos vinte e nove anos de idade, Simone escrevera do Colégio de Nápoles (ARSI: FG 733 390 e 390v), destinada ao Padre Geral Claudio Acquaviva, encontramos a descrição de seu percurso de vida: o aceno aos anos de juventude "gastos no século", antes do chamado a entrar na Companhia, atribuído a uma graça sobrenatural ("Jesus... por Sua misericórdia e pela intercessão da Virgem Bem Aventurada e dos Santos Apóstolos"). As motivações que o levam a pedir o envio em missão são relacionadas ao desejo de bem empregar o tempo restante de existência: "Para não ser ingrato por tão grandes benefícios, para pagar em alguma medida a penalidade por meus graves erros; e para começar a sofrer e derramar meu sangue alegremente e em todas as oportunidades pelo amor de Deus, quando a necessidade surgir".

Mascetta indica alguns destinos missionário por ele preferidos: Índia, Moscóvia e Turquia; mas também se declara disponível a ir "aonde Vossa Paternidade julgar ser para a maior glória de Deus". No dia da escrita dessa carta, o Paraguai e as Índias Ocidentais de modo geral não estavam no horizonte missionário de Mascetta. Com efeito, Torres Bollo ainda se encontrava na Europa, e tinha apenas obtido a aprovação do Padre Geral da Companhia para a formação da nova Província do Paraguai. Tratava-se, portanto, de uma grande novidade.

1897 [1673]; Furlong, *Cartografia*, 1936; Furlong, *Justo*, 1963; Hernández, *Organización*, 1913.

Na carta, Mascetta descreve o conteúdo do seu desejo pelas Índias:

> Sempre desejei isso com todo o meu coração, e desejo-o ainda agora: que através do contínuo padecer, eu possa saborear Cristo e de alguma forma imitá-lo; pois estou bem de saúde, e forte de corpo, mas fraco e frágil de espírito, ao qual espero que Nosso Senhor dê vigor e força, com esta viagem que farei, [...] e saúde de alma.[19]

A referência à Francisco Xavier completa o pedido, conforme o hábito comum dentre os *indipetentes*, por ser esta figura o exemplo vivente do carisma missionário dos inacianos. A exigência de "bem empregar o tempo da vida" coincide com a imitação de Cristo, de seus discípulos, da Companhia de Jesus. A "viagem" é imaginada como proporcionando "vigor e força" ao espírito "fraco e frágil", mas é possibilitada por "estar bem de saúde e forte de corpo". De fato, as forças e a saúde do corpo serão as qualidades exigidas pela árdua missão que lhe será confiada uma vez que chegar no território paraguaio.

A experiência missionária vivenciada por Mascetta parece ter realizado esse desejo de "saborear Cristo através de contínuo padecer". Seu pedido de envio em missão foi aceito e, no dia 4 de março de 1608, ele chegou no porto de Buenos Aires.[20] Isso após uma longuíssima e aventurosa viagem, que foi documentada pela primeira relação de viagem missionária rumo à Província do Paraguai: "*1607-1608. Relación de viaje de España a Paraguay*".[21] O grupo que o acompanhava era composto pelos padres Francisco San Martín, Mateo Esteban, Andrés Jordán e Antônio Masero, acompanhados pelos Coadjutores Andrés Rodríguez e Antônio Aparício. A travessia do Atlântico foi uma longa e sofrida verificação do desejo missionário à prova dos fatos: em primeiro lugar, a ameaça por um navio inimigo na proximidade das Ilhas Canárias, que os levou ao temor de perder a vida;[22] depois, uma terrível tempestade em decorrência da qual também os viajantes

19 ARSI: FG. n. 733, 390v (trad. nossa).

20 ARSI: Paraq. 11, 24; Pastells 1, 138.

21 Page, *Los viajes*, 2007.

22 O desejo e a disponibilidade ao martírio caracterizam a identidade do jesuíta. Conforme o texto do *Exame* a que é submetido o candidato à Companhia, este deve ser "movido pelo desejo de assemelhar-se e imitar em alguma medida nosso Criador e Senhor Jesus Cristo, vestindo Seu manto e uniforme, precisamente porque Ele mesmo se revestiu disso para nosso maior lucro espiritual, e com isso nos deu um exemplo, para que em todas as coisas possíveis para nós, por Sua graça, possamos procurar imitá-lo e segui-lo, pois Ele é o caminho que conduz os homens à vida" (Loyola, *Exame*, capítulo IV, n. 44).

recearam perecer. Quando finalmente chegaram nas costas brasileiras, no porto do Rio de Janeiro, foram acolhidos pelos irmãos da Companhia de Jesus na pessoa do Procurador-Geral daquela Província. Lá eles permaneceram por dezoito dias, para recobrar vigor. Após a chegada no porto de Buenos Aires, seguiram a viagem por terra para o Colégio de Córdoba, porta de acesso aos territórios missionários da nova província do Paraguai.[23] Assim, após um breve período de adaptação nessa cidade, Simone Mascetta e seu companheiro Giuseppe Cataldini foram para a cidade de Asunción.[24] Após a profissão solene no dia 29 de setembro de 1619 e um primeiro período dedicado ao acompanhamento espiritual dos colonos espanhóis, Mascetta foi enviado ao território da recém-criada Província para empreender a missão de conversão dos nativos, juntamente com Giuseppe Cataldini, Martin Urtazún e Antonio Ruiz Montoya.[25]

A atuação de Mascetta e Cataldini junto aos nativos da região do Guaíra (atual Paraná) é narrada em pormenores na Carta Ânua de 1612, pelo Provincial do Paraguai, Diego de Torres Bollo. Sabemos por ele que a condição de bem--estar em saúde, declarada por Mascetta na *indipeta*, foi logo colocada à prova por uma enfermidade que acometeu ambos os missionários nos primeiros sete meses de missão. Convalesceram na região de Guairá, na cidade de Vila Rica de Espírito Santo,[26] como atesta uma carta do Padre Geral Claudio Acquaviva de 1608: em resposta a uma carta de 28 de março enviada por Mascetta, Acquaviva expressa satisfação pela informação acerca da restabelecida saúde corporal dos dois italianos e deseja que o Senhor a conserve para que possam empregá-la para colaborarem no serviço e na saúde espiritual dos nativos.[27] De fato, os primeiros sete meses junto aos colonos não foram fáceis, pela resistência e hostilidade demonstrada por eles à presença dos missionários: Torres Bollo define os moradores castelhanos daquela região quais "peitos endurecidos na libertinagem da carne e nos maus-tratos e desagrados contra os índios", aos quais "tinham imposto um rigoroso serviço pessoal, obrigando-os também a colher com excessivo trabalho

23 Page, "El Colegio", 2004.

24 Sobre a viagem dos dois missionários, veja-se também Del Techo (1897, v. II), que narra como os dois, para chegar até as terras povoadas pelos indígenas, atravessaram rios e lagoas, desafiando todo tipo de perigo e chegando no Guairá no dia da festa da purificação de Nossa Senhora, no ano de 1610.

25 Storni, *Catálogo*, 1980, p. 178.

26 Leonhardt, *Cartas*, 1927, p. 494 e seguintes.

27 "Acquaviva." In: Morales, *A mis manos*, 2005, p. 41-42.

uma erva de que usam", ou seja, a erva-mate.[28] De fato, na região do Guairá a principal atividade econômica era a produção da erva-mate com a utilização da mão de obra indígena mediante a *encomienda*.[29] Diante desse endurecimento, a palavra pregada pelos dois jesuítas parecia não lograr nenhum efeito.[30]

Possivelmente, Mascetta e Cataldini devem ter se alegrado pela notícia de um novo destino missionário apresentado pelo Provincial: deveriam propor uma forma de convivência, que seria o primeiro núcleo do projeto reducional, aos nativos da região da "Tibajida", próxima do rio Tibagi e localizada no atual território brasileiro de Tibagi, no estado do Paraná. O rio era rico em ouro e pedras preciosas num território que tinha sido povoado desde a antiguidade: recentes pesquisas arqueológicas evidenciam que a região começou a ser povoada a partir de cerca de 10.000 anos atrás. Os primeiros grupos nos campos tibagianos foram os nômades paleo-índios e, posteriormente, grupos Jês meridionais e tupis-guaranis que ocuparam o planalto paranaense no período pré-colonial. Essas populações viviam essencialmente da caça de animais e da coleta de frutos e mel (Parellada, 2005; 2006; 2007). A recepção das populações nativas foi bem mais calorosa do que aquela dos castelhanos: quando os dois italianos iniciaram sua viagem subindo rio acima, "saíram ao seu encontro muitos índios de diversas nações em suas canoas". Cada grupo de indígenas "desejava e pedia que os Padres fossem a suas terras". Mascetta e Cataldini, porém, preferiram prosseguir a viagem pelo rio, pois buscavam terras maiores e mais espaçosas para estabelecerem os assentamentos, e nas partes altas para evitar perigo de inundações. Encontraram a meta desejada na proximidade do rio Pirapó, localizado na mesorregião Norte-Central do atual estado do Paraná e afluente do rio Paranapanema. As informações arqueológicas dão conta de que os padres encontraram as aldeias localizadas entre 30 e 300 metros de distância do rio. Tratava-se de uma região de terra fértil e apropriada para o cultivo da terra, propícia para reunir, em povoados maiores, grupos "de indígenas que viviam à sua antiga usança em selvas, serras e vales, junto a arroios escondidos, em três, quatro ou seis casas apenas, separados uns dos outros em questão de duas, três ou mais léguas".[31] Desse modo, uma vez lá estabelecidos, os dois jesuítas

28 A observação destes fatos inspirou Torres Bollo na elaboração do projeto reducional: Frías, "La dignidad", 2002.

29 Levinton, "Joseph", 2018.

30 Leonhardt, *Cartas*, p. 494.

31 Montoya, *Conquista*, 1997, p. 35 e 54.

enviaram alguns mensageiros para "chamar os índios vizinhos para que viessem povoar ali. De fato, até Pirapó pode-se vir de canoa e balsa muito segura e sem risco, pelos recifes e saltos do rio".[32] Várias povoações responderam positivamente ao convite e ocorreu um primeiro acordo: os chefes, ou caciques, "trocaram a palavra" entre eles e "deram seu nome para fazer dos seus povos, um só". Nesse primeiro assentamento em Pirapó, estabeleceram-se cerca de "três mil índios que, contados com suas mulheres e filhos de três turmas a seis, cada casa, são dezoito mil almas". Seriam eles os fundadores e moradores da primeira Redução, dedicada à Nossa Senhora de Loreto. A seguir, houve a fundação da Redução de Santo Inácio: "Logo pelo rio acima, a cerca de oito léguas, dever-se-ia formar outro povoado de outros dois mil índios, que será de doze mil almas".

Assim como nas fases iniciais da missão, esse primeiro grande sucesso missionário foi obtido por Mascetta e Cataldini "através de contínuo padecer", como podemos reconhecer na preocupação expressa por Torres Bollo na Carta Ânua, devido aos "trabalhos que entre eles [os indígenas] padecem", "por estarem em terra tão destituída do necessário".[33]

A narrativa da Carta Ânua mostra como, através das circunstâncias relatadas, realizara-se aquele desejo de "padecer" por Cristo e bem "empregar o tempo da vida", expresso por Simone Mascetta na *indipeta.* Certamente, quando Mascetta escreveu sua *indipeta*, não imaginava tudo o que iria acontecer: por exemplo, não cogitaria que ele, que se definira vigoroso no corpo, adoeceria logo após a chegada no Paraguai; e que teria que pregar a conversão para cristãos espanhóis de coração "endurecido", escravistas e dissolutos. Mas quando Mascetta e Cataldini chegaram nas terras ao norte do rio Tibajida e "saíram ao seu encontro muitos índios de diversas nações em suas canoas" e "cada um deles desejava e pedia que os Padres fossem a suas terras" (p. 495), o missionário de Nápoles teria provavelmente reconhecido que o "desejo do coração", expresso em sua juventude ao Padre Geral, encontrara o "desejo de que fossem a suas terras", manifesto por aqueles indígenas. Nessa convergência, originou-se a primeira experiência daquelas que serão depois chamadas de Reduções: "trocaram a palavra e deram seu nome para fazer dos povos, um só".

Mais tarde, Simone Mascetta, junto com os demais missionários, teve que vivenciar também o drama da invasão e da destruição daqueles primeiros conjuntos reducionais por obra dos bandeirantes paulistas, que tornaram cativos dez

32 Leonhardt, *Cartas*, 1927, p. 495.

33 *Ibidem*, p. 495.

mil indígenas. A troca epistolar entre os missionários e o Padre Geral documenta os acontecimentos e novas ocasiões do "contínuo padecer". Desses fatos, trata a carta enviada para Mascetta pelo Padre Geral Muzio Vitelleschi, em 1630, em resposta a duas missivas redigidas pelo missionário em 3 de outubro de 1629 e em 25 de janeiro de 1630, onde relatou-lhe um grande fracasso: "Alguns portugueses do povo de São Paulo saquearam as Reduções de S. Antônio, S. Miguel e Jesus Maria e tornaram cativos um bom número de índios". Mascetta conta que foi inútil a tentativa dele e do outro missionário, Justo Mansilla, de negociarem com os invasores a liberdade dos nativos. Vitelleschi declara-se "consolado" ao conhecer a "grande caridade e santo zelo com que se amparam, defendem e ajudam esses pobres naturais" (Morales, 2005, p. 405); e informa ter enviado o Padre Procurador das Províncias Francisco Crespo junto à Corte de Madri, para solicitar providências contra as incursões dos bandeirantes. Em outra carta, de 1631, Vitelleschi responde às que foram enviadas por Mascetta em 15 de dezembro de 1629 e 22 de julho de 1630, que o avisam acerca daquilo "que os vizinhos da Villa de São Paulo fazem contra os índios de nossas Reduções, coisas que de verdade quebram o coração". Vitelleschi implora que "a divina Majestade por sua misericórdia ampare e defenda esses pobres índios que padecem sem culpa".[34] Em um despacho de 1633 ao Padre Provincial Francisco Vasques Trujillo, Muzio Vitelleschi afirma ter recebido em 1630 quarenta e duas cartas enviadas da Província do Paraguai lamentando as invasões dos bandeirantes. Dentre várias recomendações, pede que avise o Padre Simone Mascetta e o Padre Justo Mansilla para que "não aconteça outra vez de irem-se com tanto perigo da vida atrás dos índios das Reduções: o zelo é bom, mas deve ser regrado pela prudência".[35]

Todavia, no "coração quebrado" vive ainda o desejo de que, "através do contínuo padecer, eu possa saborear Cristo e de alguma forma imitá-lo" – desejo que vimos formulado na *indipeta*. Renovado "zelo" move Mascetta a continuar sua presença junto aos indígenas reduzidos numa situação de constante ameaça: em março de 1637, ele escreve novamente a Vitelleschi sobre "as grandes desgraças padecidas nas Reduções". Vitelleschi, ao responder-lhe em 1639, garante-lhe que a Coroa espanhola está providenciando um "remédio eficaz".[36] Com efeito, o Padre Crespo solicitara ao monarca espanhol a aquisição de armas de fogo para que os indígenas reduzidos pudessem constituir um exército para rechaçar as invasões dos

---

34 Morales, *A mis manos*, 2005, p. 428.

35 *Ibidem*, p. 48.

36 *Ibidem*, p. 567.

bandeirantes. A partir de 1641, as milícias indígenas conseguiram deter as entradas dos paulistas e Simone Mascetta e os demais missionários puderam dar continuidade à constituição das comunidades de indígenas reduzidos.

Aspectos da biografia de Simone Mascetta podem ser conhecidos pela consulta dos Catálogos Trienais da Companhia da Província do Paraguai, que como já vimos são um tipo de fonte de grande importância para o conhecimento do perfil psicossomático de cada jesuíta e também para o entendimento dos critérios que orientavam a atribuição de sua função no âmbito da Companhia. Pode-se conhecer os traços da personalidade de Mascetta na visão de seus superiores.

No Catálogo de 1614, redigido por Torres Bollo, Simone Mascetta, que naquele ano tinha 38 anos de idade, é descrito como um indivíduo de boas forças físicas, formado em cânones e casos de consciência, e indicado como apto para o ministério de evangelização junto a espanhóis e indígenas.[37] No *Catálogo Primeiro* de 1620, redigido por Pedro de Oñate, Mascetta é indicado como membro da missão do Guairá e com características análogas às do catálogo anterior.[38]

Já no *Catálogo Segundo* daquele mesmo ano,[39] Mascetta é descrito como possuindo "medíocres" "engenho", "juízo" e "prudência", e "pouca experiência das coisas". Coloca-se também que seu temperamento é "melancólico", e qualifica-se como apto para missão junto aos indígenas. Para a compreensão desse retrato, retomamos o significado de cada uma das categorias empregadas.

Em primeiro lugar, as categorias possuem indicadores qualitativos que vão desde o medíocre, ou escasso, até o ótimo, ou excelente. A primeira categoria que comparece no *Catálogo Segundo* é expressa pelo termo latino *ingenium*, que corresponde ao termo castelhano *entendimiento*, utilizado por Inácio em seus textos e que designa a faculdade de pensar e de julgar. A capacidade de pensar, ou potência intelectiva (no vocabulário aristotélico-tomista), assume um papel fundamental nos *Exercícios*: iluminado pela graça divina, permite a compreensão e o reconhecimento da verdade, determinando a ação com a colaboração do livre-arbítrio e a formulação de propósitos e planos. Guiado pela humildade, o engenho pode elevar-se a Deus, mas se for estimulado pela soberba, poderá afirmar-se a si mesmo. Portanto, trata-se de uma qualidade importantíssima, mas que deve ser formada de modo virtuoso, na perspectiva do *modus vivendi* jesuítico.[40]

---

37 ARSI: Paraqu. 4-I, 12v, n. 2.

38 ARSI: Paraqu. 4-I, n. 87, folha 46v.

39 ARSI: Paraqu. 4-I, n. 28, f. 56.

40 Massimi, "A teoria", 2000; Massimi, *A teoria*, 2010.

A categoria do "juízo" é diversamente usada nas *Constituições* da Companhia de Jesus, na correspondência epistolar e nos escritos jesuíticos, assumindo diversas significações: é associado ao julgamento do fim dos tempos, entendido como pensamento do indivíduo acerca de si mesmo e como avaliação do indivíduo pela comunidade.[41]

A "prudência", outra categoria que comparece nos *Catálogos*, assume grande importância na literatura jesuítica e na literatura da primeira Idade Moderna, pela retomada renascentista do ideal aristotélico da moderação e do equilíbrio. As biografias de Loyola o retratam como um homem dotado de prudência; e essa virtude é enfatizada pelas *Constituições* como indispensável para o exercício do governo, sendo todo excesso considerado perigoso. Manuel de Góis, nos *Comentários Conimbricenses da Ética Aristotélica*, dedica um capítulo inteiro à prudência (*Disputatio VIII*), considerada como a mais importante entre as virtudes morais, e retoma a definição aristotélica da prudência como "o hábito de praticar ações verdadeiras segundo o que é razoável acerca do que é o bem ou o mal para o homem". Ela é a virtude que ensina "o modo de bem viver", indicando o que deve ser evitado e o que deve ser procurado.[42]

A concepção de "experiência das coisas" é sintetizada pela formulação filosófica de Góis, nos *Comentários Conimbricenses da Ética Aristotélica*: a experiência é adquirida após o agir (*modum operandi*) e o precedente (e/ou consecutivo) pensar (*modum cogitandi*), com envolvimento de todas as potências anímicas, e conduz à verdade e ao bem. Nela, todas as potências anímicas são envolvidas. A referência à experiência comparece frequentemente nos textos de Góis e nos demais escritos filosóficos da Companhia. Além disso, a experiência é uma categoria que pertence ao universo da regulação tanto espiritual e corporal quanto jurídica e institucional da Companhia. Na correspondência missionária, encontram-se quatro sentidos do uso do termo "experiência": prova e experimento (*peiria*); conhecimento, habilidades e práticas derivados da *peiria* (*empiria*); abertura do sensível para o transcendente, abrindo ao conhecimento da revelação da ação divina nas circunstâncias da história humana (mística); e identificação de cada jesuíta com a vivência do fundador e com os valores e os fins da Companhia (experiência modelar). Todos esses sentidos são relacionados entre si, por serem etapas de um processo unitário que leva ao conhecimento da realidade, e são sintetizados na expressão "experiência das coisas".

---

41 *Idem.*

42 *Góis,* Ética, 1957, p. 255 e 267.

É singular observar que na avaliação de Oñate, Mascetta aparenta ser medíocre em cada uma dessas categorias. Além disso, mostra-se de temperamento melancólico, que, como vimos, mal condiz com as atividades árduas dos primórdios da presença missionária num dado ambiente. Tudo isso parece contradizer o "zelo" com que a carta do Padre Geral, Muzio Vitelleschi, qualifica a conduta de Mascetta. Repare-se que no ano da carta de Vitelleschi, 1633, o responsável Provincial é outro, não mais Oñate, mas sim Francisco Vasques Trujilo. Passaram-se treze anos desde a redação do *Catálogo Segundo* por Pedro Oñate e diferenças podem ter ocorrido, seja na perspectiva de cada redator de catálogo seja nas vivências de Mascetta.

É singular, todavia, que em ambos os casos haja concordância quanto ao ofício que esse jesuíta mostra aptidão para desempenhar: "Apto para missão junto aos índios".

A aptidão para um determinado ofício é a última categoria que comparece na *Formula scribendi* dos Catálogos: "*Officia Et Talenta*". As *Constituições* da Companhia atribuem ao Padre Geral a tarefa de distribuir as funções de maior responsabilidade conforme os talentos. Ao Padre Provincial cabe escolher o preposto, o mestre de noviços, os responsáveis dos serviços materiais, os confessores, os consultores, os pregadores e os docentes.[43] A nona parte das *Constituições* descreve as atribuições e qualidades específicas exigidas para o exercício de cada ministério. Nas *Regras Particulares*,[44] para cada ofício são indicadas tais atribuições e qualidades por normas detalhadas. Desse modo, ordenada conforme uma estrutura hierárquica de funções – desde o Padre Geral até o cozinheiro e o enfermeiro –, a Companhia de Jesus constitui-se num organismo material, anímico e espiritual, ou seja, um "corpo" no sentido pleno e integral do termo. Deste corpo anímico e espiritual, os Catálogos são registros e ao mesmo tempo instrumento, expressão e articulação, representação e modo de composição.[45] Portanto, no âmbito do projeto das Reduções junto às populações guaranis, Mascetta ocupa uma função de destaque, sendo declarado apto para a missão junto aos indígenas, uma tarefa de grande responsabilidade.

No *Catálogo Primeiro* de 1623,[46] Mascetta é novamente descrito como um indivíduo que dispõe de boas forças e é apto para a missão entre indígenas e espanhóis;

43 *Institutum* II, Regulae Prov., p. 79.

44 *Institutum*, v. III.

45 Massimi, "A teoria", 2000; Massimi, *A teoria*, 2010.

46 Mascetta é o número 87 (In: ARSI: Paraqu. 4-I, 71v).

e no *Catálogo Segundo*, é representado como provido de bom engenho, bom juízo, grande prudência, discreta experiência das coisas e compleição boa, e lhe é atribuído talento para governar os indígenas. No Catálogo de 1626,[47] reconhece-se que Mascetta ainda dispõe de boas forças físicas e deve ser indicado para a missão junto aos indígenas e espanhóis. Nenhuma novidade a respeito das informações de 1623 constam no *Catálogo Segundo*.[48] No Catálogo de 1631,[49] as características permanecem inalteradas, e o mesmo vale para o *Catálogo Segundo*. Situação semelhante se registra na análise do *Catálogo Primeiro* de 1637,[50] faltando o Segundo. Já no Catálogo de 1644,[51] as forças físicas de Mascetta são rotuladas como "medianas" e ele continua indicado como apto para a missão junto aos espanhóis e indígenas. No Catálogo de 1647, escrito por G. Ferrufino, as forças do jesuíta napolitano já estão "consumidas",[52] mas, apesar disso, ele ainda é ativo junto aos indígenas e espanhóis. O mesmo acontece em 1651,[53] quando Mascetta é descrito como privado de força física, mas ainda "operário" junto aos indígenas e espanhóis; já o *Catálogo Segundo* lhe atribui juízo e entendimento bons, grande prudência e uma discreta experiência das coisas, sua compleição é temperada e ele mostra talento para a missão junto aos indígenas. A última referência a Simone Mascetta nos catálogos da Província se encontra em 1656.[54] O autor, Francisco Vasquez, escreve que, apesar de as forças de Mascetta estarem definhando, ele continua exercendo sua missão junto aos indígenas; no *Catálogo Segundo*, ele é descrito como possuindo bom entendimento, juízo, prudência e experiência das coisas; compleição temperada; e adaptado para a missão junto aos indígenas. Em suma, da leitura dos catálogos a personalidade de Mascetta aparece totalmente voltada à missão junto aos indígenas.

Após uma longa e operosa existência dedicada à missão junto aos nativos até os últimos dias, quarenta anos depois da fundação da Redução de Santo Inácio, em 10 de outubro de 1658, Simone Mascetta falece nela.[55] Sua história realizara plenamente o desejo expresso na *indipeta* de que, "através do contínuo padecer,

47 Simone Mascetta é o número 172.

48 ARSI: Paraqu. 4-I (fl. 108).

49 Mascetta é o numero 142 (In: ARSI: Paraqu. 4-I, 123v e 131v).

50 ARSI: Paraqu. 4-I, n. 146 (140v).

51 Mascetta é o número 161 (ARSI: Paraqu. 4-I, fl. 151).

52 ARSI: Paraqu. 4-I, 162v.

53 ARSI: Paraqu. 4-I, n. 156, 177v e 188v.

54 ARSI: Paraqu. 4-I, n. 144, 201v e 210v.

55 Storni, *Catálogo*, 1980, p. 178.

eu possa saborear Cristo e de alguma forma imitá-lo". Um desejo que permaneceu ao longo do tempo, inspirando sua ação e unindo o passado ao presente, como escrito na carta: "Sempre desejei e desejo ainda agora".

"Do Egito do mundo ao porto da saúde"

Na *indipeta* enviada de Roma ao Padre Geral Claudio Acquaviva,[56] o autor exordiava manifestando gratidão por ter sido, por iniciativa divina, "expulsado do Egito do mundo, tanto já engolfado e entrincheirado nele, e conduzido ao porto seguro da saúde, chamando-me a esta Santa Companhia". Retomando a tópica bíblica da fuga do Egito, tido pelo povo hebreu como terra de desterro e de escravidão, a Companhia era descrita como "porto seguro de saúde" frente aos males do mundo. O autor dessa *indipeta*, Giuseppe Cataldini, tornar-se-á anos depois companheiro de missão de Simone Mascetta. Cataldini nasceu em 1571 nas Marcas de Ancona, na cidade de Fabriano; aos treze anos de idade, ele entrou no Seminário diocesano e mais tarde foi para Roma para estudar teologia e filosofia no Colégio Romano, a escola dos jesuítas. Foi esta a ocasião para conhecer a Companhia de Jesus. Uma vez ordenado Padre diocesano, celebrou sua primeira missa no Santuário de Loreto e foi enviado novamente a Roma como reitor do Colégio da Arciconfraternita dei Bergamaschi. Nessa cidade, aprofundou sua relação com os jesuítas, de modo que, em 1 de março de 1602, finalmente entrou no noviciado da Companhia em Roma, aos trinta anos de idade.[57]

Pelo conteúdo da *indipeta*, podemos supor que a condição de clérigo diocesano não correspondia ao seu desejo de realização, ou melhor, de empregar bem o tempo de sua existência, como escreve na carta: "Tendo me dado um desejo ardente de que o pouco tempo que me resta, eu o passarei ao Seu serviço". O lugar desse serviço é indicado como "naquelas partes das Índias", e são citados alguns destinos preferenciais: "Japão e China, ou Índia". Cataldini, assim como vimos em Mascetta, refere-se ao desejo de padecer acoplado à solicitude pastoral: "Desejo de padecer e, se não houvesse nada mais, essas palavras tocam meu coração: *misse quidem multa, operarii autem pauci: rogate ergo donum messis ut mittat operarios in messem tuam*". Cataldini se mostra ciente quanto aos limites dessa sua petição: "Quanto mais eu gostaria que o meu afeto fosse mais explícito em se explicar para mover

---

56 ARSI, FG. 732, v. 1, n. 40, não possuímos a data.

57 Antuñedo, 2023; Storni, *Catálogo*, 1980, p. 61; Levinton, "Joseph", 2018.

Vossa Paternidade para realizar este meu desejo". Todavia, a virtude jesuítica da indiferença impõe-lhe ordenar esse afeto à vontade e ao juízo divino, de modo que Cataldini remete a decisão ao Superior numa atitude de obediência: "No entanto, pela santa indiferença que tenho, na vontade, no juízo e em tudo o que há em mim, coloco tudo nas mãos de Vossa Paternidade, pois estou pronto para obedecer a tudo o que ela vai comandar". A prontidão de Cataldini ("pronto para obedecer") se declina também no fato de que, apesar das preferências acima manifestadas, ele conclui a carta declarando que "qualquer outra parte do mundo" será o destino em que "receberei tudo da mão de Deus, reconhecendo-o na pessoa de Vossa Paternidade". Nessa expressão, ele sintetiza o sentido do carisma jesuítico.

Seu pedido de envio em missão foi atendido pelo Padre Geral: ele foi destinado ao Peru, aonde chegou em 22 de novembro de 1604, e posteriormente ao Paraguai, em 1605 [Lozano 1, 481]. Ali, em 1610, o vimos em companhia de Mascetta fundar as Reduções de Nossa Senhora de Loreto e de Santo Inácio, na região do Guairá. Proferiu os votos perpétuos em 1 de novembro de 1613, em Asunción [H 3/111, 849], e tornou-se Superior dos guaranis (1644-1646).[58]

Elementos acerca da biografia e do perfil de Giuseppe Cataldini podem ser encontrados nos Catálogos Trienais da Província de Paraguai. No Catálogo de 1614,[59] Josefo Cataldino (*sic*) é descrito como membro do Colégio de Asunción, nascido em Fabriano de Camerino (Itália) e de 43 anos de idade, tendo ingressado na Companhia no dia 1 de março de 1601, de "boas forças" e empenhado no ministério de pregação junto aos espanhóis. Informa-se também ele ter feito a profissão naquele mesmo ano de 1614. Já no *Catálogo Segundo*, Cataldini é representado como dotado de "engenho, juízo, prudência e experiência das coisas, razoáveis"; de temperamento colérico e tendo bons talentos para os ministérios da Companhia; "muito bom trabalhador junto aos indígenas e de muita confiança deles"; "bom religioso". Além das virtudes espirituais, frente aos grandes desafios do início da missão junto a populações até então desconhecidas, como eram os guaranis, o temperamento colérico de Cataldini possivelmente foi um aspecto importante para proporcionar-lhe aquelas "forças" e "grande empenho" atestados pelos contemporâneos.

A boa disposição de Cataldini diante das adversidades e a exemplaridade na vivência do carisma inaciano no seu desempenho missionário são reconhecidas pelos primeiros testemunhos dos companheiros na empresa evangelizadora. Quando no início de 1612, Antonio Ruiz de Montoya (Lima, 1585 - Lima, 1652) e Martín

58 Storni, *Catálogo*, p. 61.

59 ARSI, Paraqu. I, 1610-60, f. 2, n. 4 e f. 2v.

Xavier Urtasun (Pamplona, 1590 - Loreto [Guairá], 1614) chegaram na Redução de Nossa Senhora de Loreto, o primeiro relatou o encontro ao Provincial em sua carta. Montoya tinha um grande desejo de encontrar Cataldini e Mascetta, que estimava como homens valorosos. Achou os dois em condição de extrema pobreza, porém ricos de alegria. Montoya descreve os remendos de suas vestes e sapatos, sua cabana semelhante à de anacoreta, a escassez dos alimentos e o fato de que apenas os viram chegar, abraçaram-nos com grande alegria e os levaram para casa.[60]

Semelhante exemplaridade é documentada em outra carta, escrita em 1608 pelo Padre Geral Claudio Acquaviva, em resposta a outra, enviada por Cataldini no dia 29 de agosto de 1606 e chegada nas mãos do Padre Geral somente em fevereiro de 1608. Acquaviva afirma que, apesar da demora na chegada da carta, a leitura lhe trouxe grande consolação ao perceber a dedicação do missionário aos empenhos em Asunción (Morales, 2005, p. 7).

Naqueles anos, a correspondência entre o Padre Geral Acquaviva, Cataldini e os demais missionários foi muito intensa. O Padre Geral parece dedicar atenção paterna e constante aos primórdios da experiência na Província do Paraguai.

Naquele mesmo ano de 1608, outra carta chegou em resposta a de 29 de março de 1608: dessa vez, a remessa foi rápida. Mais uma vez, Acquaviva afirma o sentimento da consolação experimentado na leitura da missiva, ao aprender as obras de Deus "por meio de tão poucos operários que estão nelas"[61] e "a alegria que Vossa Reverência e todos os demais mostram ter com o fruto que os olhos veem quanto à ajuda das almas. Parece terem cumprido já a paga do cêntuplo tão prometida pelo Evangelho".[62] Em 1609, houve outra troca de cartas entre Cataldini e Acquaviva: este, na resposta a uma do mês de dezembro de 1609, elogia Giuseppe e os demais missionários pelo "tanto ânimo e tão fervoroso desejo da conversão desses naturais tão carentes de mestres e operários evangélicos, que nos causou muita compaixão o saber da grande multidão dos índios gentis que se vão descobrindo e dos poucos sacerdotes que lá têm para ensinar-lhes o caminho de sua salvação".[63]

A vivência do "contentamento" pela ação evangelizadora é objeto de mais uma troca de missivas entre Cataldini e Acquaviva: o missionário enviou-lhe uma carta no mês de fevereiro de 1610 e o Padre Geral lhe respondeu em 1612,

---

60 Montoya *apud* Leonhardt, *Cartas*, 1927.

61 Morales, *A mis manos*, 2005, p. 32.

62 *Idem*.

63 *Ibidem*, p. 46, trad. nossa.

afirmando ter tido um "grande gosto" ao ler as notícias acerca "da graça que Nosso Senhor lhe faz em ter tanto contentamento naquelas partes: e, em verdade, tendo tão bom emprego como é o de granjear almas para o céu e achando-se tão bem ocupado nessa missão com os índios, não tem como maravilhar-se se a divina clemência se mostra tão liberal, e tenha certeza de que o será muito mais ao premiar os bons e proveitosos trabalhos de Vossa Reverência".[64] Em 1614, Acquaviva volta a responder a duas cartas de Cataldini, de agosto de 1611 e de outubro de 1612, que relatam todo o grande trabalho de sua missão "em prol da utilidade espiritual desses índios" (Morales, 2005, p. 90), e ele se queixa dos poucos operários de que se dispõe para tão copiosa messe. O Padre Geral expressa sua "consolação" e agradecimento à "divina bondade que quer servir-se dos filhos da Companhia para uma empresa tão Apostólica"; assegura também que, quanto antes, buscará enviar outros missionários e o exorta "a prosseguir cultivando com seus Companheiros essa nova vinha do Senhor".[65] Uma última carta foi enviada logo após a morte de Acquaviva, em 1615, pelo secretário da Cúria Geral para Cataldini, agora em Córdoba, em resposta à carta de fevereiro de 1613.

A Carta Ânua do Padre Provincial Pedro de Oñate, de 1616, documenta a riqueza da experiência de Cataldini e seus companheiros:

> Estão nessas Reduções padre Joseph Cataldini, padre Simone Mascetta e padre Antonio Ruiz (Montoya), que todos os três trabalham e fazem por muitos, mesmo que estejam cheios de achaques e enfermos. A eles, além dos excessivos trabalhos, lhes falta a necessária ajuda que é tanta, que, escrevendo padre Joseph a seus companheiros, lhes diz: "Aqui estou neste monte onde não tem nada, a não ser água e madeira". Se for necessário, envie-lhes algo para o sustento. Assim me escreve que milagrosamente Nosso Senhor lhes dá forças e saúde.[66]

Essas palavras evidenciam que os "padecimentos" imaginados e desejados na *indipeta* por Cataldini tinham encontrado sua concretude nos territórios do Guairá, onde iniciara, em companhia de Mascetta e Montoya, sua missão evangelizadora junto aos nativos. Naqueles territórios, ele tinha encontrado o quanto evocara na carta: ali, havia ampla "messe" a cuidar, embora sendo "poucos os operários".

64 *Ibidem*, p. 68.

65 *Ibidem*, p. 90.

66 Leonhardt, *Cartas*, 1929, p. 97.

Oñate, ao descrever as duas primeiras comunidades de guaranis reduzidos, a que Cataldini e Mascetta tinham dado vida, e o trabalho dos jesuítas, informa que elas distam uma légua e meia uma da outra e que, na Redução de Nossa Senhora de Loreto, moram setecentos indígenas casados e quatrocentas e cinquenta crianças em idade escolar, e, na Redução de Santo Inácio, oitocentos e cinquenta indígenas casados e quinhentas crianças. Ele narra também que Montoya construiu a igreja de Loreto e que Cataldini construiu a igreja de Santo Inácio, algo que atraiu para os dois locais um número maior de indígenas e "causou contentamento aos índios já reduzidos".[67]

A vida exemplar de Giuseppe Cataldini é ressaltada num escrito de 1626 do Provincial, o qual afirma que ele é "homem perfeito" e que tem "edificado muito a fé entre os índios, que o amam e o respeitam". Enfatiza seu cuidado nas práticas da oração e da penitência. Julga-o "capaz de bom governo" e com presença "muito essencial nas missões".[68] Comprova esse juízo o fato de que Muzio Vitelleschi, em um despacho ao Provincial do Paraguai, Nicola Duran Mastrilli, de 1627, nomeia Cataldini superintendente das Reduções. Giuseppe Cataldini faleceu em 10 de junho de 1653, em San Ignacio (Storni, 1980, p. 61), após quinze dias de enfermidade, aos 80 anos de idade. No necrológio, a exemplaridade de sua vida é ressaltada pela narrativa de que, no dia do falecimento, "muitos o viram, em lugares muito diferentes, rodeado com raios de glória".[69]

De fato, o "tempo" da vida que Cataldini desejava dedicar ao serviço de Deus nas missões da Companhia, conforme escrevera em sua *indipeta*, foi todo empregado para colocar os primeiros alicerces de uma história que seria dentre as mais significativas da epopeia evangelizadora dos jesuítas no mundo.

"O crescer do desejo que não deixa quieto"

O jovem noviço Adriano Formoso foi um insistente escritor de *indipetae*, enviadas periodicamente ao então Padre Geral da Companhia, Muzio Vitelleschi (1563-1645). Quase a se materializar pela frequência da escrita, a intensidade daquele "desejo que não deixa quieto" e que descreve nas cartas.

Adriano nasceu em San Cesario di Lecce em 17 de outubro de 1601, filho de Matteo Formoso e Aurelia Calò, muito provavelmente parente do Padre Lupo

67 *Ibidem*, p. 97 ss.

68 Storni, *Catálogo*, 1979, p. 15 (In: ARSI: Hisp. 3/III, 849f).

69 Leonhardt, *Cartas*, 1927, p. 48.

Formoso, arcipreste de San Cesario em 1579, e do Padre Giovanni Francesco Formoso, sacerdote daquela diocese em 1591. Em 14 de agosto de 1619, Adriano entrou no noviciado da Companhia de Jesus em Nápoles, depois de ter frequentado o colégio jesuíta de Lecce. Completou seus estudos humanísticos em Nápoles, Aquila e Catanzaro (Guida, 2015). Nesses colégios, Adriano começou a escrita das *indipetae.*

A primeira, enviada no dia 17 de setembro de 1620, foi redigida no noviciado de Napoli.[70] No início da carta, o jovem revelava que o seu desejo missionário remontava a um tempo anterior à entrada na Companhia ("gostaria de ter escrito a Vossa Paternidade há algum tempo"), mas que a decisão de escrever a *indipeta* era ligada à intensidade crescente desse mesmo desejo: "Já que não podia mais resistir ao que me estimulava interiormente, resolvi, portanto, com o consentimento de meu Pai Espiritual, escrever a Vossa Paternidade".[71] Para Formoso, o desejo missionário foi um dos motores que o levou a entrar na Companhia de Jesus:

> Muitos anos antes de eu ter a vocação de entrar na Companhia, já tinha um grande desejo de converter almas e especialmente de ir à Índia para derramar meu sangue pela fé de Cristo, e este desejo sempre foi crescendo em mim, fomentando-o tanto quanto eu podia com minhas frias orações.

O autor justifica a demora na manifestação do desejo por reconhecer-se indigno do envio em missão: "Eu não escrevi sobre isso antes porque [...] pensei que para ir à Índia seria preciso um espírito diferente do meu". O receio foi superado pelo percurso de formação na Companhia, que fortaleceu nele a convicção de que Deus "me dará um espírito para que não apenas a Índia, mas o mundo inteiro possa ser convertido". Tal convicção se baseia no exemplo de tantas testemunhas ("temos o exemplo de muitos") e também no fato de que "Cristo usou doze homens descalços para converter o mundo". Adriano, portanto, pede ao Padre Geral para ser inscrito "em seu livro entre o número daqueles que têm este santo desejo".

70 ARSI, FG. 736, n. 184, trad. nossa.

71 O "desejo interior" é um *topos* recorrente nas *indipetae*: o candidato refere que um desejo missionário já presente o levara a entrar na Companhia. Trata-se de uma importante inversão: se a entrada na Companhia era geralmente a primeira vocação e o chamado para as missões uma segunda vocação, reverter as duas cronologicamente significava apontar ao Padre Geral que enviá-lo para as missões seria quase um ato devido, porque era o que tinha motivado a decisão de se tornar um jesuíta (Colombo e Massimi, *In Viaggio*, 2014).

Revela-lhe também uma vivência interior recente: "Gostaria de acrescentar que há alguns dias, senti-me arder de desejo e atribuo isto a nada mais do que a divina Providência, que talvez tenha previsto algo para a maior saúde de minha alma".

Passaram-se dois anos e Adriano volta a escrever uma nova *indipeta* no dia 6 de outubro de 1622.[72] Dessa vez, encontra-se no colégio da cidade de Aquila, onde já leciona como docente e "está contente". O teor da carta é quase de uma devota "ameaça": "Insisto a esta hora, pois procuro esta graça de Vossa Paternidade, para que possa dar-me uma boa esperança, pois, caso contrário, nunca ficarei quieto".

A ausência de resposta fez com que Adriano "não ficasse quieto" e, dois anos mais tarde, em 8 de maio de 1622, ele escreve novamente, dessa vez do Colégio de Catanzaro.[73] Naqueles anos, o desejo pelas Índias foi estimulado pelo testemunho dos vinte e seis mártires do Japão, crucificados em 1597 em Nagasaki, fato documentado no livro escrito por um jesuíta contemporâneo, Luís Frois, *Relación del martirio de los 26 cristianos crucificados en Nagasaki el Febrero de 1597*. Adriano escreve: "Movido pelo exemplo desses nossos pais e irmãos martirizados no Japão, venho novamente implorar a Vossa Paternidade que me console enviando-me a essas partes, já que este meu desejo é antigo; e remonta a tempos anteriores à entrada na Companhia. Na primeira vez que lhe escrevi a respeito, me lembro de tê-lo mencionado". Em nome desse "desejo antigo", ele avisa que, no futuro, "jamais deixarei de bater à porta até ser consolado pela Vossa Paternidade". Fornece também as informações principais acerca de sua condição no presente: "Já quase terminei de ministrar as aulas, tenho 23 anos de idade, sou robusto e vigoroso". Desse modo, acredita ter suficiente força física para "poder resistir à viagem e às dificuldades".

A seguir, ele acena ao fato de que as "Índias" não seriam necessariamente geográficas, mas também poderiam contemplar locais mais próximos que demandam a ação missionária, como o Lazareto: "E se não lhe parece adequado enviar-me a tais lugares remotos, ofereço-me para ir a Palermo para servir as vítimas da peste, já que não me faltam companheiros; tenho dito muitas vezes ao reitor que, se eu fosse enviado para lá, eu teria prazer em ir".[74]

72 ARSI, FG. 736, n. 367.

73 ARSI, FG. 737, n. 178 (307).

74 O ministério da cura dos apestados era uma das expressões do carisma jesuíta, indicado explicitamente pelo fundador desde o início da Companhia, e testemunhado pelos santos desta, dentre eles o jovem Luís Gonzaga (1568-1591), noviço do Colégio Romano e falecido por contágio durante uma epidemia de peste em Roma, em 1590. Esse mesmo ministério, Formoso praticará na Província do Paraguai: ali também os jesuítas cuidavam dos indígenas adoentados, e visitavam

Todavia, a espera de Adriano Formoso na Itália ainda duraria um tempo, ao longo do qual seu desejo não esmoreceu, como atestam as *indipetae*. No dia 25 de abril de 1625, em uma *indipeta* enviada de Catanzaro, Formoso escreve: "Venho novamente com esta carta lembrar a Vossa Paternidade do grande desejo que tenho de ir às Índias, e em particular àquelas partes do Japão".[75]

Em 7 de dezembro de 1626,[76] Formoso está em Nápoles, de onde escreve mais uma vez:

> Tenho ouvido há alguns dias que o Padre Procurador do Japão já foi a Roma para lembrar ao Nosso Padre Geral do grande desejo que eu, desde que sou noviço, sempre tive de ir a essas partes para trabalhar e derramar, se isso agradar a Deus Nosso Senhor, o sangue por Cristo, que sempre encorajei o máximo que pude com minhas frias orações.

Dessa vez, visando dispor de melhores condições para ser enviado, Adriano propõe uma mudança em seu itinerário de formação na Companhia: "Já que sei que não ter terminado meus estudos pode ser um impedimento para mim, renuncio aos estudos" e "me ofereço para ir e servir como coadjutor".

Todavia, essa proposta ainda não foi suficiente para obter a aprovação do Padre Geral, de modo que, no dia 12 de fevereiro de 1627,[77] Formoso volta a escrever de Nápoles:

> Se eu soubesse que, escrevendo frequentemente a Vossa Paternidade, teria a certeza de obter o que tanto desejo, ou seja, ser enviado para as Índias, e em particular para o Japão, o senhor tenha certeza de que não deixaria passar um dia que eu não lhe escrevesse. Mas sei que às vezes é suficiente lembrar-lhe do desejo que tenho. Agora, como faz algum tempo que não lhe escrevo, venho novamente implorar-lhe em *visceribus Jesu Cristi* que queira me consolar com sua gentileza, tanto

---

as casas dos enfermos, "para levar os consolos espirituais [...], procurando que não lhes faltasse o alimento conveniente ao seu estado", e para "administrar as medicinas possíveis, e, às vezes, também atuavam como médicos e enfermeiros" (Fleck, "La sangre", 2013, p. 37). Na Carta Ânua de 1626, o Padre Provincial Nicolas Mastrillo Duran reforçaria o envolvimento dos missionários em atividades "que consistem em cuidar não somente das almas dos índios, senão também (e não com pouco trabalho) de seus corpos e de tudo o que pertence à "*la industria, trato y policía humana*" (*Ibidem*, p. 40). Os missionários em algumas circunstâncias eram contagiados e morriam das mesmas doenças dos indígenas.

75 ARSI, FG. 737, n. 263 (358).

76 ARSI, FG. 737, n. 401 (442).

77 ARSI, FG. 738, n. 16 (004).

> mais que me encontrarei tendo terminado o segundo ano de Teologia, e estou saudável e vigoroso em forças.

Naquele mesmo ano de 1627, no dia 9 de julho,[78] Adriano envia outra carta de Nápoles:

> Espero que, se não for por meus méritos, pelo menos será por causa de minha perseverança: que eu seja consolado por Vossa Paternidade. Escrevi várias vezes, pedindo que eu fosse enviado às Índias, e sempre me responderam que naquela ocasião meu pedido não seria esquecido. Agora, já que tantas ocasiões estão sendo propostas, para o Paraguai e a Etiópia, peço a Vossa Paternidade que faça uso de minha pessoa, desde que eu seja capaz, seja para uma ou para outra, uma vez que eu já terminei dois anos de Teologia; e se isto for de algum impedimento para mim, proponho que eu seja enviado como coadjutor, não me importando com mais nada além de servir a Deus, buscando converter almas para Ele.

Finalmente, a perseverança que levara Formoso a escrever sete *indipetae* foi "consolada" por uma resposta afirmativa ao seu pedido: Adriano foi escolhido, em 1627, para trabalhar entre os indígenas da América do Sul, na Província do Paraguai, e foi enviado junto com a expedição liderada pelo Padre Gaspar Sobrino. Guida[79] reconstruiu o itinerário de Formoso: a longa viagem para chegar ao destino é relatada com detalhes pelo próprio Padre Adriano Formoso numa carta manuscrita datada de 3 de fevereiro de 1628, endereçada ao Reitor do Colégio de Noviços de Nápoles. Ele descreve várias escalas: em Gênova, onde adoeceu e correu risco de retornar a Nápoles, Marselha, Barcelona e Lisboa, onde foi ordenado sacerdote e celebrou sua primeira missa no navio que navegava para a América do Sul. Finalmente, chegou no Brasil, provavelmente no porto do Rio de Janeiro ou de Santos, e seguiu com quarenta e cinco irmãos para Buenos Aires, onde desembarcou em 29 de abril de 1628.

Formoso permaneceu no Colégio de Buenos Aires até 11 de maio de 1628 e depois foi para Asunción, na nova Província do Paraguai, onde foi destinado pelo Provincial à Redução Guarani de Santa Maria Maior, de Iguaçu, na confluência dos rios Iguaçu e Paraná. O surto de peste na área afetou quinhentos indígenas, dezenove dos quais foram enterrados pelo Padre Adriano. Desse modo, ele chegou

78 ARSI, FG. 738, n. 98 (19).

79 Guida, "Da San Cesario", 2014; Guida, *Adriano*, 2015.

a realizar o desejo de "servir as vítimas da peste", que vimos expressado na carta *indipeta* de maio de 1622.

Após uma estadia de cerca de nove meses na Redução de la Asunçion del Alcaraguà, localizada no lado direito do rio Uruguai, no atual estado brasileiro do Paraná, em 1632 Adriano Formoso foi encarregado pelo Padre Provincial de constituir uma nova Redução, na nascente do rio Ibicuí Mirim: chamar-se-á a Missão de São Cosme e Damião (1634), hoje localizada no atual território do Paraguai, mas originariamente situada no território do atual Rio Grande do Sul. Este era densamente povoado por indígenas guaranis e foi a partir do contato com eles que Formoso criou a nova Redução. A Carta Ânua do Provincial Padre Pedro Romero, de maio de 1634, informa que, desde 1633, Adriano Formoso juntara indígenas para organizar a nova comunidade, que foi fundada em 24 de janeiro de 1634. A Redução de São Cosme e Damião em suas origens era constituída por mil e duzentas famílias, mas em 1637 chegou a ter cerca de duas mil e duzentas famílias.[80]

Nessa comunidade, a vida de Adriano Formoso não foi fácil: precisou empregar todas as suas forças físicas e suas capacidades de trabalho manual, já descritas nas *indipetae*, deixando de lado os talentos intelectuais para o ensino de que também ele dispunha. Encontram-se informações sobre a fundação e vida cotidiana do povoado de São Cosme e Damião na obra do Padre Antonio Ruiz de Montoya, a *Conquista Espiritual*.[81] Ele narra que os missionários chegaram a reunir uma população de cinco mil indígenas: "A indústria zelosa dos Padres juntou aqui, de várias serras e bosques, cerca de cinco mil almas". O esforço de reunir os indígenas muitas vezes se via prejudicado pelas contingências da natureza e por hábitos de sobrevivência já enraizados naqueles grupos de guaranis, os quais viviam da caça e pesca, deslocando-se continuamente para buscar o sustento e retornando frequentemente à vida na floresta. Esse retorno era incentivado pelos pajés, contrários ao processo de conversão e evangelização. Acerca dessa situação, Montoya comenta que: "A muitos venceu, no entanto, a contínua oposição, feita pelos magos (feiticeiros), ao Evangelho, persuadindo-os de que voltassem aos seus antigos lugares".[82] A perseverança de Formoso demonstrou-se também nessas circunstâncias: apesar de dificuldades e fracassos, Adriano, ajudado por um número restrito de jovens nativos, passou a lavrar a terra, a fim de alimentar as mulheres e

80 Maeder e Storni, *Cartas*, 1984.

81 Montoya, *Conquista*, 1997, p. 246.

82 *Ibidem*, p. 246.

as crianças da Redução. A produção não era suficiente para evitar a fome e, a fim de resolver o impasse que ameaçava a sobrevivência desta e das demais Reduções, o Provincial Pedro Romero ordenou, em 1634, que o Padre Cristóvão de Mendoza introduzisse, através da margem oriental do Rio Uruguai, mil e quinhentas cabeças de gado, que foram distribuídas numa média de cem para cada Redução. Com a introdução do gado, os indígenas reduzidos de São Cosme e Damião conheceram o arado puxado por bois e o Padre Adriano ensinou-os a utilizarem essa nova técnica. Na medida em que, sob a direção de Formoso, os indígenas reduzidos foram aprendendo o uso dessa técnica, as lavouras prosperaram com colheitas abundantes. Segundo Techo, o êxito da colheita atraiu as populações guaranis das redondezas, as quais passaram a se fixar em São Cosme e Damião.[83]

Quando a vida quotidiana da redução começava a se organizar, aconteceu o inesperado: o contágio que Montoya denominara de "peste rigorosa", talvez uma forma de varíola. Novamente, Formoso passou a cuidar dos indígenas "no corpo e na alma".[84] Os dois oragos da redução, São Cosme e São Damião (San Cosme y San Damián), eram ligados à cura das doenças: irmãos gêmeos, cujos nomes significam "adornados e sonhadores", eram médicos e taumaturgos famosos da igreja primitiva, tendo praticado a medicina gratuitamente na cidade de Egeia de Cilicia. Martirizados por ordem dos imperadores Maximiano e Diocleciano, seu culto se espalhara pelo mundo.

Para além de se dedicar à cura dos contagiados, Formoso precisou continuar o trabalho de cultivo "para que a terra desamparada de seus lavradores, por causa da enfermidade geral, não ficasse ociosa, e para que houvesse sementes de plantio, bem como sustento aos necessitados". Os produtos das plantações serviam "para o sustento dos doentes e atraíram os que se tinham recolhido aos matos e aos montes".[85]

Entre 1634 e 1637, Formoso contava com seiscentos indígenas batizados na Redução, mas, após terem superado a fome e a peste, eles viram chegar mais uma provação: as incursões dos bandeirantes paulistas, saqueadores, invasores e caçadores de escravos, os quais avançaram na direção das Reduções do Tape a partir de 1635. Desse modo, teve início o embate entre o avanço dos bandeirantes e o projeto político reducional, num processo de destruição, pilhagem e rastro de sangue, que

83 Techo, *Historia*, 1897.

84 Montoya, *Conquista*, 1997, p. 84.

85 *Ibidem*, p. 246.

resultou na escravização de aproximadamente trinta mil indígenas reduzidos. A primeira Redução atacada foi Jesus Maria, na margem direita do Rio Pardo.

Tais acontecimentos mostraram que seria inevitável a destruição do projeto reducional dos indígenas que viviam no território da atual Santa Maria, no Rio Grande do Sul, por parte dos bandeirantes. As possibilidades de sobrevivência, no meio dos conflitos e crises, dependiam de um processo de transmigração. Nas Cartas Ânuas da Província do Paraguai (1637-1639), o Provincial Francisco Lupércio de Zurbano relata que os indígenas da Redução de São Cosme e Damião do Tape trasladaram-se para a margem ocidental do rio Paraná, entre os rios Aguapeí e Candelária. Zurbano afirma que São Cosme e Damião "era a Redução mais exposta às invasões dos lusitanos, pelo qual era evidente que teria que trasladar-se".[86] O processo de transmigração durou cerca de dois meses e a operação não foi fácil, porque os indígenas não queriam abandonar o local. Por fim, os indígenas e os padres das Reduções, liderados pelo Padre Montoya, foram forçados, em um êxodo bíblico, a se deslocar a pé, cruzando florestas e rios em etapas forçadas, até atravessarem o grande rio Uruguai. Após a longa andança, se estabeleceram em uma área onde surgiu a cidade argentina de Posadas. Em 22 de agosto de 1638, o Padre Formoso encontrava-se na Redução de Loreto, novamente fundada na localidade que corresponde à atual região de Misiones, na Argentina.[87]

A avançada violenta dos bandeirantes ameaçava a proposta dos jesuítas e as diversas populações guaranis começaram a questionar a suposta segurança oferecida pelas Reduções, obrigando os padres a reavaliarem o projeto. Uma das medidas foi solicitar ao monarca espanhol a aquisição de armas de fogo para organizarem um exército de indígenas reduzidos, a fim de expulsar os bandeirantes dos territórios. A medida foi autorizada pelo soberano e, em 1641, as milícias indígenas reagiram eficazmente contra os bandeirantes e, gradativamente, os indígenas reduzidos, dentre eles os guaranis de São Cosme e Damião, obrigaram os inimigos bandeirantes a recuarem. A vitória decisiva do exército guarani ocorreu na Batalha de M'Bororé. O Padre Formoso e os demais jesuítas da Província do Paraguai foram mobilizados. Quando a épica batalha aconteceu, ele morava na Redução da Candelária; depois, passou a servir na Redução de Encarnación de Itapúa, onde morreu em 24 de março de 1649.[88]

86 Maeder e Storni, *Cartas*, 1984, p. 87, trad. nossa.

87 Quevedo, *Guerreiros*, 2000.

88 Storni, *Catálogo*, 1980, p. 104; Quevedo, *Guerreiros*, 2000.

Traços da biografia e da personalidade de Adriano Formoso aparecem nos Catálogos Trienais da Província do Paraguai (Paraqu. 4-I), a partir de 1631. No *Catálogo Primeiro,*[89] ele é retratado como dispondo de boas forças. Quanto ao seu desempenho intelectual, cursou três anos de artes e quatro de teologia, demonstrando talento para o ensinamento de latim e para o ministério entre os indígenas – ministério que, como vimos, predominou em sua atuação. O *Catálogo Segundo*[90] afirma que Formoso possui juízo e entendimento bons, mas que demonstra medíocres prudência e experiência das coisas; tem bom desempenho no estudo, temperamento colérico e talento para o ministério junto aos indígenas. Este retrato se repete no *Catálogo Primeiro* de 1637:[91] confirma-se a aptidão de Formoso no ministério junto aos indígenas e no ministério do ensinamento do latim. No *Catálogo Primeiro* de 1644,[92] novamente confirma-se que Formoso é "leitor de latim e obreiro junto aos índios". O mesmo ocorre no *Catálogo Primeiro* de 1647.[93]

A vida missionária de Adriano Formoso no Paraguai foi intensa. Apesar de seu grande talento para o ensinamento do latim, ressaltado nos Catálogos, dedicou-se principalmente à convivência com os guaranis e à edificação do projeto reducional, inclusive assumindo o trabalho de agricultor e de agente sanitário, a depender das demandas que se apresentavam a ele. Desse modo, através das dramáticas e exigentes circunstâncias que caracterizaram o primeiro período de fundação das Reduções, das quais ele foi um dos protagonistas, Adriano Formoso encontrou a definitiva consolação e satisfação daquele intenso desejo de servir a Deus e aos indígenas, insistentemente manifestado nas suas *indipetae.*

"Ao paraíso das delícias na terra"

"Um pobrezinho, que há muito tempo deseja a consolação de ser enviado ao paraíso das delícias na terra": assim Pietro Comentali define a si mesmo numa de suas *indipetae.*[94] Pietro, filho de Giovanni Carlo Comentali e Ursula Vespona, nasceu em Nápoles em 19 de julho de 1595.[95] Entrou na Companhia de Jesus

89 ARSI: Paraqu. 4-I, f. 118, n. 10.

90 ARSI: Paraqu. 4-I, f. 126, n. 10.

91 ARSI: Paraqu. 4-I, f. 134, n. 9.

92 ARSI: Paraqu. 4-I, f. 144, n. 8.

93 ARSI: Paraqu. 4-I, f. 154, n. 2.

94 A respeito das *indipetae* de Pietro Comentali, veja-se também: Page, "De las indipetae", 2023, p. 22-23.

95 Comentali, Pietro. ARSI, FG. 735, 347; ARSI, FG. 735, 374.

em 10 de março de 1611. No Colégio de Nápoles, em 5 de fevereiro de 1616,[96] Pietro escreve uma *indipeta* destinada ao Padre Geral Muzio Vitelleschi, que não parece ser a primeira, pois no exórdio o autor refere que já escrevera para o precedente Padre Geral, Claudio Acquaviva (1543-1615), recém-falecido, "acerca de um desejo que o Senhor me tinha dado de passar minha vida para ajudar as almas nas Índias". Ele afirma que realizar tal desejo seria o "único consolo do meu coração", sendo a ele evidente que, "com particular inspiração, o Senhor me chama lá, e me mostra que é o único meio para a minha salvação".[97]

A intensidade do desejo missionário de Comentali se manifestará também na frequência com a qual ele passará a enviar outras *indipetae*, num seguir-se ininterrupto de cartas com tons cada vez mais enfáticos.

Uma nova missiva foi expeditada do Colégio de Nápoles no dia 19 de fevereiro daquele mesmo ano.[98] Nela, Pietro apela não apenas à memória do Padre Geral, mas também à faculdade que ele tem de podê-lo "consolar" satisfazendo seu desejo missionário que confessa ser cada vez mais intenso. O realizar-se do desejo é associado à saúde da alma: "Portanto, não duvide de modo algum que, se Vossa Paternidade me enviar, quanto mais cedo me enviar, mais cedo me obterá a saúde de minha alma". O ímpeto de empregar bem o tempo de sua existência parece inspirar Comentali: a referência ao tempo voltará também nas suas sucessivas *indipetae*. Quanto ao lugar de destino, Comentali não manifesta preferências, mas apenas diz que gostaria de "estar onde possa agarrar-me mais firmemente à Sua Santíssima Cruz, e tão firmemente enviar meu último suspiro ('meu maior deleite')". A carta termina mais uma vez com uma *peroratio*: "Vossa Paternidade, tenha piedade de um homem pobre, que há muito tempo deseja".

O desejo é tão intenso que Comentali sente a exigência de redigir outra carta logo em seguida: volta a escrever no dia 25 daquele mesmo mês de fevereiro de 1616.[99] Ele afirma estar "em grande expectativa de boas notícias", mas que "escrever novamente a Vossa Paternidade" serve "para não dissipar de alguma forma o ardor que Nosso Senhor acende em meu coração". E, ao reiterar a disponibilidade para ser destinado a qualquer lugar de missão, cogita que, "se por enquanto estou impedido de terminar meus estudos, eu poderia terminá-los lá, como muitos outros fazem". Afirma também que, "se eu não puder ser útil em

---

96 ARSI, FG. 735, 347.

97 *Idem*.

98 ARSI, FG. 735, 365.

99 ARSI, FG. 735, 374.

outras coisas, gostaria de passar minha vida ensinando às crianças das Índias as coisas necessárias". Novamente, expressa o sentimento de urgência quanto ao transcorrer do tempo: "Vossa Paternidade não tenha escrúpulos em conceder-me esta graça, antes hoje do que amanhã!".

Na verdade, pouco tempo se passa e, no dia 4 de março de 1616, Pietro, ainda em Nápoles, volta a enviar mais uma *indipeta* para Muzio Vitelleschi.[100] Justifica a insistência afirmando que "este é o maior empenho que posso ter nesta vida". Implora: "Pelo amor de Jesus, que me console nesta única coisa (isto é, que me envie às Índias, como já escrevi várias vezes), que é a primeira coisa que pedi". Busca expressões para demonstrar a intensidade desse seu desejo pelas Índias: "Eu gostaria que pudesse enviar-lhe meu coração aqui dentro, para que ele possa mostrar-lhe em presença como é grande o meu desejo". Enfim, volta a cobrar e quase a advertir o ilustre destinatário declarando que, caso não o envie, "Vossa Paternidade deverá ter escrúpulos em não ter cumpridas as Inspirações Divinas, pois temo que minha predestinação dependa do cumprimento disto". E, mais uma vez, pede para que Vitelleschi responda com urgência ao seu pedido: "antes hoje do que amanhã".

Passa-se um mês e Pietro permanece em Nápoles: no dia 8 de abril de 1616, envia outra carta para Vitelleschi.[101] Dessa vez, porém, ele possui argumentos mais concretos para justificar o pedido; trata-se de indicar um preciso local de destino: "Agora é o tempo em que Vossa Paternidade poderá cumprir o meu antigo desejo: ou seja, com esta missão do Paraguai". Os motivos para que o pedido seja finalmente satisfeito são listados na carta: em primeiro lugar, "porque lhe escrevi várias vezes"; em segundo lugar, "porque fui um dos primeiros a pedir a Vossa Paternidade que me enviasse às Índias, se (como creio) minhas falhas não o impedirem"; e em terceiro lugar, levando em conta a existência dessas falhas, a sugestão de que "Vossa Paternidade poderia me enviar em penitência daquelas".

Poucos dias depois, ainda em Nápoles, em 15 de abril de 1616, mais uma *indipeta* de Comentali é despachada para Vitelleschi.[102] A ênfase é posta novamente no valor do tempo. Desta vez, Comentali se refere a algumas respostas que teria recebido do Padre Geral na ocasião do envio das cartas precedentes: "Agora é o momento em que Vossa Paternidade pode se lembrar de mim, como já me respondeu tantas vezes assegurando-me que quer fazê-lo [...] Esta é a ocasião para cumprir

100 ARSI, FG. 735, 389.

101 ARSI, FG. 735, 427.

102 ARSI, FG. 735, 433.

meu antigo e grande desejo pelas Índias". E termina com uma imploração: "Meu Pai, Vossa Paternidade, pelo amor de Deus, me console, pois já não quero nenhum outro consolo, nem desejo outro nesta vida (como o Senhor me dá a entender)".

No dia 29 de abril de 1616, outra missiva[103] é enviada do Colégio de Nápoles. Dessa vez, finalmente, trata-se não mais de um pedido e sim de um agradecimento:

> Que o Senhor Jesus cumpra os desejos santos de Vossa Paternidade, como Vossa Paternidade o fez com os meus; com o maior consolo de minha alma (que não posso expressar o quão extraordinário seja). Não tema, Vossa Paternidade, de que eu me esqueça deste favor e deste presente tão marcante; isto é, de eu ter sido feito, além de todo o meu mérito, um dos arautos da grandeza de Deus para os paraguaios, através de Vossa Paternidade [cioé d'esser fatto oltre ogni mio merito uno dei banditori delle grandezze di Dio ai Paraguesi, per mezzo di *Vostra Paternità* dal Signore]. Porque não farei outra coisa além de obter a maior glória de Deus para não ser ingrato a Ele, orar sempre durante toda a minha vida e oferecer a Ele parte das dificuldades da viagem e das conversões desses pobres, para que Sua Divina Majestade console Vossa Paternidade como me consolou ao me enviar para o Paraíso das delícias na terra (pois é por isso que o tenho): para o Paraguai.

Pietro Comentali declara ter grande consolação ao ser enviado "ao paraíso das delícias na terra (porque assim eu considero o Paraguai)". Promete corresponder à consolação recebida proporcionando ao Padre Geral a consolação de vê-lo oferecer a Deus as imaginadas "fadigas das viagens e das conversões daqueles pobres". Por fim, assegura que os familiares não farão oposição ao seu envio em missão, preocupação esta que em muitas ocasiões constituía também um impedimento para a decisão dos superiores quanto às vocações missionárias: "De meus parentes, Vossa Paternidade não se importará de forma alguma".[104]

À longa série de *indipetae* de Pietro Comentali, segue enfim a longa viagem rumo à América Latina. O trajeto por mar demorou vários meses. Pietro chegou a Buenos Aires em 15 de fevereiro de 1617, com o grupo do Padre Juan de Viana. O Catálogo da Província de 1616 já dá notícia de sua presença, junto com

103 ARSI, FG. 735, 447.

104 A respeito da importância das questões familiares na escrita das *indipetae*, veja-se Colombo e Massimi, *In Viaggio*, 2014.

outros oito napolitanos.[105] A informação consta também na carta de 1619 enviada pelo Padre Geral Muzio Vitelleschi ao Padre Provincial Pedro de Oñate, onde o primeiro se refere à herança recebida por Comentali na ocasião da morte do pai:

> Junto ao padre Juan de Viana foi a essa Província, da Nápoles, o padre Comentali: seria necessário que ele nos mande disposições acerca da herança que recebeu após a morte do pai. Duas coisas ele deve fazer, uma é enviar uma procura autêntica a quem ele quiser para poder pedir, cobrar, comparecer em juízo, numa palavra para tudo o que for necessário por parte dele no que diz respeito à dita herança; outra coisa é que também envie um atestado autêntico de sua existência. Avise-o que ambas as coisas são necessárias, sendo que, faltando uma delas, haverá impedimento para receber a herança. Eu aviso Vossa Paternidade disto para que, sabendo o que se passa com o dito Padre, ele saiba tudo isto e envie o que é pedido com segurança.[106]

A questão é retomada em uma carta que, em 1621, Vitelleschi envia diretamente a Comentali, que ainda se encontra em Córdoba: sabemos assim que, uma vez que chegou na Província do Paraguai, ele finalizou os estudos junto a esse Colégio, onde, em 1619, foi ordenado sacerdote. Na carta, Vitelleschi informa Comentali que a herança paterna não era muito grande, de modo que foi necessário usá-la toda para o sustento da mãe. Na carta, há também um comentário escrito pelo Secretário e Padre Francesco Sacchini (1570-1625), que diz: "Me alegro que os italianos sejam aceitos e façam fruto. Espero no Senhor que eles com sua simplicidade e observância se portem sempre de modo a ter tanto proveito nas terras de missão quanto o teriam em casa" (Morales, 2005, p. 226). A escassez da herança recebida é citada também em outra carta de Vitelleschi, de 1623, em resposta a de Comentali de 14 de janeiro de 1622: o Padre Geral agradece o envio da documentação requerida, bem como da declaração de renúncia da herança em prol da Companhia, mas avisa que não houve o que cobrar, pois o valor inteiro da herança precisou ser empregado para o sustento da mãe. De todo modo, Vitelleschi agradece "a boa vontade e o desejo de ajudar a Companhia com o que pensava ter herdado".[107]

---

105 ARSI: Paraq. 4-I, folha 2.

106 Morales, *A mis manos*, 2005, p. 190, trad. nossa.

107 *Ibidem*, p. 278.

Em 1626, o Provincial se referia a Pietro Comentali como "muito observante. Demonstra capacidade de governo na Redução onde vive. Os indígenas e os nossos o estimam. É bom missionário". Em 3 de outubro de 1628, fez profissão solene na Redução de San Ignacio Guazú. Permaneceu por um tempo nesta Redução, onde inaugurou uma escola de música, conforme a narrativa da *Carta Anua del Provincial Nicolás Mastrilli relatando el viaje del procurador Gaspar Sobrino de 1628.*[108] Na carta, o padre Provincial descreve a passagem pela Redução do padre visitador Gaspar Sobrino. Nesta ocasião, relata que, com o objetivo de "tornar a recepção do padre procurador o mais solene possível", o Padre Comentali organizou um evento celebrativo "com a música e o coral de pequenos índios, cantores habilidosos e excelentes músicos que, com instrumentos de arcos e outros instrumentos musicais, tocaram e cantaram em nossa igreja em ação de graças um solene *Te Deum Laudamus*". Não somente isso, mas antes, na residência dos missionários, os pequenos cantores "fizeram nos primeiros dias vários regozijos e outras invenções com grande destreza e graça", de modo que contribuíram "para recrear os convidados do tédio de uma navegação tão cansativa". O Provincial comenta que nesses fatos era visível o fruto "dos trabalhos apostólicos dos que se dedicam a este glorioso empreendimento". Com efeito, os missionários tinham educado aquelas crianças "na habilidade e na indústria em todos os tipos de exercícios policiais e liberais, nos quais eles excediam muitos dos povos cultivados da Europa". Desse modo, sabemos que, na Redução de Santo Inácio, Comentali criara uma escola de música para crianças, demonstrando que, além das aptidões por ele mesmo descritas nas *indipetae*, possuía também talento musical. Seu nome, de fato, é recordado entre os quatro músicos jesuítas europeus que trabalharam nas Reduções, nas primeiras décadas do século XVII, juntamente com Claude Royer (1582-1648) de Francia, Jean Vaisseau (1583-1623) de Tournai, e Louis Berger (1587-1639) da Bélgica. Esses musicistas foram enviados ao território reducional levando em conta a solicitação do superior da província para as missões, pois a designação de professores de música era reconhecida como um grande instrumento para a evangelização dos nativos.

Um ano antes, em 1627, Pietro Comentali tinha recebido uma carta do Padre Geral Muzio Vitelleschi, anunciando a visita próxima de Sobrino, e respondia a uma carta recebida de 15 de novembro de 1625, onde Comentali lhe noticiava "dessa nova cristandade e do grande fruto que se faz junto aos jovens que se vão criando". Vitelleschi respondeu: "O Senhor seja bendito mil vezes pelo fato de

108 Page, *Los viajes*, 2007, p. 60.

que, por meio dos filhos da Companhia, realiza coisas tão maravilhosas". Observa que o missionário "tem razão de estar tão contento, como me escreve, pela boa sorte que lhe coube". E em poucas palavras sintetiza a história de Comentali: "Nosso Senhor lhe fez a graça de escolhê-lo para empregá-lo por esse tão importante serviço d'Ele e pelo bem desses pobres nativos". Reitera confiar que o missionário será sempre capaz de "corresponder a essa tão alta vocação e se mostrará em tudo um verdadeiro filho da Companhia". Por fim, retoma o tema do desejo, tantas vezes reafirmado por Pietro Comentali nas *indipetae*: "Prezo muito o desejo que você tem de perseverar até a morte nos ministérios junto aos índios".[109]

Em 1634, Vitelleschi volta a escrever uma carta a Pietro Comentali, que se encontra em Córdoba, em resposta a quatro missivas dele, recebidas em março de1632: afirma ter lido as cartas com "muita atenção", pois parecem conter preocupações e advertências acerca do "bom governo das Reduções". Vitelleschi informa que em resposta buscará enviar os "remédios" por meio do Padre Procurador Antonio Ruiz de Montoya. Confessa seu coração estar apertado "pelas travessias padecidas por essa nova cristandade pelos inimigos",[110] possivelmente se referindo aos ataques dos bandeirantes, e também "pelas calamidades que [Padre Comentali] experimentou nas mudanças de um lugar para outro", no êxodo forçado pelas incursões dos paulistas. Por fim, Vitelleschi tranquiliza Comentali quanto à situação de sua mãe: "Não fique preocupado pelas necessidades de sua mãe, pois eu cuido de remediá-las", e, portanto, "não é preciso sua vinda, pois ali Vossa Reverência está bem empregado".[111] Em 1639, há outra carta de Vitelleschi, em resposta à de agosto de 1637, onde Comentali queixou-se a respeito do "tratamento dos índios convertidos".[112] O padre geral afirma ter tomado providências para remediar o problema. Com efeito, no ano de 1637, várias Reduções sofreram graves ataques dos bandeirantes liderados por Antônio Raposo Tavares: os jesuítas por meio de Vitelleschi solicitaram ao Papa a emissão de um decreto de excomunhão para Raposo Tavares e para os funcionários da Coroa no Brasil que o apoiavam. Escreveram também ao Rei de Portugal para que tomasse providências a respeito na Colônia. Na carta, Vitelleschi declara "ser muito consolado ao saber que o padre vive com tanto gosto a presença nessa Província e nas Missões" e o convida a usar bem os livros e os instrumentos de matemática que lhe enviava.

---

109 Morales, *A mis manos*, 2005, p. 347, trad. nossa.

110 *Ibidem*, p. 488.

111 *Idem*.

112 *Ibidem*, p. 571.

Encontramos informações acerca da biografia e personalidade de Comentali nos Catálogos Trienais. No *Catálogo Segundo* de 1618, ele é descrito nesses termos: "engenho, boa prudência e juízo, medíocres", constituição "fleumática" e com aptidão para o ensino das letras.[113] No catálogo de 1623, todas as suas qualidades intelectuais são indicadas como boas, seu temperamento é descrito como fleumático-melancólico, e se diz que ele tem aptidões para o ministério junto aos indígenas.[114] No catálogo de 1626, de Comentali se diz que tem boas forças, que é leitor do seminário, tem talento para o ministério junto aos indígenas, demonstra possuir bom juízo e bom entendimento, mas medíocre prudência, sua compleição é rotulada como colérico-melancólica.[115] O temperamento colérico-melancólico resulta da combinação de dois humores opostos, mas aparece com certa frequência nos catálogos jesuítas.[116]

Nos catálogos de 1629, ele é descrito como possuindo "boas forças", "engenho, juízo e prudência, bons", sua compleição é dita "temperada" e, mais uma vez, Comentali é julgado como "muito apto" à ação junto aos indígenas.[117] Todavia, chama atenção a notação de "formação humanista e experiência das coisas, medíocres". O rótulo de formação em humanidades "medíocre" será confirmado na carta do Padre Geral Muzio Vitelleschi, escrita após a visita do procurador Gaspar Sobrino, onde se observa que o Provincial Nicolas Durán Mastrilli apressara de modo indevido o processo de formação de alguns jesuítas a fim de conferir a eles a profissão definitiva, dentre eles, Pietro Comentali (carta a Nicolas Vasques Trujillo, 1630; Morales, 2005, p. 420). Em suma, Sobrino alertara Vitelleschi que Mastrilli, sob a pressão das grandes demandas missionárias no território das Reduções, teria indevidamente ministrado a profissão com os quatro votos a alguns jesuítas quando a formação deles era ainda "medíocre" por não terem concluído ainda o curso em Córdoba, o qual compreendia três anos de artes e quatro de teologia.[118]

No *Catálogo Segundo* de 1631,[119] Comentali é descrito como possuindo "juízo, entendimento e prudência, bons", e como detentor de "muita experiência

---

113 ARSI: Paraq. 4-I, folha 54.

114 ARSI: Paraqu. 4-I, 71v, n. 70.

115 ARSI: Paraqu. 4-I, 81v.

116 Massimi, "A teoria", 2000.

117 ARSI: Paraqu. 4-I, 98, n. 156; e Paraqu. 4-I, 107.

118 Morales, *A mis manos*, 2005, p. 420.

119 ARSI: Paraqu. 4-I, n. 123; e Paraqu. 4-I, f. 131.

das coisas em prol dos índios", declara-se que tem "medíocre" formação humanística e que sua compleição é "colérico-melancólica". Por fim, reitera-se que é "muito apto para o ministério junto aos índios". O catálogo de 1647[120] confirma novamente que Pietro Comentali é "apto para atuar junto aos índios e hispânicos". Em 1651, no *Catálogo Primeiro*,[121] Comentali é indicado como tendo talento para o ensino ou para o ministério junto aos indígenas e hispânicos, e, no *Catálogo Segundo*,[122] registra-se que dispõe de "juízo, engenho, prudência, bons", que possui "longa experiência das coisas", mas "medíocre" formação em letras e tem compleição "temperada". No *Catálogo Primeiro* de 1656,[123] Comentali é descrito como sendo um indivíduo de "forças íntegras" e, dessa vez, reconhecido como apto para o ensino de humanidades; e, no *Catálogo Segundo*, é indicado como possuindo boas qualidades intelectuais e "muita experiência das coisas", de compleição "colérico-temperada" e apto aos ministérios junto aos hispânicos e aos indígenas. Nos últimos anos de sua vida, no *Catálogo Segundo* de 1660,[124] Comentali é descrito como dotado de "longa" experiência das coisas; de bom engenho; prudência e juízo, medíocres; de constituição "temperada"; e com talento para o ministério "junto aos índios e hispânicos".

Nos últimos anos de vida, Comentali trabalhou ainda em Santa Fé, Buenos Aires e em outras Reduções. Faleceu em 13 de maio de 1664, na Redução de San Ignacio Guazú.[125] O ato de escrever cartas acompanhou Pietro Comentali ao longo da existência, antes na forma de *indipetae* e depois na correspondência missionária. O Padre Geral Muzio Vitelleschi foi seu interlocutor no período da formação do desejo missionário e no tempo de sua realização nas terras latino-americanas. As cartas foram um dos meios recorrentes desse relacionamento.[126] Através da leitura delas, foi possível reconstruir etapas importantes de sua biografia e também alguns traços de sua personalidade. Chama a atenção o fato de que, assim como já solicitara numa de suas *indipetae*, em 1616, ele considerava que a necessidade de completar os estudos não podia adiar seu desejo missionário, uma vez que na província do

120 ARSI: Paraqu. 4-I, 161v, n. 140.

121 ARSI: Paraqu. 4-I, f. 176, n. 135.

122 ARSI: Paraqu. 4-I, f. 187, n. 135.

123 ARSI: Paraqu. 4-I, f. 200, n. 124; f. 209, n. 124.

124 ARSI: Paraqu. 4-1, fl. 231v, n. 136.

125 Storni, *Catálogo*, 1980, p. 16-17.

126 Sobre a importância do relacionamento de obediência e devoção filial com o Padre Geral, veja-se Colombo e Massimi, *In Viaggio*, 2014.

Paraguai seu superior também afirmou posição análoga, ministrando-lhe os votos antes do cumprimento do período de formação normatizado pelas regras da Companhia, merecendo assim a reprimenda do Padre Geral. A história pessoal de Comentali talvez venha a evidenciar uma tensão presente no âmbito jesuíta acerca dos objetivos prioritários naquela específica contingência histórica, entre as demandas missionárias crescentes e a importância da formação, entendida tanto como formação de cada membro da Ordem quanto como o ministério missionário da mesma. Na visão das autoridades últimas da Companhia, apesar do forte anseio de experienciar o "paraíso das delícias na terra", um jesuíta exemplar devia exercer a virtude inaciana da "indiferença" e obedecer aos tempos exigidos para a formação. Todavia, a impaciência do jovem postulante associou-se àquela de seu pragmático superior local: a prioridade da inteira vida missionária de Comentali foi o serviço dos guaranis das Reduções. Esse fato ilustra que a dinâmica da comunidade dos inacianos era sim modulada por claras normas, mas também pelo espaço da liberdade em ação de cada um dos componentes.

A escrita do desejo diante do desafio do mundo

Na correspondência epistolar constituída pelas cartas *indipetae* e missionárias destes quatro missionários italianos na província do Paraguai, dos quais acompanhamos as histórias exemplares do ponto de vista do carisma inaciano, emerge a importante função da palavra escrita para comunicar desejos, expectativas, esperanças, consolações, decepções, pedidos, preocupações, temores etc., e para estabelecer e firmar, mesmo na distância, o elo com um ponto de referência último que orienta ações, decisões, posicionamentos etc., que é a autoridade última da Companhia, o Padre Geral.

Em segundo lugar, aparece o tema do "mundo": por um lado, o envio solicitado implica um horizonte geográfico onde "mundo" significa um horizonte imaginado, aberto e imenso: "na Índia, ou em qualquer outra parte do mundo", como é escrito na *indipeta* de um deles; por outro lado, o "mundo" é entendido no sentido bíblico do termo como algo a fugir. "Do Egito do mundo, ao porto da saúde" é outra expressão que comparece nas cartas citadas, com o termo sendo contraposto ao "porto da saúde", que numa das cartas é definido como "paraíso das delícias na terra".

Um grande protagonista desse movimento que atravessa os espaços é o desejo do *indipetente*, um desejo definido por um deles como algo que, ao crescer continuamente, "não deixa quieto"; desejo de ir à meta que lhe corresponde, que é também desejo de deixar tudo o que não corresponde. E que, na formulação dos autores, tem como conteúdo a imitação de Cristo e o serviço aos homens.

Este desejo, todavia, não é algo transcendente e metafórico, mas se encarna em pessoas que têm corpos e dinamismos anímicos, tem defeitos e talentos, cujas qualidades têm excessos e defeitos. Nesse aspecto, o desejo deve ser tomado como ato do apetite intelectivo, parte importante da vida psíquica da pessoa; em sua declinação e nos atos a ele inspirados, é submetido também à constituição psicossomática de cada indivíduo, podendo dar origem a temperamento colérico, melancólico, fleumático, sanguíneo ou ainda misto. Na dimensão psico-espiritual, a pessoa dispõe de potências cognitivas, algumas das quais têm importância peculiar, como o juízo e o engenho, de modo que exigem ser de algum modo quantificadas nos Catálogos Trienais da Companhia, nos termos: modesta, pouca, medíocre, boa, ótima. Dispõe também de qualidades que resultam do dinamismo somato-psico-espiritual do indivíduo colocado em ação: a prudência e a experiência das coisas. E o desejo remete à ação e, portanto, ao talento, ou seja, às predisposições que cada indivíduo tem para determinadas tarefas. Quando o desejo se realiza, a vivência anímica é o afeto da "consolação". Em síntese, o desejo do *indipetente* é ordenado num âmbito, que é a Companhia de Jesus em missão num dado contexto e, dessa ordenação, fontes como catálogos e cartas missionárias são documento.

Do desejo à experiência na correspondência missionária do jesuíta Diego de Torres Bollo, fundador da Província do Paraguai

A vivência do afeto da consolação sinaliza a realização do desejo missionário na experiência real.[1]

A experiência é de fato o grande tema das cartas escritas por Diego de Torres Bollo (1551-1638), importante pioneiro e protagonista da história das Reduções. Esse jesuíta, de nacionalidade espanhola, primeiro superior da Província jesuítica do Paraguai, foi o idealizador e o responsável pela criação das Reduções no âmbito dos domínios coloniais espanhóis.[2] Para isto, inspirou-se na proposta de *Procuranda salutis Indorum* de José de Acosta SI e encontrou a parceria do governador do Paraguai, Hernandarias (Hernando Arias de Saavedra). Desse modo, Torres Bollo iniciou a criação dos primeiros espaços reducionais a partir de 1609. A experiência durou até 1756, quando a reorganização política das fronteiras, decorrente do Tratado de Madri, levou à destruição daqueles espaços.[3]

Inicialmente, Torres Bollo destinou ao projeto alguns jesuítas, cujo número aumentou ao longo do tempo e da demanda. Vimos já as histórias de alguns dentre eles: os italianos Giuseppe Cataldini e Simone Mascetta. Mas havia também outro italiano, Vincenzo Griffi, e os mestiços Roque González e Antonio Ruiz de Montoya, os quais iniciaram suas missões perto de Asunción, junto aos indígenas Guaicurus. Aos poucos, formaram-se comunidades, cada uma contabilizando centenas, às vezes milhares, de nativos e com a presença de dois ou três jesuítas.[4]

Durante o governo de Claudio Acquaviva (1543-1615), de 1581 a 1615, houve uma grande expansão das atividades missionárias da Companhia de Jesus

1 A esse tema é dedicado também o artigo de Massimi, "A elaboração" (2022).

2 Custódio, "Ordenamientos", 2010.

3 Frías, "La dignidad", 2002.

4 Techo, *Historia*, 1673/2005.

na América Latina: entre outras coisas, foi criada a Província do Paraguai, o *Nuevo Reino*. Quando Acquaviva morreu, a Província do Paraguai contava com 122 jesuítas, distribuídos em 18 domicílios, dos quais uma terceira parte estava no Chile, e com quatro colégios: Córdoba, Santiago del Estero, San Miguel de Tucumán, Asunción. É no âmbito deste dinamismo de expansão das obras missionárias da Ordem inaciana que se coloca a história pessoal de Diego de Torres Bollo.

O retrato biográfico de Diego de Torres Bollo e de seu universo

Os dados de sua biografia, compendiados na *História do Paraguai* do jesuíta Del Techo (1673), são derivados dos catálogos das Províncias da Espanha, do Peru e do Paraguai, preservados no Arquivo da Cúria Geral da Sociedade em Roma. Ele nasceu em 1551 em Villalpando (Castela Velha, Espanha), estudou em Salamanca e conheceu a Companhia de Jesus no Colégio de Monterrey. Em 16 de dezembro de 1571, entrou na Ordem e professou seus primeiros votos em 1574. Em 1584, Diego foi enviado ao Peru;[5] de 1582 a 1585, foi superior da residência de Juli: ali, em uma aldeia aimará, perto do Lago Titicaca, a uma altitude de quatro mil metros, viviam nove mil nativos cristãos, incorporados à Coroa Real pela política do Vice-Rei do Peru, Francisco de Toledo. Este último, querendo isolar os indígenas dos espanhóis, tinha proposto a criação de aldeias autônomas em Juli, sob o governo dos jesuítas e dos caciques locais. Junto com estes, Torres Bollos coordenou a administração civil e econômica da comunidade. A experiência de Juli tornou-se assim o modelo inspirador para a criação das futuras Reduções Guaranis (Custódio, 2010). O catálogo de 1583 descreve Torres Bollo como tendo trinta e dois anos, de boas forças físicas e com talentos de confessor e pregador.[6] Em 15 de junho de 1588, ele fez sua profissão definitiva na Companhia;[7] foi reitor do Colégio de Cuzco desde 1591[8] e depois, desde 1595, em Quito; e dedicou-se à pregação aos colonos espanhóis e aos indígenas.[9] Seu biógrafo, Del Techo, narra que em Cuzco o jesuíta "explicava a doutrina cristã nas praças, visitava hospitais e fundou uma confraria de meninas, pregava, se dedicava a funções repulsivas aos outros e combinava suas atividades com um bom relacionamento com as pessoas. Ele conseguiu

5 ARSI. Cataloghi Triennali Perú 4, I, f. 57 e f. 54.

6 ARSI. Perú, 4, I, f. 10.

7 ARSI. Hisp. 2, ff. 164-165.

8 ARSI. Perú, 4, I, f. 22.

9 ARSI. Perú, 4, I, f. 43.

que muitos se aproximassem dele em busca de bens espirituais e temporais".[10] Em 1599, Diego foi reitor no Colégio de Potosí. Em 1601, ele estava no Colégio de Lima: o Catálogo descreve seu empenho no ministério de pregação aos nativos e espanhóis.[11] Em 1601, a Congregação Provincial do Peru o elegeu Procurador da Província em Roma. Torres Bollo viajou para a Europa, onde permaneceu de 1601 a 1604. Nessa ocasião, pediu e obteve do Padre Geral da Companhia, Claudio Acquaviva, a divisão da Província em três: a Província do Peru, a de Nova Granada e a do Paraguai. Acquaviva providenciou também o envio ao Peru de trinta e cinco padres da Companhia. A nova Província do Paraguai compreendia originariamente todos os territórios do Paraguai, Rio Grande do Sul, a região Chiquitania na Bolívia, Uruguai, Argentina e Chile. Nela, se instalara o projeto reducional. Segundo a narrativa histórica de Del Techo, Diego, a caminho da Espanha para Roma, passou pelo Santuário Mariano de Loreto, "onde concebeu o objetivo de difundir o culto de Nossa Senhora de Loreto por toda a América".[12] Ao voltar de Loreto, ele parou em Milão, onde conheceu o Cardeal Federico Borromeo. Deste encontro, nasceu uma amizade que durou a vida inteira, consolidada por mais uma visita de Torres Bollo e por uma intensa troca de correspondência epistolar. Após a partida de Milão, Diego foi para a Espanha, onde seu encontro com os soberanos revelou-se decisivo, pois levou à incorporação do trabalho missionário dos jesuítas no Peru à instituição pontifícia do Patronato dos Reis da Espanha. Na ocasião, Torres Bollo redigiu um Memorial, em que esboçara o projeto da fundação das Reduções. Ao retornar à América Latina em 1604, Diego se tornou Provincial da nova Província do Paraguai, ou do Novo Reino, permanecendo na função de 1607 a 1615.[13]

Nesse tempo, o Governador do Rio da Prata e do Paraguai, Hernando Arias de Saavedra, após ter lutado contra os indígenas, começou a promover sua conversão pacífica. Para limitar a presença portuguesa e dos bandeirantes na região, considerava fundamental povoar a região desde o Rio Uruguai até a cidade de Santa Caterina (a região do Rio Guairá). Por esta razão, ele apresentou ao Rei da Espanha, em 1609, um projeto de povoamento (em forma de aldeamentos), solicitando a presença de 50 jesuítas, a metade dos quais deviam ser italianos. Colhendo a oportunidade oferecida pelo projeto de Saavedra, Torres Bollo negociou com ele e com o bispo do Paraguai, Reinaldo de Lizarraga, obtendo que fosse

10 Techo, *Historia*, 1673/2005, p. 157, trad. nossa.

11 ARSI. Perú, 4, I, f. 57, n. 9.

12 Techo, *Historia*, 1673/2005, p. 161.

13 ARSI. Perú, 4, I, f. 111, n. 291.

concedida pela *Hacienda* Real aos missionários uma pensão, um cálice, um sino e os paramentos litúrgicos, sem contar a liberdade dos indígenas presentes na região e o estabelecimento de um vínculo direto entre eles e o Rei da Espanha, que se tornaria o *encomendero* deles. A fim de garantir a manutenção dessas decisões, Torres Bollo escreveu ao Rei, obtendo do Conselho das Índias a confirmação de seus pedidos, sancionado pela Cédula Real de 16 de março de 1608, que liberou do sistema de *encomiendas* todos os indígenas Guaicurus e os da região dos rios Guairá e Paraná. Ao mesmo tempo, o Governador do Paraguai ordenou que os espanhóis fossem proibidos de entrar na região de Guairá. A partir daquele momento, o território passou sob a responsabilidade exclusiva dos jesuítas. Os indígenas somente podiam ser evangelizados sem força, segundo o princípio da pregação pacífica sancionado pela Cédula Real de 1607. O fato despertou uma dura reação contra os jesuítas por parte dos colonos paraguaios, que se viram privados da força de trabalho indígena e começaram a hostilizar a ação dos padres.

Em 1610, Torres Bollo redigiu as *Instruciones*, as primeiras normas para os missionários jesuítas que deveriam fundar as Reduções junto aos indígenas. Em 1614, esteve em Asunción, onde fundou o Colégio, depois desceu os rios Paraguai e La Plata e chegou em Buenos Aires, onde também fundou o Colégio. A Companhia de Jesus tinha residência permanente em Buenos Aires, onde cuidava principalmente dos africanos escravizados que chegavam no porto, dizimados pela peste. Torres Bollo seguiu para Santa Fé, onde fundou o Colégio, cruzou novamente a Cordilheira dos Andes e retornou ao Chile em 1611, onde partiu para uma nova missão para evangelizar as Ilhas Chiloé.[14] Em 1615, após terminar a função de Provincial, Diego dirigiu-se para Córdoba, onde fundou o Colégio, e permaneceu como Reitor deste até 1623.[15] Em 1631, o catálogo refere que Torres Bollo estava na Bolívia, no Colégio de La Plata: tinha 79 anos e, apesar de estar exausto pela intensa vida missionária, continuava a pregar aos nativos, espanhóis e negros.[16] As mesmas informações aparecem no seguinte catálogo trienal de 1637.[17] Em 8 de agosto de 1638, o jesuíta morreu em Chuquisaca (Bolívia).[18]

A dedicação de Diego de Torres Bollo à missão entre os nativos foi relatada pelos seus companheiros de missão e pelos seus superiores e cronistas. Diego

14 Techo, *Historia*, 1673/2005.

15 ARSI: Paraq. 07, f. 3, n. 1.

16 ARSI. Perú, 4, I, f. 342, n. 293.

17 ARSI. *Idem*, f. 378.

18 ARSI. Hist. Soc. 46, f. 2; Necrológios Perú, 15, ff. 151v-152v; Paraq. 15, ff. 46v-47v.

Martinez, Vice-Reitor do Colégio de La Plata, escrevia dele que era "um homem que sabe mais sobre a Província do que qualquer outro aqui", "de grande prudência e experiência".[19] Juan de Frías Herrán, em uma carta de 1601, conta que o jesuíta havia feito voto de que "por todos os dias de sua vida ele se dedicaria à missão e conversão dos indígenas, sem se ocupar de mais nada".[20] Os documentos atestam que Diego de Torres Bollo exercia o ministério de confessor entre os indígenas porque conhecia as línguas nativas "quíchua e aimará".[21] O compromisso do missionário na dedicação aos nativos e na defesa de sua liberdade estava de acordo com as diretrizes da Igreja e especialmente do Generalato da Companhia, pois desde 1603 Claudio Acquaviva estabelecera como prioridade o ministério dos nativos. Este ministério também implicava prover as necessidades temporais dos indígenas e chamar os espanhóis ao dever de justiça para com eles.[22] Outra importante dimensão da atuação missionária do jesuíta foi o trabalho educativo, que culminou na fundação do Colégio de Córdoba, sede de uma futura universidade, e dos Colégios de Asunción, Santa Fé e Buenos Aires.

A biografia de Torres Bollo é a expressão de um modo-de-ser característico dos seguidores do carisma inaciano no contexto histórico do catolicismo tridentino e do debate teológico jurídico, levantado a partir das empresas coloniais. Meliá (2018) resume três elementos decisivos desse modo-de-ser:

> [...] o jesuíta experimentou os exercícios espirituais de Santo Inácio de Loyola, e o discernimento, que é uma das principais chaves para sua ação; alguns deles tinham ido para a universidade, e em maior ou menor grau estavam dispostos a ouvir e aprender em diálogo com os índios.[23]

A atuação do missionário se inscreve integralmente no movimento surgido no catolicismo após as conquistas coloniais, voltado para a afirmação da dimensão pessoal dos nativos americanos e dos decorrentes direitos daquelas populações contra os abusos dos colonizadores espanhóis e portugueses. Meliá ressalta que

> O mundo ibérico tinha visto surgir no século XVI uma consciência crítica de conquista e colonização, que manteria o caminho da história

---

19 Egaña, *Monumenta*, 1986, v. VII, p. 5.

20 *Ibidem*, p. 215-216.

21 *Ibidem*, v. VII, p. 359.

22 *Idem*.

23 Meliá, "Las reducciones", 2018, p. 19.

> bifurcado em uma situação contrastante. Essa consciência crítica foi expressa através de pensadores convergentes na chamada Escola Ibérica de Paz, que deu origem à Lei das Nações, fundamento do direito internacional em vigor até hoje. A Escola Ibérica da Paz, como é chamada hoje, deixa claro que a conquista da América tanto pelos espanhóis como pelos portugueses foi ilegítima porque foi contra homens e mulheres que tinham os mesmos e mais direitos à vida e à posse pacífica de seus bens do que aqueles homens que vieram de fora. Na medida em que esta lei foi assumida como universal, outras experiências históricas entre os povos poderiam nascer e algumas delas permaneceriam como herança histórica da humanidade. A relação estabelecida entre o marco teológico-legal da Escola Ibérica de Paz e os jesuítas em suas missões no Paraguai não é apenas uma conjectura.[24]

As concepções dos direitos da pessoa, dos povos e da dignidade do trabalho humano, alicerçadas na tradição filosófica e teológica do cristianismo ocidental, encontram-se expostas nos autores da Escola: o domínico Francisco de Vitória (1537-1538) e os jesuítas Luís de Molina (1568-1583), José de Acosta (1561-1587; 1589), Manuel da Nóbrega (autor do *Diálogo acerca da conversão do índio*, 1556-1557) e o famoso pregador Antônio Vieira (1952; 1959). A apropriação que Torres Bollo e os demais jesuítas fazem dessa posição teológica é voltada para o projeto de ação missionária: o eco de tais concepções

> pode ser visto nas instruções programáticas com as quais as Reduções começaram e nas denúncias e súplicas com as quais protegeram e defenderam os nativos através de um contínuo recurso ao espírito e à letra da legislação espanhola vigente, que tinha suas raízes no campo fértil daqueles princípios e doutrinas.[25]

Em suma, o projeto reducional não é inspirado por uma visão utópica da ação, mas sim pelo estilo jesuítico marcado pela acomodação da prática missionária da Companhia ao contexto colonial e às posições jurídicas e filosóficas do catolicismo pós-tridentino, tendo o objetivo de "reduzir as populações guaranis" ao que consideravam "a vida política e humana, que certamente não poderia ser alcançada sem a vida cristã".[26]

Nesse universo, as cartas e os demais escritos de Diego de Torres Bollo contribuem para a construção de uma narrativa histórica rica de facetas. Entre elas,

---

24 *Ibidem*, p. 20.

25 *Ibidem*, p. 24.

26 *Ibidem*, p. 25.

focamos a elaboração das vivências pessoais e comunitárias dos missionários, em termos de "experiência", incluindo nisto as vivências psicológicas.

As Cartas Ânuas de Torres Bollo

Diego de Torres Bollo escreveu vários documentos, dentre os quais alguns textos normativos e várias cartas, redigidas entre 1610 e 1615, destinadas ao Padre Geral em Roma e chamadas de Cartas Ânuas por serem um relato pormenorizado e periódico dos acontecimentos vivenciados nos territórios missionários. As cartas que analisaremos aqui verterão sobre o início desta experiência.

As Cartas Ânuas foram enviadas pelo autor ao Padre Geral da Companhia de Jesus, Claudio Acquaviva, residente em Roma. Considerando que Torres Bollo ocupou o cargo de Provincial do Paraguai de 1608 a 1614, dentre as cartas, escolhemos quatro que contêm descrições das atividades iniciais realizadas pelos missionários nos espaços reducionais, tendo por critério evidenciar a narrativa do início da experiência missionária: 1) a Carta Ânua das Províncias do Paraguai, Tucumán e Chile, de 1611; 2) a Carta Ânua de 1612-1613; 3) a Carta Ânua de 1614; 4) a Carta Ânua de 1615.[27]

Sendo o autor dessas cartas o idealizador da proposta das Reduções, sua narrativa tem o propósito de convencer o Padre Geral, seu destinatário, quanto à eficácia do projeto, seja do ponto de vista missionário junto aos guaranis, seja do ponto de vista do amadurecimento da vocação jesuítica. Além do mais, as Cartas Ânuas são polifônicas: elas contêm trechos das cartas enviadas ao Padre Provincial por aqueles primeiros missionários escolhidos – "vozes" essas que entram na composição das cartas, juntamente com vários relatos das falas dos indígenas, que também são representadas nessas fontes.

Nas cartas, a elaboração da experiência acerca dos primeiros anos de vida missionária junto às populações indígenas nos espaços territoriais das Reduções será entendida conforme as categorias interpretativas próprias da cultura jesuítica da época.[28] No âmbito da experiência narrada, serão evidenciados também os saberes psicológicos elaborados na tradição filosófica e médica inerente à Companhia.

As cartas são densas de comunicações e informações também acerca daquela esfera de fenômenos que hoje definimos como psicológicos e dos saberes que se

27 Para a nossa pesquisa, usamos a edição moderna de Leonhardt em colaboração com Ravagnani (1927-1929).

28 Massimi, "A experiência", 2013; *Psychological*, 2020; "Coimbra", 2021.

referem a estes. Em particular, conforme Leonhardt, o objetivo das Cartas Ânuas era fornecer uma informação e um diagnóstico da situação – o mais amplo, preciso e objetivo possível; por este motivo, foram aumentando em tamanho até adquirirem em alguns casos a espessura de um volume de livro. Esses documentos refletem a realidade histórica em seus múltiplos aspectos, tanto civil como religioso, tanto em tempos de guerra quanto em tempos de paz.[29] Neles, encontra-se também o reflexo da experiência já vivenciada e relatada nas cartas do Brasil, cuja leitura servirá aos missionários do Paraguai para construir uma "experiência das coisas" (que vimos ser expressão própria do vocabulário jesuítico), que os orientará de modo claro e direto nos processos de acomodação, apropriação e utilização de dispositivos retóricos e práticas missionárias.

Posto que, dentro do modelo retórico a ser seguido, a elaboração das fontes escolhidas tenha como ponto de partida a experiência vivenciada, a questão que se põe para realizarmos a análise histórica é como abordar essa experiência. Em particular, como entender seu significado à luz do universo cultural de seus autores.

Significados da experiência na perspectiva dos jesuítas

Alguns historiadores já realizaram estudos nessa perspectiva: dentre eles, Fleck (2008) analisou as Cartas Ânuas enviadas da Província do Paraguai e apontou que, embora elas sejam um *corpus* de documentos orientados por prescrições institucionais, é possível evidenciar diferenças no modo de elaboração conforme as etapas do sentido de temporalidade vivenciado pelos autores ao longo da história missionária. De uma primeira interpretação dos fatos, imediata e utópica, passar-se-ia ao registro do impacto da realidade, aos questionamentos, crises e rupturas de paradigma, e, por fim, à reelaboração de um novo paradigma missionário. Em pesquisa sobre as cartas enviadas pelos jesuítas no Brasil,[30] analisamos a experiência que os missionários vivenciaram nos primeiros tempos de sua estadia no País, ainda como estrangeiros recém-chegados num contexto absolutamente novo e desafiador, à luz dos estudos do fenomenólogo social A. Schutz.[31] Segundo este, quando um sujeito membro do grupo encontra-se numa condição do estrangeiro em um novo contexto, ocorrem mudanças que o levam a traduzir os termos do padrão cultural do grupo em que se encontra, nos termos do padrão cultural de

29 Leonhardt, *Cartas*, 1927-1929.

30 Massimi, Mahfoud, Avanci e Silva, *Navegadores*, 1997.

31 Schutz, *Saggi*, 1979.

seu grupo de origem. A escrita da carta se tornaria então a oportunidade para, ao mesmo tempo, consolidar (na distância) a imanência ao grupo de pertença e realizar a operação da tradução cultural pela qual fatos, objetos, encontros etc. são lidos e interpretados à luz do padrão cultural de origem.

Todavia, faz-se necessário entender o termo "experiência" tendo em vista seu significado nos textos jesuíticos da época. Em estudos anteriores,[32] o entendimento do significado da experiência na cultura jesuítica da Idade Moderna foi proporcionado por diferentes tipos de fontes. Resumindo os resultados destas pesquisas, pode-se afirmar que a experiência no âmbito jesuítico é, antes de mais nada, um modo de conhecer a realidade, conforme evidenciado pelo próprio fundador da Companhia, Inácio de Loyola, em seus escritos, em primeiro lugar os *Exercícios Espirituais*: Inácio torna-se um modelo imitável, um texto vivo para seus companheiros, que, a partir da eleição de sua liberdade, podem decidir encarnar em suas vidas a "experiência-modelo" do fundador. Em segundo lugar, o termo "experiência" comparece em fontes de teor filosófico, tais como os tratados conimbricenses,[33] onde a posição da psicologia filosófica aristotélico-tomista é assumida como ponto de referência na formação jesuítica, juntamente à influência agostiniana.[34] Os pensadores da Companhia utilizam o termo nos sentidos aristotélicos de *empeiria* – a saber, "experiência" no sentido de habilidade e prática. A experiência é adquirida após o agir e o precedente (e/ou consecutivo) pensar, com envolvimento de todas as potências anímicas, e conduz à verdade e ao bem. A ação humana é sempre orientada na direção de um fim, cuja eleição depende por sua vez do movimento da vontade e do intelecto, bem como da sensibilidade e dos afetos. Em terceiro lugar, a experiência é uma categoria que pertence ao universo normativo tanto espiritual e corporal quanto jurídico e institucional da Companhia de Jesus: a "experiência das coisas" é uma das categorias usadas para classificar os indivíduos pertencentes à Ordem, que já vimos comparecer nos *Catálogos Segundos*, documentos elaborados a cada triênio pelos superiores, onde se descreve a condição de cada membro da Companhia.[35] A "experiência das coisas" é o conjunto de habilidades, hábitos e práticas derivados da *peiria* (*empeiria*). Em quarto lugar, a

32 Massimi, "A expêriencia", 2013; *Psychological*, 2020; "Coimbra", 2021.

33 Em particular, dentre os tratados, nos referimos aqui ao comentário à *Ética a Nicômaco*, organizado em torno de nove *Disputationes* que abordam, sumariamente, alguns dos temas da obra de Aristóteles e de Tomás de Aquino (Góis, *Ética*, 1593/1957).

34 Massimi, "Coimbra", 2021.

35 Massimi, *Psychological*, 2020; Massimi, "Coimbra", 2021.

experiência implica a abertura do sensível ao transcendente, abrindo ao conhecimento da revelação da ação divina nas circunstâncias da história humana (mística). Todos esses sentidos do termo "experiência" são relacionados entre si, por serem etapas de um processo unitário que leva ao conhecimento da realidade: desde a experiência como verificação e prova diante do novo, até sua consolidação num conhecimento adquirido ao longo do tempo, que se torna hábito e prática; desde a realidade concreta, até a realidade transcendente.

À luz do entendimento dos sentidos da experiência no universo jesuítico, leremos as cartas onde Diego de Torres Bollo relata sua vivência missionária própria e a dos primeiros jesuítas enviados para iniciar a missão junto aos indígenas na Província do Paraguai. Esses missionários no início do século XVII carregavam em si a formação e a tradição já acumuladas pela Companhia ao longo de seu primeiro século de experiência missionária, transmitida através da leitura da literatura espiritual e filosófica, das biografias e das cartas missionárias, dos textos fundantes da Ordem.

A experiência nos escritos programáticos de Diego de Torres Bollo

A "experiência" relatada nas cartas de Torres Bollo é uma construção fruto de um percurso iniciado no período de preparação da fundação da Nova Província do Paraguai e sintetizado em alguns documentos programáticos em que Diego elaborou a proposta do que deveria ser uma Redução: o Memorial e as Instruções. Nestes documentos, o autor já mostra dispor de um conhecimento prático do contexto em que atua que lhe permite elaborar a *peiria* (prova e experimento) e a *empeiria* (conhecimento, habilidades e práticas derivados da *peiria*), adquiridas pela vivência missionária em Juli e nas outras tarefas missionárias por ele desempenhadas no Peru. Além disto, Torres Bollo já vivenciara o amadurecimento da consciência da sua vocação de jesuíta, de modo que nesses escritos é visível a tematização do sentido místico da experiência missionária. De um lado, a realidade sensível é interpretada à luz da realidade transcendente e a narrativa é voltada a proporcionar o conhecimento da revelação da ação divina nas circunstâncias da história humana. De outro lado, a narrativa foca a construção da experiência modelar jesuítica, apontando elementos que possam promover a identificação entre as vivências dos missionários e a vivência do fundador e dos santos da Companhia.

No Memorial escrito em 1603, durante sua estadia na Espanha, em defesa dos nativos, dirigido ao Presidente do Conselho das Índias, Dom Pedro Fernández de Castro, e publicado em Valladolid em dezembro de 1603, Diego realiza uma síntese da experiência acumulada nas missões latino-americanas, que o leva também a uma forte denúncia dos abusos contra os nativos e lhe inspira a formulação de uma proposta concreta sobre como evitá-los.[36]

O horizonte ideal do Memorial é o conceito de "homem" como pessoa, de tradição aristotélico-tomista e agostiniana, revisitada pela Escola de Salamanca e pelo Concílio de Trento no que diz respeito à sua aplicação com os nativos do Novo Mundo.[37] Lembremos que Diego de Torres Bollo estudara em Salamanca e, portanto, reflete em suas palavras o ideário do pensamento da Escola Ibérica de Paz, cujos "autores mais significativos" foram "professores que lecionaram em universidades espanholas e portuguesas e missionários que ministraram nas Américas espanhola e portuguesa".[38] É este pensamento que Torres Bollo busca traduzir nas práticas de seu projeto reducional.

O ponto de partida do Memorial é a frase do Evangelho: "Buscai primeiro o Reino dos Céus e sua justiça, e todo o resto vos será dado em acréscimo". Ao aplicar este princípio à situação latino-americana, Torres Bollo afirma que, "antes de tudo e com todo esforço possível, o Senhor quer que busquemos o céu para nós e os índios e que as coisas temporais e as riquezas sejam consideradas como acessórios". E declara que, da "observância e fidelidade a esta ordem", "depende a salvação dos índios e a nossa".[39] Devido à própria natureza missionária da vocação jesuítica, a "salvação dos índios" e "a nossa salvação" se identificam. Este é um ponto muito importante para compreendermos as motivações que norteiam as ações dos missionários e as decisões do próprio Torres Bollo enquanto responsável pela Província.

No Memorial, evidencia-se que a expressão "cuidar da salvação" se identifica com a preservação da integridade das dimensões da pessoa humana. Da afirmação do princípio acima citado, Torres deriva várias consequências. A primeira é que, sendo a salvação dos indígenas a prioridade da ação missionária, este objetivo

36 Egaña, *Monumenta*, 1986, v. VIII, p. 458-482. Segundo Diego Vargas Ugarte, 1934, o Memorial foi imediatamente traduzido em vários idiomas e edições (latim, francês, alemão, espanhol, polonês, italiano) e suscitou reações na Europa semelhantes às produzidas pela leitura das cartas de Francisco Xavier e dos primeiros missionários nas Índias Orientais.

37 Frías, "La dignidad", 2002.

38 Meliá, "Las reducciones", 2018, p. 21, trad. nossa.

39 Egaña, *Monumenta*, 1986, v. VIII, p. 457, trad. nossa.

deveria estar presente em cada decreto, ordem e decisão. Em segundo lugar, a experiência missionária vivenciada leva à formulação de um juízo acerca do sistema de dominação colonial. Neste, todos os grandes danos são avaliados como resultados da perversão e da inversão do mandamento de Cristo: "O governo e as medidas têm como objetivo principal o ouro, a prata e os tesouros daquele Reino, os presentes e o lucro temporal de si mesmos, de suas famílias, servos e amigos".[40] Portanto, "a preservação, vida e salvação dos índios está ameaçada e com ela o sangue e o patrimônio de Cristo".[41] A ruptura da ordem do universo inspirada no ideal do cristianismo em prol de uma prática movida pelos afetos desordenados dos poderosos, orientados para bens e objetos enganosos, provoca "o horror e a sujeira dos maus costumes e abusos que surgem da abundância e que normalmente causam maior pobreza e necessidade".[42] O projeto reducional é, portanto, a tentativa de restabelecer a ordem cristã no meio da desordem da dominação colonial.

Após analisar e julgar a situação do tempo presente, Torres Bollo esboça vários princípios programáticos para orientar as ações no futuro iminente da missão na nova Província do Paraguai. Em primeiro lugar, importa que o sujeito evangelizador tenha uma dimensão comunitária: "Vivendo convencionalmente e com um Superior e uma regra, darão mais frutos entre os índios com maior edificação e não se perderão nas tentações e solidão" (Egaña, 1986, v. VIII, p. 464). Nesse ponto, Torres Bollo evoca a experiência: "[...] porque a experiência nos ensinou que, assim como estar sozinho é prejudicial para os religiosos e para os índios, da mesma forma, doutriná-los vivendo em comunidade é benéfico para todos" (p. 464, nossa tradução). É evidente nessas palavras a inspiração que brota da experiência modelar da Companhia de Jesus, com sua dimensão comunitária, e comprovada empiricamente pela vida missionária.

Outro tópico onde também Torres Bollo faz referência à experiência concerne à escolha dos evangelizadores, cujo único interesse deve ser o do trabalho missionário e que, desse modo, "não poderão servir a dois senhores". Com efeito, a "experiência das coisas" mostra que os abusos dos espanhóis envolveram também vários padres, os quais assumiram condutas contrárias ao bem dos nativos. Por isso, seria importante escolher catequistas e padres "nascidos ou criados lá (nos territórios missionários), que pelo menos têm a vantagem de conhecer a língua e

40 *Ibidem*, p. 462.

41 *Ibidem*, p. 463.

42 *Ibidem*, p. 462.

os costumes nativos e de não ter o desejo de retornar à Espanha".[43] A opção pelos sacerdotes missionários nativos "com virtude e conhecimento" implica também a fundação de colégios que lhes proporcionem esta formação.[44] E, mais uma vez, o recurso à experiência aparece em suas palavras: "Os colégios reformariam o clero e os índios em seus costumes e conhecimento de Deus; como já foi experimentado no bispado de Quito com o Colégio de São Luís", iniciado em 1594 e institucionalizado em 1601.[45] A expressão "como já foi experimentado" evidencia que a proposta é baseada num conhecimento já adquirido. Essas indicações mostram a perspectiva do jesuíta espanhol, no que diz respeito à necessidade de promover um processo educacional que, com o tempo, produzisse uma mudança real na configuração social, política e religiosa daquela nova cristandade em formação. A fundação dos colégios não teria apenas essa função, mas também uma outra, muito importante. A experiência dos nativos, já adquirida pela Companhia de Jesus ao longo de sua presença missionária na América Latina, apontava que nas comunidades indígenas o papel do chefe é decisivo para o bem ou para o mal. Torres Bollo propõe a criação de escolas destinadas à formação dos filhos dos chefes, que por sua vez se tornarão os líderes das comunidades: "Um Colégio ou Seminário onde os filhos dos chefes que devem suceder-lhes nestas funções sejam educados, para que, instruídos na fé e na educação cristã, possam mostrá-la e ensiná-la aos índios".[46] Nesse aspecto também, Torres Bollo busca conformidade à experiência modelar inaciana, pois a educação como ministério da Companhia de Jesus remonta às suas origens. Inácio de Loyola narra em sua *Autobiografia* que, em 1524, ele viu a necessidade de dedicar-se ao estudo para poder ajudar as almas e estava convencido da estreita correlação existente entre a aquisição da virtude e o estudo das letras. Numa carta enviada por Pedro Ribadaneira, por solicitação de Inácio ao Imperador Felipe II da Espanha, onde se justifica o empenho da Companhia quanto à fundação de colégios, afirma-se que todo o bem-estar da humanidade e da cristandade depende de uma adequada educação dos jovens. Na Europa, a partir da segunda metade do século XVI, estimulada pelas demandas da sociedade europeia, a educação e a criação de colégios como âmbitos educativos

43 *Ibidem*, v. VIII, p. 456.

44 *Ibidem*, p. 465.

45 *Ibidem*, p. 466.

46 *Idem*.

se tornaram o caminho principal da atuação missionária.[47] Além disso, eram já visíveis os resultados positivos obtidos ao longo de várias décadas pelos jesuítas presentes na América Latina, cujo empenho pedagógico junto às crianças era fundado na convicção humanista de que a inferioridade cultural dos povos nativos se deve à falta de educação e não a uma diversidade estrutural antropológica ou psicológica.[48] Tudo isso proporcionava a Torres Bollo a "experiência das coisas".

Segundo Torres Bollo, a atuação da experiência evangelizadora assim proposta demandava apoio político e legislativo. Nesse sentido, ele considera o Conselho Real das Índias a principal instituição para a proteção dos nativos no que diz respeito ao bem temporal e espiritual. E, para orientar o Conselho quanto às normas para essa proteção, sugere o que define como o "meio para a conservação dos índios", ou seja, a parte do Memorial estruturada em dezenove pontos, que incluem tanto a denúncia das injustiças atuais quanto as indicações práticas para mudanças futuras. Entre estas, Torres Bollo sugere que os nativos sejam libertados "dos fardos e das provocações que lhes são infligidas pelos administradores das comunidades" e, se possível, colocando um nativo "dotado e inteligente" à frente da comunidade como governador, "já que há muitos capazes de tais funções".[49] E solicita que, sobretudo, sejam regulamentadas as condições de trabalho dos nativos. A questão do trabalho é algo muito importante na concepção de "pessoa" que inspira os jesuítas. O fundamento é a noção tomista de "pessoa", que é livre na medida em que for dona de suas ações.[50] Por isso, é digno do ser humano apenas o trabalho que seja livre.[51] No Memorial, Torres Bollo parte do juízo que brota de sua própria experiência missionária acerca dos abusos cometidos pelos

47 O'Malley, *Os primeiros*, 1999.

48 É o que declara Manuel da Nóbrega no texto *Diálogo sobre a conversão do gentio*: "[...] terem os romanos e outros gentios mais polícia, que estes, não lhes veio de terem naturalmente melhor entendimento, mas de terem melhor criação, e criarem-se mais politicamente" (Nóbrega, *Cartas*, 1988, p. 240). José de Anchieta afirma numa carta de 1557 que os filhos dos indígenas criados nos colégios da Companhia "ficarão firmes cristãos" (Anchieta, *Cartas*, 1988, p. 159).

49 Egaña, *Monumenta*, 1986, v. VIII, p. 468.

50 Esta noção é tematizada pelos tratados conimbricenses. Escreve Manuel de Góis que, se considerarmos os atos humanos quanto ao modo de operar, então toda ação humana é livre. De fato: "Como o modo próprio de operar do homem, enquanto se distingue dos animais, é agir de tal forma que gere o domínio e a liberdade de suas ações, apenas se denominam ações humanas as que o homem tem no seu livre domínio" (Góis, 1957, p. 139).

51 A dignidade do trabalho livre e a condenação do trabalho escravo na visão jesuítica serão evocadas num sermão do pregador jesuíta Antônio Vieira, "Sermão ao Enterro dos Ossos dos Enforcados" (1637), presente em *Sermões* (Porto, 1959, v. XIV, p. 107, 405).

colonos espanhóis contra os nativos, "em todos os serviços e ocupações": em primeiro lugar, o trabalho forçado e os maus-tratos, o fato de não serem remunerados pelo trabalho (p. 469), situação essa muito evidente especialmente nas minas de Potosí.[52] Soma-se a isto o fato de que o excesso de impostos e tributos que os indígenas tinham que pagar ao governo espanhol deixava-os muito empobrecidos, a ponto de que em muitos casos se recusavam a procriar e, renunciando a criar famílias estáveis, "vagueiam de uma parte para outra".[53]

E, finalmente, o missionário insiste na importância do conhecimento das línguas indígenas, de acordo com os desejos de Loyola, e no fato de que esse conhecimento brota da convivência: "Em trinta anos de experiência nas Índias, descobri que os nossos nunca aprendem as línguas dos índios nem os amam, a menos que não estejam entre eles". Trata-se de um requisito essencial para ser missionário, em cuja falta os jesuítas enviados "sem a língua e sem a aplicação, como lhes falta a graça da vocação [...] estão inquietos e voltam para a Espanha ou deixam a Companhia".[54] Somente por meio da convivência e do estabelecimento da comunicação pelo conhecimento dos idiomas dos nativos, os missionários poderiam estabelecer com os indígenas um relacionamento moldado pelo amor. A questão das línguas estava em plena consonância com a Instrução do General Acquaviva de 1603 (*El ministério de los índios*), segundo o qual não se devia ordenar nenhum sacerdote sem o conhecimento prévio das línguas indígenas.

Em síntese, a posição de Torres Bollo que inspira as normas quanto ao trabalho indígena no Memorial não é fruto de uma visão idealista e da formulação de princípios abstratos, mas sim da "experiência das coisas", vivenciada pelos jesuítas em missão na América Latina desde o século XVI e por Torres Bollo no Peru. O documento expressa também a capacidade de juízo que brota dessa experiência. O

---

52 A descoberta da mina de prata no Cerro de Potosí (1545) mudou o rumo da conquista espanhola nas Américas. A prata de lá extraída transformou o comércio dos séculos XVI e XVII, unindo, definitivamente, o Oriente com o Ocidente. As novas rotas das vias de comércio e o escoamento dos metais preciosos iam dos Vice-Reinos do Peru até a Coroa em Sevilha; de Arica (Chile), depois Lima (porto de Calão) e Panamá, até as ilhas Filipinas e a China. Com o início da extração mineral, os espanhóis, sob o comando de Juan de Villarroel, instalaram a população no declive da montanha, que atinge 3.960 metros de altitude. Os indígenas, inicialmente atraídos pelo enriquecimento, afluíram à cidade de Potosí, que chegou a ser das mais populosas naquele período. Com a chegada do vice-rei Toledo, foi imposto o sistema de *mita* – trabalho indígena forçado – e os mesmos foram segregados em lugares mais distantes. Entre 1597 e 1599, Torres Bollo foi reitor do Colégio de Potosí.

53 Egaña, *Monumenta*, 1986, v. VIII, p. 473.

54 *Idem*, trad. nossa.

horizonte ideal de Torres Bollo conecta passado, presente e futuro condensados no objetivo da vida identificado a partir da vivência dos Exercícios espirituais, e que é a salvação da alma própria e do outro. Portanto, os textos de Torres Bollo não devem ser lidos apenas como sendo de teor político ou organizativo, mas também como modos de elaboração e proposição da práxis missionária teologicamente inspirada.

No intento de colocar em prática o quanto foi proposto no Memorial, Bollo redigiu *Instruções* (1609 e 1610) para os primeiros missionários da nova Província do Paraguai. Nelas, reelabora o mesmo conteúdo à luz da experiência que vinha sendo adquirida naqueles primeiros anos vividos no território. As *Instruções* são o regimento interno que fundamentou e organizou as Reduções, regras de conduta social, orientações que os missionários deviam observar e que asseguravam o bom relacionamento entre as comunidades indígenas e a Companhia de Jesus. A primeira Instrução (1609) era destinada aos padres Cataldini e Mascetta, enviados ao Guairá naquele ano. No ano seguinte, Bollo redigiu uma outra normativa para os Padres envolvidos nas Missões do Paraná, Guairá e Guaicurús, buscando assim uniformidade nos procedimentos da criação das novas Reduções.[55]

A experiência pioneira daqueles primeiros missionários em sua convivência com os indígenas, que seria registrada nas Cartas Ânuas, deveria ser regida pelas Instruções e a partir delas ser avaliada. Nelas, evidencia-se o uso do método persuasivo jesuítico da *accomodatio*, ou "acomodação". Originariamente tratava-se de uma norma retórica que orientava a relação entre o orador e seus destinatários (do latim *accomodatio*, derivada de *commodus* [*cum* + *modus*], sendo o mesmo que "*com modos, com medida*"), proposta por Cícero na obra *De Oratore* (1996). A norma sugere, como elemento indispensável para que se efetive a comunicação e a persuasão, que argumentos, termos e imagens utilizadas pelo orador devam ter pertinência e significado no universo vivencial e cultural dos destinatários. A comunicação moldada pela *accomodatio* promoveria a persuasão dos destinatários, facilitando neles a mobilização dos apetites intelectivos, afetivos e sensitivos e a modificação das condutas. No âmbito da Companhia de Jesus, a "acomodação" é um critério presente já nos escritos de Inácio de Loyola, onde se encontra o uso frequente desse termo em função de um entendimento mais profundo do interlocutor, visando à orientação ("direção") de sua vida espiritual. Nas missões, em decorrência da aplicação desse critério, os jesuítas se preocupavam em adaptar os próprios métodos e recursos aos métodos e recursos próprios da tradição cultural

55 Lozano, *Historia*, 1754, p. 248-252.

dos indígenas, introduzindo em seu projeto cultural aspectos característicos desta tradição (no caso do Brasil, por exemplo, a dança, o canto, o idioma tupi-guarani e as línguas de outras etnias presentes no território).[56]

Na primeira Instrução, há uma série de prescrições e conselhos importantes destinados a criar um espaço cultural e religioso novo e autônomo no âmbito da legislação espanhola, em relativa continuidade com o modo de ser Guarani logrado como êxito do processo de acomodação. A primeira prescrição diz respeito ao cuidado de que o planejamento da dimensão urbana da Redução respeite a concepção de espaço dos nativos. A acomodação ao modo de ser destes passa pelo reconhecimento da importância da organização espacial e urbana A cidade deveria ser disposta à maneira dos peruanos, ou como os indígenas mais gostavam, "com suas ruas e quadras, dando um quarteirão a quatro indígenas, muito a cada um, e que cada casa deveria ter um pequeno jardim e a igreja e a casa dos padres na praça, dando [...] o lugar necessário"; "fazendo isso pouco a pouco e a gosto dos índios".[57] Torres Bollo cuida de que sejam garantidas as condições de bem-estar material e espiritual dos indígenas reduzidos: a escolha do lugar; o fato de que os indígenas na medida do possível mantenham seus hábitos tradicionais; a construção de casas ("dando uma quadra a cada quatro índios e um solar a cada um e que cada casa tenha uma pequena horta"); que se funde assim o povoado com ordem de ruas e deixando a cada indígena espaço suficiente para sua cabana e pequena horta;[58] e o respeito da hierarquia social na organização espacial ("pondo nossa casa e a igreja no meio, e as casas dos caciques próximas de nós").

Outro aspecto de acomodação diz respeito à escolha do ambiente natural para a construção do núcleo urbano. Torres Bollo insiste repetidamente que se instaure um processo de comunicação com os indígenas, ressaltando a necessidade de consultá-los, especialmente quando se trata da escolha do lugar geográfico para a Redução:

> [...] fazer a redução e população, como talvez seja na boca do Tibaxiva ou nas proximidades, cuidando primeiro que tenha água, peixes, boas terras e que não estejam todos encharcados, nem muito quentes, mas de bom clima e sem mosquitos ou outros desconfortos e onde possam

56 Massimi e Freitas, "Acomodação", 2007.

57 Lozano, *Historia*, 1754, p. 138.

58 *Ibidem*, p. 249.

> plantar e manter até oitocentos ou mil índios, nos quais eles mesmos darão a melhor opinião [nº 7].[59]

Novamente, nas Instruções, Torres Bollo insiste acerca da necessidade de que os missionários conheçam os idiomas, devendo "aprender e estudar a língua guarani, e praticá-la com os índios".[60] Na Segunda Instrução, Torres Bollo explica ainda mais claramente que, para conhecer a língua:

> os missionários devem sempre estudá-la com muito cuidado, não contentes em conhecê-la como eles desejam, mas com eminência; alcançar competência [...] e sempre praticando a fala: estarem convencidos de que a conversão dos índios [...] depende em segundo lugar dela.[61]

Por fim, nas Instruções, Torres Bollo elabora um juízo nascido da experiência das coisas, acerca do valor do sistema Guarani, especialmente no que diz respeito à forma de governo. Torres Bollo considerava que não deveria haver uma ruptura com o sistema tradicional dos nativos e que devia se manter o regime de governo dos caciques (Lozano, 1754).[62] Reencontraremos nas palavras de Antônio Vieira, SJ (1632-1697), análogo reconhecimento da legitimidade das soberanias indígenas: "[...] pois têm a mesma relevância para a soberania e liberdade, tanto a coroa de penas como a coroa de ouro, tanto o arco como o cetro".[63]

A elaboração da "experiência" nas Cartas Ânuas

Nesse horizonte, ocorre a redação das Cartas Ânuas. Como já foi dito, escolhemos as cartas que se referem ao início da experiência reducional para nelas apreendermos a elaboração da experiência, nas diversas e múltiplas dimensões acima assinaladas.

Nas primeiras cartas de Torres Bollo, é descrita a experiência modelar dos missionários jesuítas colocada em prática na ação. Um aspecto muito importante

---

59 *Ibidem*, p. 138.

60 *Ibidem*, p. 136.

61 *Ibidem*, p. 248.

62 Infelizmente, mais tarde serão criadas novas estruturas e funções, baseadas nas "Leis das Índias" – por exemplo, uma forma de governo municipal com corregedores, *cabildos*, alferes, secretários, promotores públicos e outros cargos –, o que implicou transformações significativas em relação ao sistema indígena.

63 Vieira, *Sermões*, 1993, v. V, p. 341-342.

desta é o desejo da convivência com os indígenas e, na medida em que esta ocorre, o amadurecimento da decisão de viver permanentemente entre eles. A narrativa de Torres Bollo parece estruturar-se por volta de um único eixo persuasivo: é preciso mostrar que a missão nas Reduções realiza a vocação jesuíta. Este objetivo se fazia necessário pois possivelmente haveria no âmbito da Companhia visões diferentes a respeito da oportunidade do envio dos missionários a esses destinos.[64]

O cuidado em explicitar a experiência modelar, atuada nas vivências daqueles primeiros companheiros em missão relatadas nas Cartas Ânuas, evidencia-se na ênfase quanto ao protagonismo deles: de fato, há muitas citações de missivas destinadas ao Provincial e escritas dos locais de missão. Tais citações servem para evidenciar o ocorrer da experiência missionária como *peiria* (prova, verificação do projeto evangelizador) e como aquisição da *empeiria* (conhecimento da nova realidade). Os êxitos quanto à evangelização dos nativos, inicialmente escassos, não constituem, portanto, o critério principal para avaliar a bondade da empresa. Assim, nas cartas, o relato das circunstâncias do presente missionário visa sempre as reconduzir à dimensão da realização do ideal vocacional do jesuíta. Nessa perspectiva, Torres Bollo descreve nos detalhes as difíceis condições de vida nas quais versam os missionários na busca por estabelecer contato com os indígenas e fazer-lhes a proposta da Redução. A ênfase na escassez da comida e nos inúmeros perigos do território e das populações serve para evidenciar a decisão daqueles enviados quanto à sua missão e para compor o retrato de suas vidas itinerantes e pobres, feitos peregrinos como o santo fundador, Inácio. O caminho impérvio e fatigante é, por si mesmo, gesto de oração, de penitência e de imitação; e a aceitação das condições árduas da vida torna-se também prática espiritual.

Ao retratar a experiência interior daqueles enviados, Torres Bollo reserva um espaço à manifestação dos afetos. Dentre eles, há o afeto da esperança. São recorrentes expressões come estas: "Verdade é que não conseguiram fazê-los cristãos, porém, há uma esperança fundada de que conseguirão fazê-los logo";[65] "grandes esperanças do serviço de Deus que prometem, e ajuda das almas";[66] ou "temos firme esperança de que na Ânua do ano que vem, poderemos dizer a Vossa Paternidade que não apenas terminou o serviço pessoal no Reino do Chile, como

64 Morales, *A mis manos*, 2005.

65 Carta de 1612 (Leonhardt, 1927, p. 450).

66 Leonhardt, 1927, p. 493.

também está em bom estado a paz que tantas almas e fazendas custou".[67] Lembre-se que, na concepção do dinamismo psíquico da psicologia filosófica dos jesuítas, exposta nos tratados conimbricenses, esse afeto é um apetite intelectual que brota quando se busca a realização de um bem árduo. Especificamente, trata-se de um fenômeno próprio do apetite irascível que imagina poder conseguir o bem almejado.[68] No âmbito da classificação aristotélico-tomista dos afetos, divididos em dois grupos (os que pertencem ao apetite concupiscível e os que pertencem ao apetite irascível), a esperança é colocada nesse segundo grupo, e se manifesta quando imaginamos poder conseguir um bem árduo. A esperança, assim como os demais afetos, pode se manifestar com grande intensidade, e os efeitos disso são descritos por Manuel de Góis, autor dos tratados, usando a metáfora dos ventos: "como estes perturbam o mar com as tempestades, assim aquelas perturbam o espírito com movimentos turbulentos. O que alguém expressou deste modo: 'A esperança levanta os ânimos'".[69] Numa tradução literária desses saberes filosóficos, Antônio Vieira, no *Quinto discurso das Cinco Pedras da Funda de Davi* (1676), refere-se à esperança como o afeto capaz de realizar uma, de outro modo impossível, operação: "A esperança é um afeto que do tempo faz eternidade".[70] Ao comentar que aquele que dedica sua vida ao serviço de Deus "serve e espera juntamente", ele afirma que "a vida dos que não esperavam era tempo: a vida dos que esperavam era eternidade". É possível, portanto, que o afeto da esperança possa transformar "um tormento, que do tempo faz eternidade, com um gosto, que da eternidade faz tempo".[71] A vivência de um "tormento" transformado em "gosto" é narrada na carta de Torres Bollo de 1612, quando descreve a missão dos jesuítas Giovanni Dario e Orácio Morelli junto aos indígenas Calchaquis:

> Se o fruto desta missão será na medida dos trabalhos e perigos que nela passam os padres Júlio (Giovanni) Dario e Orácio Morelli, será muito grande, pois esses são muitos e grandes. Sua comida é um pouco de farinha, milho e água, e na festa, alguns *frijoles* (pasta de feijão). Seu leito é o chão, sem mais que um pequeno colchão. Seu ordinário caminhar é a pé, por caminhos e riachos tais que quase os obrigam a

67 *Ibidem*, p. 491.

68 Góis, *Ética*, 1957.

69 *Ibidem*, p. 203.

70 Vieira, *Sermões*, v. V, 1993, p. 679.

71 *Ibidem*, p. 697.

> ficarem de joelhos a cada passo, ou para dizer as litanias para que os Santos os livrem de algum perigo, ou para dar graças a Deus de tê-los livrado. Andam em contínuo movimento. Subindo e descendo o Vale. Os perigos não são menores do que os trabalhos.[72]

Circunstâncias similares eram frequentemente narradas nas cartas, conforme pode-se verificar nas mais antigas escritas no Brasil. Veja-se, por exemplo, as palavras com que José de Anchieta descreveu em 1555 a subida da íngreme Serra do Mar, "que é caminho mui áspero e creio que o pior que há em muita parte do mundo, de atoleiros, subidas e matos", "dormindo de noite com a camisa empapada em água e sem fogo entre matos".[73] Em suma, na correspondência jesuítica evidencia-se com frequência a complementaridade paradoxal entre a intensidade das dificuldades e o afeto da esperança.

A experiência dos primeiros encontros com os nativos retratada por Diego de Torres Bollo não revela traços de espontaneidade e afetividade, mas, pelo contrário, mostra-se orientada por critérios ideais preestabelecidos. Tomemos como exemplo o relato da entrada de dois padres italianos, Giuseppe Cataldini e Simone Mascetta, nos territórios ocupados pelos Guaranis no Guairá – a saber, na região chamada de *Tibajida* (correspondente ao rio Tibagi, atual parte centro-oriental do Paraná, no Brasil, onde pretendiam pôr os pilares da primeira Redução seguindo as Instruções).[74] O Provincial, na carta de 1612, narra que a chegada dos missionários num espaço habitado por vários grupos indígenas imediatamente chamou a atenção destes, que lhes foram ao encontro de modo aparentemente amigável. Relata a carta: "Saíram ao seu encontro muitos indígenas de diversas nações em suas canoas. Cada um desejava e pedia que os Padres fossem a suas

72 Leonhardt, *Cartas*, 1927, p. 514.

73 Anchieta, *Cartas*, 1988, p. 159.

74 Na língua tupi, "*Tibagy*" significa o "rio do pouso, o rio da parada". Rico de pedras preciosas, o rio era alvo de incursões de bandeirantes paulistas. Todavia, as populações nativas ocupavam aqueles territórios há muito tempo. Pesquisas arqueológicas evidenciam que os primeiros povos chegaram à região do médio rio Tibagi há cerca de 10.000 anos. As pesquisas atuais mostram que estas regiões, na época da penetração dos missionários, eram ocupadas por populações da tradição Itararé-Taquara, grupos indígenas da família linguística Jê, característicos das terras altas do sul do Brasil. Esses indígenas moravam em estruturas parcialmente subterrâneas e viviam da caça, coleta e plantio de mandioca, milho e feijão. Eram ceramistas e agricultores com uma longa tradição, considerando que fazia mais de dois mil anos que os ceramistas da Tradição Tupi-guarani, ancestrais de indígenas Tupis e Guaranis, vindos da Amazônia, tinham aparecido em território paranaense (Parellada, *Arqueologia*, 2007).

terras".[75] Nesse ponto, não comparece nenhuma descrição desses indígenas. De fato, Gadelha (2005) assinala a existência de diferenças entre as Ânuas dos padres vindos para o Brasil nas primeiras missões, entre 1549 e 1568, e as Ânuas do Paraguai. Nestas, os jesuítas já não descrevem o modo-de-ser dos Guaranis, como seus antecessores do Brasil fizeram ao descreverem o mundo Tupi:

> De fato, as Cartas Ânuas paraguaias expressam a realidade de um mundo já colonizado e as relações formalizadas dos padres com Guaranis reduzidos. Quando se referem aos Guaranis livres, faltam os detalhes da surpresa perante o inusitado, encontrados nas cartas do século XVI que retratam com detalhes a terra e as gentes *brasilis*, preocupando-se em bem informar o Pe. Ignacio de Loyola e seus companheiros, da forma mais detalhada possível, as impressões e os conhecimentos.[76]

Há um detalhe da narrativa daquele primeiro encontro que merece atenção. O lugar onde os dois missionários tomaram assento encontrava-se sob a liderança do cacique Guaimbaró: este vivia numa casa comunitária de uma família extensa numa aldeia com população de 200 indígenas Guarani.[77] Aqueles indígenas, sabendo que os padres entraram em sua terra, foram os primeiros que saíram a recebê-los e ofereceram, de imediato, suas terras para que nelas assentassem a residência. O cacique cedeu a sua própria casa para eles ocuparem até que conseguissem construir a sua própria. Os padres observaram o local e, aparentemente, este poderia corresponder ao que eles queriam, pela facilidade de acesso pelo rio. Entretanto, não aceitaram o convite, algo aparentemente incompreensível. As razões desta conduta, porém, estão no fato de que Cataldini e Mascetta deviam seguir o que lhes fora determinado nas Instruções, ou seja, a norma de que, antes de se fixarem, ocorria conhecer bem a região para que pudessem fazer a escolha certa e evitar um possível fracasso do plano missionário. A norma para eles traçada nas Instruções era de que procedessem numa exploração do território geograficamente melhor para estabelecerem o assentamento que originaria a criação da Redução. Os critérios da escolha eram indicados no Memorial e nas Instruções e aqui evidenciados na carta: terras maiores e mais espaçosas, nas partes altas, próximas ao rio com acesso fácil pela navegação. A conduta dos dois retratada na carta do Provincial encarna a experiência modelar

75 Leonhardt, *Cartas*, 1927, v. I, p. 495.

76 Gadelha, "A experiência", 2005, p. 281-282.

77 Techo, *Historia*, 1897.

jesuítica moldada pela virtude da obediência aos Superiores. Nesse tipo de experiência, a deliberação é plasmada pela obediência e não apenas pela coragem e pela curiosidade diante da presença da alteridade; tanto menos pela espontaneidade e pelas reações afetivas.

Outro aspecto da experiência missionária focado em alguns parágrafos dessa mesma carta de 1612 é a aquisição da "experiência das coisas", através das conversações com os indígenas, conforme recomendado no Memorial. De fato, Cataldini e Mascetta, uma vez feita uma prévia escolha do local, visitaram novamente as aldeias e se aproximaram dos caciques. Nas conversações com eles, foram confirmados quanto à escolha do rio Pirapó como área adequada para a criação da primeira Redução. Importava aqui a correspondência entre o sentido do nome do rio na língua Guarani e os critérios de escolha do lugar para a fundação, indicados nas Instruções. Lembre-se que estas recomendavam a escolha de locais ricos em abundância de água, pescarias, boas terras não alagadiças, clima agradável, isentas de mosquitos e de outros incômodos. E os nomes de alguns rios na língua Guarani eram indicativos dessas qualidades.[78] Pirapó quer dizer "barulho de peixe" e "vista de peixe", ou seja, lugar no qual se pode ouvir o som e ver os peixes. Assim, seguindo as Instruções de Torres Bollo, os jesuítas as acomodaram ao conhecimento, transmitindo-lhes pelos nativos. O entendimento do sentido dos nomes de rios e de locais, dos acidentes geográficos, da vegetação, do solo e de outros objetos torna-se uma porta para o reconhecimento da cultura Guarani. Portanto, o nome Pirapó certamente valeu como indício e justificativa para a escolha do lugar.[79] Em suma, a "experiência das coisas", obtida pela observação e pela conversação com os indígenas no idioma deles, é elemento muito importante para o bom êxito da missão. Essa experiência, por sua vez, é sempre elaborada em obediência às recomendações das Instruções do Superior acerca da necessidade do conhecimento e da prática da língua dos nativos. Na peregrinação dos missionários em busca do lugar onde iniciar a construção, o reconhecimento do território, o contato com aqueles que o ocupam e as decisões tomadas são sempre atos realizados em obediência.

78 Montoya refere-se a isso: "Paranã – dizem a alguns rios grandes, parentes do mar. Pane – desditoso, desventura, sou sem ventura, sou desgraçado. Pirá – pescado. Pirá ri – rio de pescado. Piráqua – avenida de pescado, cardume. Pó – demonstrativo do que se ouve, e se vê, ou não se vê, som, golpe ou ruído. Pó hecõni – ali está o ruído. Pó turi – ali vem. Pó yhõni – lá vai. Pó iquai – ali passa" (Montoya, *Conquista*, 1892, p. 262, 297 e 303). Assim, Paranapanê quer dizer "rio ruim" (Paranã = rio grande) e (Pane = desgraçado).

79 Manfrin, "Loreto", 2002.

Na carta de 1612, a fundação do primeiro assentamento é retratada com palavras que marcam o valor simbólico da aliança estabelecida com os indígenas e que quantificam a entidade numérica das adesões indígenas, tendo em vista a consolidação do projeto missionário: "No fim do primeiro assentamento e acordo, trocaram a palavra e deram seu nome para fazer dos povos um só e no mesmo Pirapó de 3 mil índios que contados com suas mulheres e filhos [...] são dezoito mil almas".[80] A experiência exemplar da vocação jesuítica vivenciada por aqueles dois missionários é, portanto, coroada pela bênção de grandes frutos: "Logo pelo rio acima como oito léguas, dever-se-ia formar outro povoado de outros dois mil índios, que será de 12 mil almas. E é tanta a quantidade de gente circunvizinha que pede sacerdotes".[81]

Um importante aspecto da experiência evidenciado pelas Cartas Ânuas de Torres Bollo é o fato de que, apesar da comprovada braveza dos indígenas, os missionários aprendem a viver no meio deles, de modo que, após algum tempo, percebem-se como se estivessem em suas próprias casas. Algo semelhante constava nas cartas missionárias do Brasil.[82] Na carta enviada a Acquaviva de Córdoba de Tucumán, em 15 de fevereiro de 1612, o adendo contém, entre outras, a missiva do Padre Pedro Romero,[83] em missão entre os Guaycurus.[84] Romero escreve

80 Leonhardt, *Cartas*, 1927, p. 498.

81 *Ibidem*, p. 498.

82 A carta do jesuíta José de Anchieta, enviada aos irmãos da Enfermaria do Colégio de Coimbra e escrita do Brasil, da cidade de São Vicente, em 20 de março de 1555, relata sua boa disposição física, apontando a melhoria alcançada na vida missionária, e afirma: "Podereis ver minha disposição pelas cartas que de cá escrevo, as quais parecia impossível eu poder escrever estando lá" (Anchieta, *Cartas*, 1988, p. 158).

83 Da biografia de Pedro Romero sabemos, segundo o *Catálogo* de H. Storni (1256/56), que ele nasceu em 1585 em Sevilla (Espanha) [P 4/1, 47]; foi em 1607 ao Paraguai [*idem*]; em 1607 a Santiago do Chile [Lozano I, 738s]; em 1611 a Trejo, Santiago del Estero (Argentina) [*ibidem*, II, 268]; em 20 de outubro de 1619 a Encarnación (Misiones, Argentina) [H 37, 117]; e se tornou Superior de guaranis (1631-1636); morreu em 22 de março de 1645 em Itatín (Paraguai).

84 Os grupos indígenas cujas línguas pertencem à família linguística guaicuru eram famosos por serem guerreiros. Migraram para o território brasileiro, na região dos estados do Mato Grosso do Sul e Goiás, fugindo da colonização na região do norte do Paraguai. Na época da conquista hispânica, essa denominação também foi utilizada para referir-se a outros grupos de nativos que habitavam o curso superior do Rio Paraguai. Trata-se de um termo originalmente pejorativo que resulta da conjunção das seguintes palavras em língua guarani: "*Guá*", partícula que significa "gente, habitante, nativo"; "*Aí*", quer dizer "malvado, falso, traidor"; e "*Curú*", que significa "sarna", e portanto "*icurú*" significa "cheio de sarnas ou com a pele suja". Nesse contexto, pode-se traduzir essa denominação como: "gente malvada e com a pele suja". No século XVI, os nativos dessa etnia habitavam a região do Chaco, divididos em dois núcleos: um mais ao sul (Guaicurús), localizado na margem ocidental do Rio Paraguai, nas proximidades de

que, apesar desses povos serem muito temidos, estando "sempre com armas em mão, mais que tigres e leões em suas terras",[85] inesperadamente "não sei eu por qual milagre de Deus, eles se submeteram a nós e são disponíveis a tudo o que nós queremos". E é um milagre "que como somente dois padres estejamos entre eles em segurança, assim como poderíamos estar num Colégio da Companhia".[86] Com efeito, a experiência missionária dos jesuítas é moldada pela percepção da constante intervenção sobrenatural. Eles contam com a presença divina como mediadora de suas interações com os indígenas. A expressão utilizada na carta por Romero, "estamos em segurança entre eles assim como num Colégio da Companhia", assinala a possibilidade de uma vivência comunitária com os indígenas, obtida não pela força militar ou numérica ("estamos apenas em dois"), mas sim por um evento prodigioso (chamado de "milagre") de acolhida e de confiança recíproca. A vida na terra dos Guaicurus se compara, portanto, à vida num Colégio da Companhia: mais uma vez a terra de missão se identifica com as condições necessárias para viver a própria vocação religiosa.

Outra Carta Ânua de Torres Bollo a Acquaviva, de 1614, descreve a continuidade da missão de Pedro Romero e Antônio Moranta entre os Guaicurus e o consolidar-se da experiência narrada em 1612. Alguns sinais na conduta dos indígenas causam "grande consolação" aos dois jesuítas: "Estes são já muito mais acessíveis, ouvem a doutrina, têm afeto para os Padres, e os consideram como enviados do Céu". Acessibilidade, escuta, afeto e estima são indícios do estabelecimento de uma relação de confiança.[87] Não sabemos quais foram as reais razões pelas quais os guaranis tentaram uma aproximação. Todavia, importa frisar que, na interpretação dos jesuítas e, de modo específico, de Torres Bollo, para aqueles indígenas, tanto fiéis como infiéis, "somos os únicos e verdadeiros protetores e pais".[88] E relata a correspondência dos indígenas ao trabalho dos missionários, mesmo antes da conversão, afirmando que eles "cuidam dos nossos", "com suma confiança": "E andam os nossos entre os índios infiéis com suma segurança. E estes, assim como os cristãos, cuidam dos nossos com todas as suas necessidades

onde, atualmente, está localizada a cidade de Assunção, e outro núcleo mais ao norte (Mbayá), também na margem ocidental do Alto Paraguai.

85 Leonhardt, *Cartas*, v. 1, p. 532.

86 *Idem*.

87 *Ibidem*, v. II, 1929, p. 449.

88 *Ibidem*, p. 489.

espirituais e temporais com suma confiança e nos dizem com frequência o que padecemos por eles". Torres Bollo insinua que os indígenas se reconhecem objeto da dedicação dos missionários. A transcrição de trechos das cartas dos dois missionários realizada pelo Provincial na Carta Ânua serve para comprovar o juízo quanto à realização da vocação jesuítica através da vivência missionária:

> E eles em cada carta que me escrevem, e manifestam seu contentamento de estar nesta Redução, onde podem fazer tanto para a glória de Deus e bem dos índios. Assim, por exemplo, escreve Padre Pedro Romero: "Estou muito agradecido pelo favor de poder trabalhar entre os índios. [...] Não desejo outra coisa que viver e morrer entre os índios".[89]

Torres Bollo cita também uma carta do Padre Moranta:[90] "Eu vivo aqui tão contente que me sinto como que submergido pela torrente das delícias celestiais. Por isso, tão encarecidamente suplico a Vossa Reverência que me deixe por toda a minha vida nas missões dos índios".[91] A realização da vocação missionária é comprovada pela vivência de afetos intensos qual o contentamento que sustenta a decisão de permanecer junto àquela comunidade de indígenas.

A Carta do Provincial sucessor de Torres Bollo, Pedro de Oñate, enviada em 10 de fevereiro de 1620, referente aos anos de 1618 e 1619, confirma o quanto foi narrado pelo seu antecessor e descreve as comunidades de Loreto e de Santo Inácio como exemplares das primeiras realizações dos objetivos do projeto missionário. A proteção de Nossa Senhora de Loreto e do Santo Padre fundador Inácio acompanha bem de perto a vida desses dois povoados. A narrativa ressalta os aspectos da exemplaridade no âmbito da vida cotidiana: as relações de fraternidade travadas entre aquelas duas comunidades; e o trabalho organizado e compartilhado entre jesuítas e guaranis, que compreendia a agricultura, a pecuária, a edificação de igrejas e casas e a experiência modelar do núcleo central dessas Reduções, constituído pela própria comunidade dos cinco religiosos. Desse modo, os dois povoados representam a preciosa verificação prática do sucesso do projeto missionário das Reduções: "[...] os índios estão reduzidos na forma de uma muito ordenada república", um

---

89 *Ibidem*, p. 450.

90 Quanto à biografia de Antonio Moranta, sabemos por Storni (1980) que ele nasceu em 1579 em Palma (Mallorca, Espanha) e foi enviado em missão para Buenos Aires e depois para Assunção em 1615, falecendo nesta em 1645.

91 Leonhardt, *Cartas*, 1927-1929, v. I, p. 450.

acontecimento que parece ser único naquelas terras: "[...] isto é ainda mais precioso numa terra onde jamais se viu nada disto".[92]

> Estão quase a quatrocentas léguas de Asunción na direção do Norte ou Nordeste, por caminhos muito ásperos e dificultosos parte por terra, parte pelos rios do Paraguai e do Paraná e em parte mal seguros pelos índios em guerra. De modo que é impossível que o Provincial em algum ponto as visite. Residem nelas cinco Padres: dois em San Ignacio e dois em Loreto; e o Superior. Distam uma das outras não mais de duas léguas. Cada uma tem mais de 800 índios que pagam impostos, o que significa que ao todos serão cerca de 81 mil almas. Todos foram trazidos ali pelos Padres para a obediência a Deus e ao Rei. E têm trabalhado tanto com eles que já há povoados muito formados, casas e sementeiras. E estão reduzidos na forma de uma muito ordenada república, isto é ainda mais precioso numa terra onde jamais se viu nada disto. Têm feito os Padres estâncias de vacas, ovelhas, cabras e plantações de vinhas e canas doces e construído casas e igrejas admiráveis e capacíssimas, sendo os mesmos Padres os lavradores, vinhateiros, carpinteiros, pedreiros e arquitetos e ensinando aos índios os diversos ofícios. Porém, chegando ao que importa. Ali os Padres têm procedido tão santamente e apostolicamente que, guardando tanta disciplina como em um rigoroso noviciado, têm colocado seu sino em cada Redução e colocado toda a ordem do Colégio e têm vivido com tanta união que parecem uma só alma e um só espírito. Cuidam uns dos outros com suma caridade, e resplandece neles a devoção e espírito de Deus. Com isso, têm doutrinado com tanto zelo, espírito e fervor a seus índios, que não apenas não tem entre eles nenhum infiel, como também não se vê mais entre eles nenhuma superstição, bebedeiras, amancebamento, mesmo que no começo tivesse tudo isso. Sabem todos muito bem a doutrina cristã e têm feito muito bom conceito dela. E todos se confessam não apenas uma vez senão muitas vezes ao ano.[93]

A evangelização é possível somente quando a comunidade que evangeliza vive uma experiência exemplar e quando ela se envolve na vida das pessoas, inclusive através do trabalho comum, colocando-se, assim, como presença educativa dentro das circunstâncias concretas da vida cotidiana – em primeiro lugar, o trabalho.

92 *Ibidem*, v. II, 1929, p. 204.

93 *Idem*.

Dinamismo psíquico e vivência missionária: os afetos

Na Carta Ânua de 1611, Torres Bollo cita uma missiva recebida por Marciel de Lorenzana,[94] o qual descreve a vivência pessoal dos afetos da consolação e ternura, movidos pela conversão e pelo evento do batizado de alguns guerreiros guaranis, fato este especialmente significativo pois aconteceu ao longo da preparação para uma batalha árdua. Na ocasião, aqueles guerreiros guaranis reconheceram e pediram para receber o sacramento do batismo como fonte de força para a luta: "Batizados todos os guerreiros com grande consolação deles e minha, a ponto de que parecia um dia de grande festa e alegria, mais do que de batalha contra o inimigo".[95] O conhecimento deste fato moveu as mulheres e os anciãos da tribo, refugiados no monte pela iminência da guerra, para também descerem e pedirem que lhes fosse ministrado aquele sacramento:

> Chegou a voz ao monte do que tinha acontecido dentro da igreja. Aqui era um espetáculo de grande ternura, começar a sair do monte as mulheres e correrem até a igreja. E as velhas de setenta e de oitenta e de cem anos com seus báculos nas mãos, tão depressa que pareciam moças na idade e esquecidas de todo perigo para o corpo, que tão depressa tinham somente recordando-se da vida da alma. E assim me diziam: "Padre, batiza-nos, fazei-nos filhas de Deus, pois pode ser que nós morramos". Tendo então realizado a mesma preparação com elas assim como fiz com os homens, as batizei com minha grande consolação.[96]

Lorenzana interpreta o seu relacionamento com os indígenas qual reflexo da Paternidade divina e evoca a experiência afetiva da consolação, algo que acontece "no meio deles": "Experimentamos aqui uma paternal e amorosa providência do Senhor em consolar-nos no meio de todos eles".[97]

Que tipo de afeto é a consolação? Já foi dito que a consolação é um apetite intelectivo tipicamente jesuítico, descrito por Inácio de Loyola em seu *Diário Espiritual*.[98] Trata-se de um fenômeno complexo (um "movimento interior") que

94 Padre Marciel de Lorenzana (1565-1632), cuja biografia foi escrita pelo contemporâneo Padre Diego de Boroa, foi um dos primeiros jesuítas espanhóis enviados do Peru para as terras do Guairá para o início do projeto reducional (Page, *La biografía*, 2017).

95 Leonhardt, *Cartas*, 1927, v. I, p. 500.

96 *Ibidem*, p. 501.

97 *Idem*.

98 Loyola, *Diário*, 1996, p. 72.

envolve a dimensão psíquica da pessoa, mas também a corporal e a espiritual, e reúne em si vários afetos: a esperança, o amor, a comoção até as lagrimas, a dor e a alegria. Tais afetos promovem a aquisição de virtudes no plano espiritual: fé, caridade e esperança. Lembre-se que a concepção inaciana do dinamismo pessoal se constitui no alicerce de uma antropologia unitária de matriz grega e medieval, onde não há solução de continuidade entre fenômenos corporais, anímicos e espirituais; onde os saberes dos filósofos e teólogos e os saberes dos médicos se complementam, expressões de um universo de sentido unitário.[99] O fenômeno da consolação é um exemplo dessa visão unitária onde corpo (lágrimas), psique (amor, dor, alegria, quiete e pacificação) e espírito (aumento de esperança, fé e caridade; chamado e atração às coisas celestiais e à salvação de sua própria alma) se interpenetram. Na vida dos missionários, a consolação brota quando se reconhece uma correspondência entre a circunstância vivida e o ideal, e conduz à decisão de um empenho ainda mais intenso à missão, em particular à dedicação e ao convívio com os indígenas, como reafirma Lorenzana:

> E assim, no que me diz respeito, estou resolvido a não os desamparar por qualquer perigo que haja (isto escrevi respondendo a um Superior que me convidava a dizer se eu gostaria de sair daquele povoado). Nem me parece que com boa consciência poderia fazê-lo pois o Bom Pastor dá a sua alma para suas ovelhas etc.; eu ficaria sozinho entre eles se for necessário, e digo que a meu ver de nenhuma maneira eu poderia desamparar a estas gentes com boa consciência, pois não vejo nelas nenhum gênero de malícia.[100]

O envolvimento afetivo com os nativos leva o missionário a uma experiência e a um conhecimento a partir do qual ele formula um juízo sobre a bondade natural dos indígenas.

Em outras cartas também o brotar de afetos é representado qual sinal do estabelecimento de uma relação positiva entre indígenas e missionários, conforme testemunha a seguinte carta, escrita pelo Padre Pedro Romero e citada pelo Provincial em sua Ânua. Romero narra que, não muito distante da redução em que vive, mora um cacique, com grande séquito:

---

99 Na Modernidade, a constituição de uma nova antropologia filosófica de matriz cartesiana levará a uma separação radical entre fenômenos do espírito, do psiquismo e da corporeidade, onde as diversas áreas do conhecimento reivindicarão sua autonomia quanto a métodos e objetos.

100 Leonhardt, *Cartas*, 1929, v. I, p. 502.

> A este Dom Juan (assim se chama apesar de ainda não ser batizado) temos atraído a nós com tão grande êxito que veio nos visitar com seus seguidores e com sua família, com grandes sinais de afeto para nós. Prometi a ele que Vossa Reverência enviaria a eles dois missionários; notícia pela qual se alegrou muito, prometendo ele de sua parte que em suas terras destinaria um lugar apto para a Redução e para a vivenda dos índios; cumprirá suas palavras pois ele é dócil assim como o são os seus índios, de gênio bom e dispostos para ouvir a pregação evangélica.[101]

Os sinais de afeto do cacique vão desde a assunção do nome cristão até as visitas com seguidores e familiares, a alegria pela chegada de missionários em suas terras. Para o missionário, essas manifestações são indícios que reforçam nele a convicção de que aquele indígena "cumprirá sua palavra", de que é "dócil" assim como o são seus seguidores, de que aquele povo "tem um gênio bom e disposto para ouvir a pregação evangélica". Neste caso também, a manifestação de sinais de afetos pelos nativos leva o missionário a elaborar um juízo positivo quanto à bondade natural dos indígenas.

Isso coloca em evidência a importância das vivências afetivas na relação com os indígenas, tendo em vista o incremento do trabalho missionário dos jesuítas. Com efeito, na concepção aristotélico-tomista de "pessoa" que inspira os jesuítas, os afetos (ou apetites sensoriais) movem a vontade (apetites intelectivos), criando disposição para a compreensão, a persuasão e as mudanças de conduta.[102] Segundo os tratados conimbricenses, os afetos intensos, se forem ordenados pela razão, são possíveis condições para a virtude: "Se lhes antepusermos a razão como senhora (a que se submetem com obediência civil), podem ser utilizadas para a moderação e o equilíbrio e chamadas para as obrigações das virtudes, merecendo louvor e prêmio".[103]

Vimos que a aprendizagem do idioma indígena é uma das condições para a convivência com os nativos, conforme as Instruções e o Memorial. O missionário Antônio Moranta escreve, citado por Torres Bollo:

> São todas coisas que me deixam consoladíssimo e me fazem abraçar todos os trabalhos e atropelar dificuldades porque ao fim gastei toda a minha vida em aprender uma língua tão esquisita e dificultosa e com tão pouca ajuda humana para aprendê-la. E apesar de eu não fazer nenhum

101 *Ibidem*, p. 532.

102 Massimi, *Psychological*, 2020.

103 Góis, *Ética*, 1957, p. 199.

> fruto (como dizem os espanhóis), eu me reconheço muito bem pago por ter realizado minha obediência.[104]

Na perspectiva de cada jesuíta, "realizar a obediência" é o fio condutor da experiência. E aqui, a documentar esta realização, há o manifestar-se do afeto mais importante na linguagem jesuítica: a consolação. Afeto que, assim como descrito no trecho acima, parece agregar força à ação evangelizadora.

O epílogo da experiência na carta-testamento de Diego de Torres Bollo

Na carta para Acquaviva de 1615, a última Ânua que escreveu no cargo de Provincial, Torres Bollo sintetiza os fatores da experiência vivida pelos missionários e coloca uma ênfase particular no início da nova obra das Reduções, marcada pelo "turbilhão das persecuções" e pelo "entusiasmo dos padres", seguidores dos exemplos de Inácio e Loyola e do próprio Cristo.

A carta delineia o retrato daquela que, na perspectiva do autor, seria a experiência modelar jesuítica encarnada nas circunstâncias da vida missionária, e apologiza o contexto das Reduções recém-formadas como plenamente adequado para nelas se viver essa experiência. Lembre-se que a função da Carta Ânua é também a de ser um meio para elaborar e comunicar essa experiência, de modo a ser disponível para todo o corpo da Companhia espalhado pelo mundo e a contribuir para sua edificação; e deve ter qualidade persuasiva para suscitar novas vocações missionárias através de sua leitura. Desse modo, essa Ânua de Torres Bollo apresenta-se como uma síntese dos resultados do trabalho missionário do autor, sobretudo quanto à criação da Província do Paraguai, tendo em vista transmitir a memória junto às novas gerações da Companhia e convencer os Superiores e os leitores de que a experiência modelar inaciana pode se realizar integralmente nas terras guaraníticas daquelas longínquas partes da América Latina.

Ao narrar a vida dos missionários naqueles primeiros espaços reducionais da Província do Paraguai, Torres Bollo evidencia que se trata de experiências que, apesar de ocorrerem num lugar particular, podem acarretar "consolação e glória para a Universal Companhia":

---

104 Leonhardt, *Cartas*, 1927, v. I, p. 533.

> Estou convencido de que as anteriores Cartas Ânuas, enviadas destas partes, têm sido de grande consolação e de não menor glória para a Universal Companhia, seja pela conhecida caridade de sua Paternidade para esta Província, seja pelo mútuo amor que existe entre nós.[105]

Descreve vários aspectos do trabalho missionário já realizado e ressalta "a notícia dos prontos e assíduos trabalhos dos Nossos em favor do povo"; bem como o empenho "para a abolição da escravidão dos índios, e a devolução de seu correspondente e da verdadeira liberdade".[106]

Torres Bollo declina na escrita as razões do incremento do estilo missionário jesuítico, o "nosso modo de viver", que se pode observar naquelas terras de missão. O ponto principal assinalado é a presença do "fervor do espírito", interpretado como continuidade daquele fervor próprio da história milenar do cristianismo, transmitido a Inácio de Loyola e por ele à Companhia. Desse fervor, "procede como de sua abundante fonte o bom cumprimento de nossos deveres". E, paradoxalmente, "aquele antigo fervor da nascente Companhia, seu amor ao grande Deus e aos homens, de ali se incendiou, ou seja, do turbilhão das perseguições".[107] Disto brota "o entusiasmo de todos os nossos Padres, ainda mais fervoroso e resplandecente este ano, porque houve muitas perseguições em todas as partes, tanto que não esteve livre delas nenhum lugar, nenhuma das nossas casas mais importantes destas Províncias".[108]

Torres Bollo delineia os frutos desta experiência usando a metáfora do fogo (fervor) e das chamas (efeitos) que se fazem presentes naquelas comunidades de missionários. Em primeiro lugar, o aumento ("se incendeu muito") do "amor mútuo" e da "íntima união". Em segundo lugar, "o amor à pobreza", que "resplandeceu cada vez mais", "não atraindo nenhuma comodidade humana ao nosso coração cheio de desejos celestiais".[109] Em terceiro lugar, o amor a Nossa Senhora, na carta especificado na forma do culto da Virgem de Loreto, a quem vimos Torres Bollo ser muito devoto e a quem se dedicou uma das primeiras Reduções ("uma grande devoção à Virgem de Loreto, ela que em quase todas as partes possui uma capela muito frequentada"). Em quarto lugar, as "chamas" se

105 *Ibidem*, p. 266.

106 *Ibidem*, p. 267.

107 *Ibidem*, p. 268.

108 *Idem*.

109 *Idem*.

manifestam nos inúmeros sinais da Providência divina: "É uma admirável bondade e providência de Deus para conosco, já que não temos nada e possuímos tudo".[110] Em quinto lugar, a "chama" se evidencia no "grande empenho de todos os nossos e dos alunos desses seminários em aprender os muitos e difíceis idiomas dos índios", conforme desejado pelo fundador, pelo Padre Geral e pelo Padre Provincial. E, por fim, mas não menos importante, Torres Bollo ressalta o clima de recolhimento e a meditação com que os jesuítas se dedicam ao "estudo das coisas de Deus", não havendo contraposição entre a dedicação à evangelização dos indígenas e a vida de oração.[111]

A experiência narrada aponta para a presença de afetos de entusiasmo, consolação e amor como expressões daquele "fervor de espírito" que, ao longo da história, caracteriza o cristianismo autêntico.

A intenção persuasiva do escritor manifesta-se com potência nessa última carta: aqueles missionários pioneiros nos territórios reducionais têm uma autocompreensão de suas vidas, como sequela dos acenos da "divina direção", conforme ensinado pelos *Exercícios Espirituais*. Sobretudo, a carta revela a autocompreensão que Diego tem de sua própria intensa história missionária e de sua identidade de jesuíta. É uma documentação muito clara do quanto foi afirmado por A. Pécora acerca do sentido da carta jesuítica "como uma espécie de mapa retórico do progresso da conversão" de seu autor.[112]

A ênfase na experiência que vimos ser recorrente nos escritos e cartas de Diego de Torres Bollo tem o objetivo de marcar que o ideal somente se realiza na ação. A narrativa da sua própria vida e das vidas dos companheiros de missão, sintetizada nas cartas, visa espelhar na reconstrução do campo de ação das Reduções o programa ideal traçado no Memorial e nas Instruções, inspirado no modelo inaciano. Os traços da dimensão pessoal, inclusive psicológica, que evidenciamos na escrita (especialmente, os afetos) adquirem sentido pleno somente nesta perspectiva. A pessoa de cada missionário, no contexto de seu ambiente de atuação, é tomada como partícipe de uma comunidade, de um corpo maior, sendo a ação individual articulada a este. As vivências físicas, psicológicas e espirituais são interpretadas num universo de significado moldado pelos valores próprios do carisma inaciano. Nesse âmbito, a dimensão subjetiva espelha a dimensão

110 *Idem.*

111 *Idem.*

112 Pécora, "Cartas", 1999, p. 373.

comunitária. A narrativa de Torres Bollo aproxima do leitor esse universo ideal, declinado na epopeia missionária dele e de alguns dos seus companheiros no início daquela que se tornou uma história exemplar da presença dos inacianos no mundo: as missões jesuíticas nos territórios guaraníticos.

Palavras e Imagens

Palavras e almas: as diversas perspectivas dos guaranis e dos jesuítas

Palavras e almas na perspectiva dos guaranis: as fontes e seus autores[1]

O reconhecimento do valor da palavra oral e de sua capacidade de veicular ideias e modificar condutas representou um ponto de convergência entre a tradição indígena e a atuação dos jesuítas na América Latina colonial. Já foi evidenciado que os missionários observaram o fato de que a palavra era amplamente valorizada em sua conotação de comunicação, governo e cura, no âmbito da tradição cultural indígena: desde o século XVI, os relatos e cartas dos viajantes e missionários ressaltam a importante função a ela atribuída pelos nativos.[2] Nesse capítulo, serão aprofundados os significados que a palavra assume na tradição de algumas nações da etnia guarani, que nos séculos passados moravam nos territórios das Reduções. A seguir, será realizada uma comparação entre esses significados e os entendimentos que os inacianos missionários naquelas regiões possuíam acerca do tema.

Para compreender os significados da palavra na tradição guaranítica, serão usadas três fontes históricas redigidas por três autores que, em diferentes períodos históricos, conviveram com os guaranis e coligiram depoimentos deles: Antonio Ruiz de Montoya, Curt Nimuendajú Unckel e León Cadogan. Para compreendermos a perspectiva da escrita das fontes, através das quais pode-se conhecer algo sobre o valor psicológico e espiritual da palavra na cultura guarani, precisamos nos atentar para a biografia de seus autores. Com efeito, essas biografias evidenciam que as fontes de origem guarani, por eles transmitidas em textos escritos, foram coletadas através de uma longa convivência com essas populações, constituindo-se, portanto, em transcrições supostamente fiéis de relatos fornecidos pelos próprios indígenas.

Como já indicado anteriormente, Padre Antonio Ruiz de Montoya, nativo de Lima (1585), filho de pai espanhol e de mãe peruana, aos cinco anos órfão

1 Este tema é tratado também em um artigo enviado à revista *Memorandum: memória e história em psicologia*, em 2024.

2 Massimi, *Palavras*, 2005.

de mãe, e aos oito anos de pai, foi entregue a tutores, que o matricularam no Real Colégio San Martín em Lima, fundado pelos jesuítas nesta cidade. Permaneceu no colégio até os quinze anos, quando abandonou os estudos e passou a viver uma vida aventurosa; mas, em 1605, decidiu retornar aos estudos e, após praticar os exercícios espirituais inacianos, entrou na Companhia de Jesus em 22 de novembro de 1606. Acompanhou a expedição de Diego de Torres Bollo em direção ao Chile e enfim para Córdoba de Tucumán, participando do início da Província jesuítica do Paraguai. Após a ordenação sacerdotal, seguiu para Asunción, onde dedicou-se a aprender o idioma guarani.

Montoya se tornara um dos grandes protagonistas da história missionária da Província: presente na região do Guairá desde 1612, ele passou a auxiliar os seus companheiros nos cuidados espirituais dos guaranis, de 1615 até 1622. Seguindo o exemplo dos primeiros jesuítas na Província, realizou missões volantes buscando contato com os caciques da região e conseguindo ligar-se a diferentes grupos de indígenas, o que lhe deu a possibilidade de observar as distinções existentes entre cada grupo contatado e captar seus traços culturais, hábitos e formas de estabelecimento das relações sociais, relatados depois nos seus escritos, de maneira minuciosa, e condensados, especialmente no tratado *Conquista espiritual hecha por los religiosos de la Compañía de Jesus, en las Provincias del Paraguay, Parana, Uruguay y Tape* (1639). Montoya foi o principal responsável, entre os anos de 1622 e 1628, pela fundação das novas Reduções. Entre 1628 e 1631, devido aos ataques das bandeiras paulistas, essas Reduções foram destruídas e muitos indígenas foram aprisionados e levados para o trabalho escravo nos engenhos de cana-de-açúcar. A solução foi abandonar o Guairá para fugir dos bandeirantes: Montoya organizou o plano de fuga. A transmigração, que reuniu cerca de 12 mil indígenas, ocorreu em 1631 pelo rio Paranapanema, descendo o rio Paraná até as Sete Quedas. De lá, o grupo seguiu o trajeto a pé até o território situado entre o rio Paraná e o rio Uruguai.

Em 1636, Montoya foi nomeado Superior de todas as Missões e, diante da iminência de um novo ataque por parte dos bandeirantes e buscando a solução definitiva do problema, junto com o companheiro de missão Francisco Díaz Taño, ele foi para Madri e Roma para denunciar os crimes cometidos pelos bandeirantes e a conivência das autoridades coloniais e para propor o armamento de um exército indígena. Durante a estadia na Corte espanhola, na espera das resoluções do Conselho das Índias, Montoya escreveu a *Conquista Espiritual* e imprimiu três livros dedicados à língua indígena: *Tesoro de la lengua guarani*; *Arte, y vocabulario de la lengua guarani* e *Catecismo de la lengua guarani*. Ele retornou ao Vice-Reinado do Peru (1643) com as Cédulas Reais de aprovação do armamento indígena. No último período de sua vida, o missionário dedicou-se aos cuidados espirituais dos negros escravizados e ao ensino da língua guarani na Universidad San Martín. Antes de sua morte, em 1652, ainda escreveria o manuscrito *Sílex de el Divino Amor y Rapto activo de el Aníma, en la Memoría, Entendimiento y Voluntad que se emprende el Divino fuego mediante un acto de Fé*, que reporta os ensinamentos místicos que recebeu do indígena guarani Ignacio Piraycí.[3]

Curt Nimuendajú, cujo nome de origem é Curt Unckel, nasceu em 17 de abril de 1883 na cidade de Jena, Turíngia, Alemanha. Órfão de pai e mãe nos primeiros anos de vida, cursou o ginásio e ingressou como operário especializado em uma empresa de instrumentos óticos, dedicando-se no tempo livre a leituras de obras geográficas e etnológicas na biblioteca popular da empresa. Inspirado por essas leituras, aos 20 anos emigrou para o Brasil. Em São Paulo, estabeleceu os primeiros contatos com indígenas em 1905 e conseguiu ser acolhido por um grupo de Apapocúva-Guarani, com o qual conviveu de 1905 a 1907: adotado por uma família indígena, recebeu o nome Nimuendajú, que começou a usar em seus primeiros trabalhos publicados, a partir de 1908. Em novembro de 1925, casou-se com a potiguar Jovelina Nascimento e em janeiro de 1926 ganhou a cidadania brasileira, com o registro oficial do sobrenome indígena. Em 1910, entrou no Serviço de Proteção aos Índios (SPI) logo após sua criação e, em 1913, como servidor do SPI, mudou-se para Belém, onde permaneceu até seu falecimento. De 1916 a 1919, viveu nos seringais dos rios Iriri e Curuá e conseguiu realizar pesquisas etnográficas e linguísticas sobre os Xipaia e Curuaia. Em 1922 e 1923, estabeleceu os primeiros contatos com os Parintintins da região do Maici-mirim. De 1923 a 1927, realizou escavações arqueológicas no baixo Tapajós e na Ilha de Marajó para o Museu de Gotemburgo, na Suécia; e de 1928 a 1930 organizou duas expedições para os museus etnológicos de Leipzig, Dresden e Hamburgo. Através do apoio do Museu Paraense Emílio Goeldi (MPEG), conseguiu a publicação de seu primeiro trabalho científico, a conhecida monografia *As lendas da criação e destruição do mundo como fundamentos da religião dos Apapocúva-Guarani*, em 1914, na revista *Zeitschrift für Ethnologie* (Berlim). Em 1934, visitou a Europa passando um semestre em Gotemburgo. Em 1934/1935, iniciou o período de cooperação com instituições americanas, consolidando definitivamente sua reputação internacional como

3 Rodrigues e Moura, "Rastrear", 2012.

etnógrafo e iniciando a colaboração com o antropólogo norte-americano Robert Lowie (1883-1957), professor da Universidade da Califórnia, em Berkeley. Lowie lhe enviava as questões de pesquisa e cuidava dos auxílios financeiros, enquanto Nimuendajú ia ao campo e escrevia as etnografias posteriormente publicadas nos EUA, traduzidas e editadas por Lowie. Os dois nunca se encontraram pessoalmente. Nimuendajú faleceu em 10 de dezembro de 1945 em Santa Rita do Weil, município de São Paulo de Olivença, Alto Solimões, Amazonas, durante sua quarta estadia entre os Ticuna. Seu espólio acadêmico e privado foi adquirido postumamente pelo Museu Nacional, mas a parte documental (correspondências, diários, manuscritos e fotos) foi destruída pelo incêndio de 2018.

León Cadogan nasceu em Assunção em 1899, poucos meses depois que seus pais australianos, John Cadogan e Rose Stone, chegaram ao Paraguai. Eles moravam na Nova Austrália (perto da cidade de Coronel Oviedo), uma colônia utópica que defendia o socialismo e o etnocentrismo, mas que logo entrou em colapso devido a dissensões internas. Um incêndio na casa em 1904 forçou a família Cadogan a deixar a colônia e a se estabelecer em Villarrica, cidade com uma população de língua alemã. León aprendeu inglês, espanhol, guarani e alemão, e posteriormente francês. Em 1919, ele se mudou para Buenos Aires e, dois anos depois, seu espírito inquieto o levou a ir para as selvas de Caguaçú, onde trabalhou na colheita de erva-mate e onde iniciou seu interesse pela vida do povo guarani. Cadogan conviveu e estudou profundamente as populações Mbyá-Guarani, Ava-Guarani, Pai-tavytera e Ache-guayaki, tribos guaranis que viviam nas florestas do leste do Paraguai. Cadogan foi aceito como membro dos Mbyá-Guarani e iniciado com o nome espiritual de Tupa Kuchubi Veve ("aquele que voa como um redemoinho"). Os Mbyá-Guarani tinham uma linguagem religiosa secreta e esotérica e, seguindo as tradições do grupo, León manteve seu nome guarani em segredo até sua morte. A partir do conhecimento adquirido através dessa convivência, Cadogan publicou vários estudos sobre a língua, a religião e a cultura dos guaranis, tornando-se uma autoridade reconhecida desse grupo. Uma de suas obras mais famosas é *Ayvu Rapyta*, uma coleção de tradições religiosas dos Mbyá-Guarani. As suas obras foram publicadas no Paraguai, Uruguai, México, Argentina, Brasil, Áustria, França e EUA. Em 1949, o presidente Felipe Molas López o nomeou "Protetor dos Índios", mas depois ele perdeu o favor do ditador Alfredo Stroessner, que tentou politizar e desmantelar a organização que protegia o grupo indígena. Cadogan morreu em 1973, depois de quarenta anos dedicados à causa guarani e à denúncia da perseguição e do abuso sistêmicos contra os indígenas. Sua biblioteca foi doada à Universidade Católica de Assunção. O filho de León, Rodger Cadogan, criou a Fundación León Cadogan, que continua a promover os objetivos do povo guarani do Paraguai.

Palavras e almas na cultura guarani

Antonio Ruiz de Montoya, nos primeiros capítulos da *Conquista Espiritual* (1639/1997), refere-se à capacidade oratória dos guaranis:

> Muitos se enobrecem com a eloquência no falar, pois tanto estimam a sua língua e é com razão que o fazem, porquanto é digna de louvor e merece celebrar-se entre as de fama. É com ela que agregam gente e vassalos: com o que eles e os seus descendentes ficam nobres.[4]

O jesuíta também observa que a palavra é concebida pelos nativos como uma ação da alma, tida como separada do corpo. A visão da separação entre alma e corpo se torna evidente nos ritos da sepultura:

> Julgavam os guaranis que ao corpo já falecido a alma o acompanhava na sepultura, embora separada. E assim muitos enterravam os seus mortos numas urnas grandes ou talhas, colocando um prato na boca, para que naquela concavidade a alma estivesse mais acomodada, ainda que aquelas vasilhas eles as enterrassem até o gargalo. E, quando enterrávamos os cristãos na terra, os punham de jeito muito dissimulado em uma urna velhinha, munida duma peneira assaz curiosa e pequena, e, da mesma forma velada ou fingida, agitavam a tal de peneira, pela sepultura, como se tirassem qualquer coisa. A vista disso diziam os índios que com isso tiravam a alma do defunto, para ela não padecer enterrada com o seu corpo.[5]

No *Tesouro da língua Guarani*, Montoya[6] indica que o termo *angüera* significa "a alma fora do corpo", ou "fantasma"; e o termo *anguheí* significa "desejo da alma". O termo *Ang* indica "alma, espírito, consciência".[7] *Angay* define o espírito mau,[8] a má consciência. *Angarecó* denota inquietação da alma, cuidado,

4 Montoya, *Conquista*, 1997, p. 54.

5 *Ibidem*, p. 56.

6 *Ibidem*, p. 38.

7 *Ibidem*, p. 34.

8 *Ibidem*, p. 36.

preocupação.[9] *Angarecó aguíyeí* significa "saúde espiritual".[10] Montoya dedica várias páginas do *Tesouro*[11] ao estudo da etimologia de palavras referentes à alma, tendo raiz *-ang*.

Quanto à palavra, o autor jesuíta evidencia que ela é significada por diversos termos no idioma guarani. *Ayu* significa "adormecido, enfastiado, enfado", o ato de falar e julgar.[12] O termo *Coi* significa propriamente "falar ao modo dos homens".[13] *Mongetd* significa falar e raciocinar.[14]

Frequentes referências ao valor da palavra para os guaranis encontram-se nos relatos de Nimuendajú, em particular em *As lendas da criação e destruição do mundo como fundamentos da religião dos Apapocúva-Guarani* (1905/1913-1978), fruto de oito anos de convivência (entre 1905 e 1913) com os diversos grupos Nandeva-Guarani que então se deslocavam pelo sul do Mato Grosso, norte do Paraná e oeste de São Paulo até o litoral. O autor afirma que "meus informantes foram três bons amigos da horda dos Apapocúva, à qual eu também pertenço: Guyrapaijú, velho e conservador; Tupãjú, muito viajado; e principalmente Joguyrovyjú, o místico religioso". Nimuendajú indica também o período e o lugar em que os depoimentos foram colhidos: "No sul de Mato Grosso, na margem do ribeirão Santa Bárbara, que desemboca na margem esquerda do Ivinhema, começamos em junho de 1913 nosso trabalho conjunto".[15]

Ao discutir sobre a etimologia do termo *ayvucué* (= alma) na língua dessa nação, Nimuendajú assinala o nexo entre a dimensão anímica e a oralidade: "Os Apapocúvas não chamam a alma de *ang*, como fazem as demais tribos da língua geral, mas de *ayvucué*". Acerca desse termo, afirma que, mesmo não sendo completamente claro o significado da sílaba inicial *ay*, é possível que corresponda ao *ang*: *vu* significa "brotar", e *cué* é a forma do pretérito. *Ayvú* significa, no dialeto Apapocúva, "língua" e, em Guarani antigo, "ruído". Então, *Ayvucué* significa algo como "o sopro brotado (da boca)".[16]

---

9 *Idem*.

10 *Ibidem*, p. 37.

11 *Ibidem*, p. 34-47.

12 *Ibidem*, p. 28.

13 *Ibidem*, p. 98.

14 *Ibidem*, p. 228.

15 Nimuendajú, *As lendas*, 1987, p. 4.

16 *Ibidem*, p. 29.

A conexão profunda entre oralidade e dimensão anímica aparece também nos relatos de Nimuendajú acerca do nascimento, sobretudo na narrativa dos rituais batismais usados pelos pajés para determinar "que tipo de alma veio ter conosco". Segundo os guaranis, a alma preexiste ao corpo e

> pode ter vindo do zênite, onde vive o herói nacional *Nanderyquey*, ou da Nossa Mãe no Oriente, ou então dos domínios do deus do trovão *Tupã* no Ocidente. Lá, ela, há muito tempo, existia pronta, e a única tarefa do pajé consiste em sua correta identificação, no momento e lugar de sua chegada à terra.[17]

O pajé faz essa identificação "dirigindo-se às diversas potências celestiais mediante cantos apropriados a cada uma delas, indagando-lhes a procedência da alma e o seu nome". De fato, o canto é o meio para estabelecer o nexo com o mundo do além. Nimuendajú comenta que o ritual de infusão da alma no corpo da criança "exige sempre um tremendo esforço da parte do pajé, até que ele consiga entrar em contato com os seres celestes, coisa aliás que só é possível em estado de êxtase. Assim, habitualmente logo após o cair da noite, ele se acomoda e começa a cantar, sacudindo o maracá".[18] O canto do pajé é acompanhado pela "sua mulher ou filha, a cantar e a marcar o compasso, batendo com a taquara de dança no chão", mas aos poucos "outras mulheres e moças vêm participar". O canto prossegue por horas, durante as quais "o pajé vai recebendo, vez por outra, forças mágicas sobrenaturais das potências às quais dirige o seu canto, que transmite à criança".[19] Nimuendajú acha que a alma parece ser concebida pelos guaranis como "alguma coisa semelhante a um tecido, apenas invisível aos mortais":

> O pajé como que apanha no ar com as mãos esta matéria, por cima de sua cabeça, enrola-a e então a desdobra sobre a criança. Ele também transmite sua própria força mágica à criança: seja tirando-a como se desveste uma camisa, suspendendo-a pelas costas, seja tirando-a do seu peito, com um movimento circular da mão sobre ele, e estendendo-a então cuidadosamente sobre a criança.[20]

---

17 *Idem.*

18 *Idem.*

19 *Idem.*

20 *Idem.*

Em suma, a transmissão da alma ao corpo do recém-nascido é proporcionada pelo canto, por meio do qual se estabelece o elo entre o mundo celeste e o terreno.

O tema da palavra é recorrente nos textos míticos dos Mbyá-Guarani coletados por León Cadogan (1959),[21] que a partir de 1953 iniciou a publicação de sua obra *Ayvu Rapyta* (o fundamento da língua humana), na *Revista de Antropologia.* A obra contém narrativas míticas e ensinamentos religiosos dos Mbyá-Guarani que, guardados em segredo pelos sacerdotes da tribo, foram obtidos pelo antropólogo no idioma original, graças à confiança que logrou dos indígenas em retribuição a benefícios prestados, sobretudo a intervenção junto ao governo paraguaio para obter a libertação da prisão de um membro daquela tribo.[22] A narrativa, que

21 Bertoni, citado por Cadogan em *Civilización Guarani* (1922), afirma que esses indígenas "são geralmente chamados de Mbyá, mas o nome pelo qual se designam em suas tradições é Jeguakáva, ou Jeguakáva Tenonde Porangue. *Jeguaka,* na linguagem comum, significa 'adorno' (de penas para a cabeça); *jeguakáva,* no vocabulário religioso, é o nome usado para designar o 'homem', a humanidade masculina; e *Jeguakáva Tenonde Porangue* seriam os 'primeiros homens escolhidos que usavam o adorno de penas'" (Cadogan, "Ayvu", 1959, p. 8).

22 Cadogan narra em pormenores como conseguiu os relatos dos indígenas: "Tendo sido informado pelo Cacique Pablo Vera, de Yro'ysã, Potrero Blanco (Colônia Independência, perto de Paso Jovai), que um índio chamado Mario Higinio estava preso na Prisão Regional de Villarrica há quase três anos, ele me pediu que conseguisse sua libertação. Depois de algumas negociações trabalhosas, o caso foi encerrado e, obedecendo ao meu pedido, o cacique foi a Villarrica para cuidar de seu protegido. Conversando com meus hóspedes, abordei o tema das tradições religiosas. Mario, que já conhecia meu gosto por essas coisas, depois de ter me contado uma lenda explicando a etimologia de *Mbarakaju* (publicada na revista *Cultura,* XI/1946), dirigiu-se ao Cacique perguntando se ele já havia discutido comigo sobre a origem da linguagem humana: *Ayvu Rapyta.* O Cacique respondeu que não, e Mario perguntou novamente se ele havia me mostrado os hinos sagrados relacionados aos 'ossos daquele que carrega a insígnia-vara: *yvyra'ikãgã*'. O Cacique respondeu novamente de forma negativa. Mario lhe disse que eu já era digno de receber a narração das *Re'e Porá Tenonde,* as 'primeiras belas palavras'; pois, segundo ele, os favores que os Mbyá me deviam me tornavam digno de ser considerado um membro das tribos: '*ane retarã aé, ñande rataypygua aé inuest!*', um 'verdadeiro compatriota, membro genuíno digno de sentar junto aos nossos fogos'. Essa foi a maneira pela qual fui iniciado nas tradições secretas dos Mbyás, após muitos anos de relações amistosas com eles, durante os quais não ouvi uma única palavra que me levasse a suspeitar sequer da existência de tais tradições. É nesses capítulos 'esotéricos' que se encontra o fundamento da religião – e possivelmente o fundamento da religião da raça – e alguns desses capítulos os coletei e transcrevi textualmente nestas páginas, juntamente com outros capítulos comuns, e que a poesia e a filosofia indígenas podem ser apreciadas em toda a sua beleza, em toda a sua profundidade. Os verdadeiros autores dessa obra são: Cacique Pablo Vera, de Yro'ysã, Potrero Blanco, Colônia Independência (perto de Paso Jovai); Kachirito, de Paso Jovai, Obrajes Naville; Cacique Che'iro, de Alto Monday (Obrajes Fassardi); Major Francisco (Chiko'i), de Tava'i, e um soldado seu cujo nome não me lembro; Ton1ás e Cirilo, de Yvytuko, Potrero Garcete, Colônia Mauricio José Troche; Higinio e Mario Higinio, já mencionados; e outros cujos nomes aparecem no texto. Higinio, pelo que sei, foi executado há pouco tempo por assassinato; o Cacique Che'iro morreu de leishmaniose; todos os outros estão vivos no momento em que escrevo estas linhas" (Cadogam, "Ayvu", 1959, p. 10-11).

possui uma estrutura poética, é organizada em capítulos e foi traduzida em língua castelhana pelo autor.

O primeiro capítulo é o relato da criação pelo Pai primigênio, o "Absoluto (Pai Ñamandú)": este inicia o processo com criar-se a si mesmo, "em meio à escuridão primordial".[23] Apesar dessa escuridão, Ñamandú não conhece as trevas, pois mesmo antes da criação do sol, "ele existia iluminado pelo reflexo de seu próprio coração". De fato, "a sabedoria contida em Sua própria divindade servira como Seu Sol". O ambiente onde vive Ñamandú é o dos "ventos originários", cujo movimento é modulado pelas quatro estações.[24]

No segundo capítulo sobre o fundamento da linguagem humana, aborda-se a concepção da palavra e da linguagem, tidas como o elo de unidade entre o humano e o divino. Ñamandú, "tendo ficado ereto (assumido a forma humana), pela sabedoria contida em sua própria divindade e em virtude de sua sabedoria criadora, concebeu o fundamento da linguagem humana e a tornou parte de Sua própria divindade".[25] Depois da criar a linguagem, a sabedoria criadora de Ñamandú concebeu o fundamento do amor ao próximo, ainda antes que existisse a terra, "em meio à escuridão original, antes que houvesse qualquer conhecimento das coisas".[26] Em terceiro lugar, Ñamandú criou um pequeno hino sagrado.[27] Depois de tudo isso, "ele refletiu profundamente sobre quem tornar participante do fundamento da língua humana; sobre quem tornar participante do pequeno amor (ao próximo); sobre quem deveria compartilhar a série de palavras que compunham o hino sagrado". E assim Ñamandú "criou aqueles que seriam companheiros de sua divindade";[28] ou seja, outros seres divinos: "Criou Ñamandú com um grande (corajoso) coração. Ele o criou simultaneamente com o reflexo de sua sabedoria

23 Cadogan, "Ayvu", p. 13.

24 *Ibidem*, p. 14-15.

25 *Ibidem*, p. 19.

26 *Ibidem*, p. 20.

27 Esse hino é a oração matinal dos Mbyá: "Oh, Pai verdadeiro: Ñamandú, o Primeiro! / Em sua terra, o Ñamandú de grande coração se eleva simultaneamente / com o reflexo de sua divina sabedoria / (referindo-se ao Sol, que está nascendo). / Em virtude de ter tu disposto / que aqueles a quem forneceste arcos, se levantassem / nós seremos, e somos / e nos levantamos novamente. / Em virtude disso, palavras indestrutíveis / que em nenhum tempo, sem exceção, / serão aniquiladas, nós / um pouco órfãos do paraíso, / nós as pronunciaremos novamente quando nos levantarmos. / Em virtude delas, nos seja permitido/ nos levantar repetidas vezes / ó verdadeiro Pai Ñamandú, o Primeiro" (Cadogan, "Ayvu", 1959, p. 24).

28 Cadogan, "Ayvu", p. 21.

(o Sol) [...] para o verdadeiro pai das almas de seus futuros e numerosos filhos";[29] "criou o verdadeiro pai dos pósteros Karai, o verdadeiro pai dos pósteros Iakaira, o verdadeiro pai dos pósteros Tupã" e "repartiu entre eles a consciência da divindade". Estes seriam os "verdadeiros pais de seus futuros filhos numerosos, os verdadeiros pais das palavras-almas de seus futuros, numerosos filhos".[30] A seguir, Ñamandú "criou e tornou conhecedora da divindade a futura verdadeira mãe do Ñamandú de grande coração – Harai Ru Ete; a futura verdadeira mãe do Karai, Jakaira Ru Ete, [...] Jakaira, Tupã Ru Ete. A verdadeira futura mãe dos Tupã".[31] Todos esses seres "nós os chamamos também: excelsos verdadeiros pais das almas-palavras; excelsas verdadeiras mães das almas-palavras".[32]

A interpretação dessa narrativa-relato mítica, dada por Cadogan, apoia-se na explicação fornecida por um dos seus informantes guaranis. O alicerce dela é a concepção da alma humana como partícipe do divino e sua relação essencial com a palavra, ou, mais claramente, a identificação da alma humana com a palavra:

> Para interpretar corretamente o conteúdo desses versos que constituem, em minha opinião, o capítulo mais importante da religião Mbyá-Guarani, é indispensável ter em mente que *ayvu* = linguagem humana; *íie'eng* = palavra; e *e* = dizer, contêm o duplo conceito, para nós, de: expressar ideias – porção divina da alma.[33]

Em resumo, as vozes "*ayvu*", "*íie'eng*" e "*e*" traduzem os conceitos de: 1) linguagem humana – origem da parte divina da alma humana; 2) palavra – porção divina da alma; 3) dizer – o princípio vital; a alma, o dizer (palavra).

Segundo Cadogan, os Guarani-Apapocúva não designam a palavra "alma" como os outros guaranis na Língua Geral (*ang*), mas sim com *awvukue*: "Nessa palavra, a sílaba inicial, pouco clara em seu significado, pode possivelmente corresponder a *ang*. E a segunda sílaba, *vu*, significa: subir à superfície, emergir. [...] A sílaba *kue* indica o pretérito; *ayvu* significa fala, linguagem, ruído". Em síntese, *awvu-kue* significa "o sopro que saiu da boca". Cadogan ainda acrescenta que o

29 *Idem.*

30 *Ibidem*, p. 22.

31 *Idem.*

32 *Ibidem*, p. 23.

33 *Idem.* Cadogan reporta o comentário do Cacique Pablo Vera: "O fundamento da linguagem humana é a palavra-alma originária, aquela que nossos primeiros pais, ao enviar seus filhos numerosos à morada terrena para que surgissem, distribuíram entre eles".

termo guarani poderia ser traduzido na expressão "a alma que saiu do corpo". E complementa com a nota de outro pesquisador, Marcial Samaniego, quanto à etimologia de *awvukue* junto a outro ramo étnico da família guarani, os Avá Guarani: "Nossa palavra é a manifestação de nossa alma que morre; [...] *ang* é a sombra, o rastro, o eco".[34]

Por fim, Cadogan afirma que três nações de língua guarani – os Jeguakáva ou Mbyá-Guarani do Guairá; os Avá Guarani da fronteira; e os Apapocúva-Guarani do Brasil, as quais falam três dialetos distintos e povoam três regiões geograficamente bem separadas –, todas elas, para designar a parte divina e imperecível da alma humana, empregam termos que se referem à palavra, à linguagem humana. Ou seja, para as três nações, os conceitos de parte divina da alma e de linguagem humana constituem-se numa única ideia, num conceito indivisível. A fala, a linguagem humana e a porção divina da alma são sinônimas.

Todavia, a palavra não se identifica com a alma inteira. Os Jeguakáva ou Mbyá-Guarani do Guairá, os Avá Guarani da fronteira, e os Apapocúva-Guarani do Brasil acreditam na dualidade da alma. Além da porção divina da alma, existe uma porção animal. Para denotá-la, essas três nações usam a voz *ang*, *angue* (que no guarani clássico significa "alma humana"), a indicar a porção telúrica da alma. O que seria a *angue*? Para os Jeguakáva, a *angue* é o produto de nossas próprias paixões e apetites; *Ti ande teko achy kue* = "o produto de nossa maneira imperfeita de viver". Quando o ser humano morre, a parte divina da alma, enviada pelos deuses, retorna à morada de seu Pai, ao passo que a porção telúrica da alma permanece na terra transformada em *Mboguab*. Cadogan lembra que essa palavra era usada pelos antigos guaranis e também foi citada por Montoya e traduzida por ele como "demônio".[35] Os Avá Guarani usam a voz *ang* para designar "a sombra", o rastro, o "eu" do ser humano. Quanto aos Apapocúva, estudados por Nimuendajú, estes pensam que, após o nascimento do ser humano, a *asygua*, parte telúrica da alma, ou alma animal, entra no corpo para acompanhar a *ayvukue* (a porção divina da alma). Após a morte, a primeira se transforma em angústia. Segundo Cadogan, é óbvio que a *asygua*, a alma animal (de acordo com Nimuendajú) seria a mesma que o *teko achy kue* ("teko asy kue"), o produto das imperfeições humanas, segundo os Jeguakáva. Ao morrer, a *asygua* (a alma animal) torna-se

34 *Ibidem*, p. 187. O Major Marcial Samaniego, na *Revista de Turismo* (Assunção, fevereiro de 1944), dedica um artigo à mitologia daqueles que ele chama de "Avá Guarani do Yvy P'yté o lpir".

35 Montoya, *Conquista*, 1997 (1639), p. 215.

anguéry, ou seja, um espírito perigoso; "na morte dos Mbyá, seu *teko achy kue* – o produto de suas paixões – torna-se *angue* ou *mbogua*, um espírito igualmente perigoso, que deve ser afastado com orações e fumaça de tabaco, especialmente criada por Jakaira, Deus da Primavera, para esse propósito".[36]

Cadogan afirma que, segundo os dados linguísticos fornecidos pelos Jeguakáva, a etimologia do termo *angue* tem por raiz *ã*, que significa, em Mbyá-Guarani: ficar de pé, estar em uma posição ereta. Cadogan observa que o significado de *ã* também é dado por Montoya, no *Tesouro*: "*ã* está de pé, em posição vertical; o contrário de supino, deitado".[37] Segundo Cadogan, o conceito contido na sílaba *ã*, *ang* da voz *angue*, seria de retidão, consciência, ou qualidade de ser reto. Quanto aos sufixos "*kue*", "*gue*" e "*ngue*", sabe-se que, além de indicarem o pretérito, expressam as qualidades abstratas de seres e coisas. *Angue*, portanto, contém o conceito de: as qualidades de um ser reto, ereto, que era ereto, erguido, que foi. A mortalidade do ser humano, o sinal de que um ente não é mais ser humano e desapareceu, evidencia-se quando ele deixa de ter uma posição normal ereta. A *angue* é a parte da alma associada à condição terrena, ou seja, o produto de nossas paixões, de nossas imperfeições: *fi ande reko achy kue*. "A *angue*, alma telúrica ou impura, é algo exclusivo do homem".[38] O ser humano, o ser vivo que vive verticalmente, é o único ser que possui esse tipo de *alma*, devendo sua gênese exclusivamente às paixões e imperfeições por ele vivenciadas: *o'ã va'e reko achy kue*.

Em síntese, através das três fontes analisadas, foi possível adentrar na concepção da alma e da palavra inerente à visão de mundo das populações guaranis, que, apesar de algumas especificidades, convergem em definir a alma humana como composta de uma porção divina e imortal, da qual a palavra autêntica é expressão; e de uma porção mortal e imperfeita, ligada ao dinamismo das paixões e das reações, *angay*, que articula seu discurso inspirado por *mboguab*, ou *anguéry*, espíritos que são resíduos terrenos das partes telúricas das almas após a morte.

Guaranis, jesuítas e apropriações recíprocas do poder da palavra

Para os missionários jesuítas, inclusive os que atuavam junto às populações guaranis nas Províncias do Brasil, do Paraguai, do Vice-Reino do Peru etc., a

36 Cadogan, "Ayvu", 1959, p. 188.

37 Montoya, 1693, p. 3.

38 Cadogan, 1959, p. 189.

confiança no poder da palavra, enquanto instrumento de persuasão e modificação dos comportamentos dos ouvintes, baseava-se em dois pilares. Por um lado, havia a consciência teológica do valor sacramental da palavra encarnada, próprio da tradição cristã e condensada na frase joanina "e o Verbo se fez carne e habita entre nós" (João, 1,14;17). Por outro lado, havia a formação na arte retórica e o conhecimento das influências da palavra no dinamismo psíquico, proporcionados pela psicologia filosófica (Massimi, 2005). Com efeito, já vimos que o exercício da oratória sagrada acarretava a necessidade de um conhecimento preciso do dinamismo psicológico responsável pela emissão da palavra e pela sua recepção. Tal dinamismo era concebido em termos das psicologias filosóficas formuladas por Aristóteles, Tomás de Aquino e Agostinho. Nestas, o mundo anímico se estrutura em potências sensoriais (sentidos externos e internos), afetivas (apetites sensoriais), cognitivas e volitivas (apetites intelectivos). A palavra mobiliza na medida em que atinge tais potências. Na retomada da teoria aristotélico-tomista realizada pelos filósofos jesuítas de Coimbra, o pensamento – enquanto encarnado no corpo – necessita sempre voltar ao sustento do sensível e do imaginário para entender.[39] O ato de pensar requer a presença de imagens depositadas na memória. Por sua vez, a vontade pressupõe o conhecimento, mas também depende do apetite sensitivo. Em suma, se a palavra pregada visa ensinar (*docere*), esse ato de conhecimento envolve todo o psiquismo humano. Desse modo, pela força da palavra assim alcançada, os inacianos pretendiam comunicar às populações muitas vezes não alfabetizadas, e de diferentes universos culturais e territórios geográficos, os conceitos, práticas e crenças da tradição da cultura e do cristianismo ocidental, visando induzir mudanças dos hábitos e da mentalidade de indivíduos e grupos sociais.

Fleck afirma que os jesuítas consideravam a palavra pregada como poderoso instrumento para combater os demônios, cuja ação induzia os indígenas ao pecado: "Os sermões empregavam largamente os relatos edificantes e introduziam os indígenas nos mistérios da fé, atendendo a recomendação feita pelo Padre Diego de Torres Bollo" (2007, p. 71) de que a pregação deveria expor doutrinas e mandamentos, usando repetições, comparações e exemplos. Assim, "a 'boca do pregador' era identificada à 'boca de Deus', sendo instrumento com que a graça se manifestava e transformava os homens".[40]

Nas biografias dos missionários da Província do Paraguai escritas pelos contemporâneos, encontram-se muitas referências à força persuasiva das palavras,

39 Massimi, *Historia*, 2023.

40 Fleck, "O domínio", 2007, p. 71.

expressa em diálogos e sermões. Na biografia do jesuíta Marciel de Lorenzana (1565-1632), um dos pioneiros daquela epopeia missionária, redigida pelo seu companheiro de missão Diego de Boroa (1585-1657) em 1632, são recordados "os sermões, cujas palavras eram como flechas de fogo, proferidas com tanta energia e força de espírito".[41] E ainda Boroa comenta que o "Padre Marciel pregava muito para as almas, com uma notável força de espírito e integridade, nascida de suas relações com Nosso Senhor e da oração à qual ele se dedicava nas tardes, antes de proferir o sermão". Desse preparo espiritual, resultava a potência de sua pregação, que

> era bem visível nas conversões que ele fazia de grandes pecadores e na grande mudança de hábitos que seus sermões provocavam quando Deus falava, porque suas palavras não eram composições eruditas e vãs, mas cheias de espírito e reforçadas pelo grande fogo do amor de Deus, que em seu interior ardia em particular e mostrava sua força e energia contra os pecados públicos e escandalosos, repreendendo-os em geral sem ultrapassar os limites da razão e da prudência.[42]

Apesar de haver algumas semelhanças quanto ao valor atribuído às palavras e aos modos de utilizá-las, no que diz respeito aos conteúdos por elas veiculados, registram-se exemplos de apropriações e embates entre os guaranis e os missionários. Apesar das convergências e acomodações relatadas nas fontes missionárias citadas, em outras, como os relatos de Montoya na *Conquista espiritual feita pelos religiosos da Companhia de Jesus nas Províncias do Paraguai, Paraná, Uruguai e Tape* (1639/1997), aparecem os embates. Em vários casos, esses embates dão vazão a graves conflitos, interpretados pelo jesuíta como "instigações do demônio". A narrativa da contenda com o feiticeiro na aldeia de um dos caciques do Guairá, Maracanan, é especialmente evocativa:

> Chegamos a um outro povoado, que era dirigido por um honrado cacique, desejoso, outrossim, de ouvir a propósito das coisas relativas à sua salvação. Pretendeu o demônio impedi-lo em seus desejos, e desta forma incitou a um grande ministro seu, grande pregador de mentiras, o qual andava em missão de povo em povo, enganando aquela pobre gente e dizendo de si mesmo que era Deus, o Criador do céu, da terra e dos homens. Afirmava que ele dava as chuvas e as tirava, fazia

41 Page, *La biografía*, 2017, p. 78.

42 *Ibidem*, p. 82-83.

> que os anos fossem férteis, mas quando ou sob a condição de não o aborrecerem. Fazendo-o eles, vedava as águas e tomava estéril a terra. E vendia ainda outras bobagens, deste tipo, com o que atraía a si não pouca gente néscia. Foi ele visitar aquele cacique chamado Maracanan, o qual preveniu a três de seus parentes, para que o amarrassem. Saltou o mago de sua embarcação e, posto o pé em terra, começou a pregar uma grande arenga e, em voz muito elevada, como é costume antigo nessas bestas. A matéria veio a ser a porfiada estultice, com que se fingem deuses. Depois se dirigiu à casa do cacique e ali fez as costumadas saudações. Com isso perguntou-lhe o cacique a propósito de quem era e a que vinha. Respondeu ele: "Eu sou o criador das coisas (todas), o que fertiliza os campos e aquele que castiga, com diversas e molestas enfermidades, aos que não creem".[43]

Esse pajé itinerante possivelmente pretendia ser identificado com Ñamandú, a divindade cujas palavras têm poder criador, segundo a religião dos guaranis, como vimos. Todavia, na ótica de Montoya e talvez também na de Maracanan, tratava-se nesse caso de um charlatão que queria tirar proveito da situação. De fato, o cacique parece não confiar nele, a ponto que manda ele ser amarrado. De qualquer modo, é evidente nessa estória o embate entre os dois pregadores, o jesuíta e o pajé, cada um usando a palavra para afirmar suas verdades.

A questão da importância da palavra e de sua confiabilidade aos olhos dos receptores guaranis devia preocupar Montoya, pois no capítulo que segue o relato acima, cujo título é "Nosso modo de tirar os abusos e de pregar a fé", o missionário descreve os métodos de pregação aos guaranis, praticados e experimentados por ele e os demais companheiros. Narra que, no início da presença na região do Guairá, sendo eles, os jesuítas, apenas quatro e morando junto aos indígenas nas duas primeiras experiências reducionais de Loreto e de Santo Inácio, fundaram "uma escola de ler e escrever para a criançada e juventude" e organizaram também a catequese diária na igreja. Nesse ponto, esclarece: "Ainda que nelas e em todos os sermões dominicais tratássemos com toda a clareza os mistérios de nossa santa fé e os preceitos divinos, quanto ao sexto mandamento, por ora guardamos, contudo, silêncio em público [...] para que não murchassem aquelas plantas tenras e para que não se tornasse odioso o Evangelho".[44] Esse "silêncio em público" acerca do tema do sexto mandamento, ou seja, da monogamia, durou por dois anos. Com efeito,

43 Montoya, *Conquista*, 1997, p. 52-53.

44 *Ibidem*, p. 60.

os guaranis praticavam a poligamia por tradição, de modo que esse conteúdo, se fosse pregado, soaria profundamente hostil para os ouvidos deles.

Montoya relata outro caso, onde fica explícita a resistência dos guaranis diante dos conteúdos da pregação dos inacianos conflitantes com seus hábitos tradicionais. O jesuíta se refere a um cacique de Santo Inácio de nome Miguel Artiguaye, o qual também faz uso da palavra para opor-se à pregação cristianizadora e reafirmar as tradições dos antigos. Além disso, ele se apropria dos elementos rituais da liturgia eucarística para aprontar uma cerimônia peculiar:

> Em Santo Inácio tinham os padres um cacique principal, que havia experimentado várias peripécias em diversos lugares, onde se fez batizar e casou. Finalmente, por causa de sua eloquência, tornara-se como que o senhor daquela gente. Era ele um verdadeiro ministro do demônio e se havia afeiçoado a uma mulher, não porque ela fosse formosa, mas por ser nobre. Devido a isso repudiou sua esposa legítima, desterrou-a a uma propriedade tida por herança, pôs em seu lugar a manceba com o título de mulher legítima e, com intrepidez desavergonhada, afirmava que ela era sua esposa verdadeira, servindo-se esta, como senhora, de muitas criadas. Continuou este pobre homem com os seus enganos e, para ter ainda maior crédito junto aos seus, fingiu-se de sacerdote. Vestia-se ele, em seu retiro, duma alba e, adornando-se com uma capinha de plumas vistosas e de outros enfeites, simulava estar dizendo missa. Punha sobre uma mesa algumas toalhas e em cima delas uma torta de mandioca e um vaso, tal que pintado, com vinho de milho, e, falando entre os dentes, fazia muitas cerimônias, mostrava a torta e o vinho ao modo dos sacerdotes e, por fim, comia e bebia tudo. Veneravam-no com isso seus vassalos como se fosse sacerdote. Era ele desonesto em extremo, porque tinha grande número de concubinas, consentindo-o e até fomentando-o sua falsa mulher. [...] A tanto chegou em seu "sentimento", que começou a perturbar e rebelar os ânimos de seus vassalos contra nós, de modo que em várias reuniões ou assembleias chegasse a dizer: "Foram os demônios que nos trouxeram estes homens, pois querem, com novas doutrinas, privar-nos do que é antigo e do bom modo de viver de nossos antepassados. Tiveram estes muitas mulheres, muitas criadas e liberdade em escolhê-las a seu bel-prazer, sendo que agora pretendem que nos liguemos a uma só mulher. Não é justo que isso continue assim, mas impõe-se que os desterremos de nossas terras ou que lhes tiremos as vidas".[45]

45 *Idem*.

Em suma, a palavra pode induzir resistência e também pode tornar-se instrumento de ameaça, como fica evidente no relato acima; portanto, os jesuítas, nesses casos, acham mais conveniente guardar silêncio...

De qualquer forma, o que fica evidente nesses relatos é que as apropriações e os usos rituais de palavras, das quais sejam os jesuítas sejam os guaranis fazem amplo uso, são processos complexos e podem resultar em efeitos muito diversos. Segundo Chartier, "a apropriação é um processo que leva a partilhar práticas atravessando diferentes horizontes sociais".[46] Tais práticas passam por diversos níveis de apropriação dos ouvintes: nelas intervém a "invenção criadora dos destinatários no próprio cerne dos processos de recepção", como evidenciado pelo caso do cacique Artiguaye.[47]

A palavra oral e mítica da tradição guaranítica e a palavra letrada dos inacianos redatores e pregadores dos sermões pertenciam a horizontes culturais e religiosos muito diferentes. São diferentes os conteúdos veiculados apesar de os jesuítas buscarem acomodá-los às circunstâncias próprias do mundo-da-vida dos ouvintes nativos: tal é o caso da pregação do matrimônio cristão e sacramental que se opõe à tradição poligâmica indígena. São diferentes também as concepções acerca da própria palavra e de suas dimensões, apesar das apropriações possíveis.

Todavia, existem também algumas semelhanças.

A palavra guarani é a palavra-alma, de origem divina, carregando poder criador; a palavra jesuítica é a palavra humana, cuja eficácia é proporcionada pelo emprego da retórica, mas sobretudo pela intervenção da graça divina. Em ambos os casos, a palavra tem o poder de mover os ânimos.

A palavra mítica guarani expressa a parte divina da alma e, como tal, permanece sempre viva. Há, porém, outra parte da alma ligada à corporeidade e, portanto, submetida ao limite de reações e paixões. Não muito diferente é a situação da palavra quando não é portadora do espírito divino, na perspectiva dos jesuítas. Segundo um dos mais ilustres oradores da Companhia de Jesus, Antônio Vieira, o efeito da pregação está intimamente relacionado à experiência cristã do pregador. Os recursos retóricos não têm força por si mesmos, comparados com a capacidade de persuasão que brota do testemunho de vida. O melhor conceito que o pregador leva ao púlpito "é o que de sua vida têm os ouvintes".[48] E é necessário

---

46 Chartier, *História*, 1990, p. 134.

47 *Ibidem*, p. 136.

48 Vieira, *Sermões*, 1993, t. 1, p. 51-52.

que a palavra não seja modulada pela influência dos afetos desordenados, "afetos cegos" que distorcem a visão da realidade, pois "enfeitam ou descompõem, fazem ou aniquilam, pintam ou despintam os objetos, [...] a seu arbítrio".[49]

Apesar das profundas diferenças, as antropologias guarani e jesuíta partilham do pressuposto ontológico da dualidade humana, baseado na evidência experiencial de que existe no ser humano algo incorruptível: a alma, de onde brota a palavra portadora do sagrado e da verdade. Juntamente a esta, existe outra dimensão: a alma telúrica, ligada à corporeidade e à matéria, campo de sensações, reações e paixões, por efeito das quais brota a palavra enganosa.

49 *Ibidem*, t. 4, p. 111.

Imagens mobilizadoras do dinamismo psíquico na atuação dos missionários junto aos guaranis reduzidos

Nas Reduções, foi muito frequente e eficaz o emprego de recursos imagéticos na ação evangelizadora junto aos guaranis pelos missionários jesuítas, visando lograr a adesão e persuasão deles. Tal emprego baseava-se numa convicção dos inacianos derivada dos saberes da época acerca da capacidade de as imagens mobilizarem o dinamismo pessoal através do estímulo das potências psíquicas.[1] Muitas narrativas de fontes jesuíticas referem-se a essas práticas, mas a interpretação histórica delas remete também ao universo dos fundamentos doutrinários acerca da função psicológica das imagens, presentes na literatura teológica e filosófica da época, e aos objetivos educativos e catequéticos do ministério missionário. Em suma, retomando De Certeau, trata-se de um universo de práticas conexo ao universo do pensável possível em um dado contexto histórico.[2]

A ação da imagem no dinamismo pessoal: práticas e fundamentos no universo cultural do Ocidente cristão

O emprego das imagens na ação evangelizadora apoiava-se em vários alicerces conceituais. Dentre eles, havia as diretrizes elaboradas pelos teólogos da

1 Veja-se também: Massimi, M. "Recursos imagéticos e formação da pessoa na atuação missionária dos jesuítas junto aos guaranis." *Memorandum: Memória e História em Psicologia*, 40: 1-24, 2023.

2 A noção de visão de mundo articula, sem os reduzir um ao outro, o significado de um sistema de pensamento, por um lado, e, por outro, as condições sociopolíticas da vida de um grupo, ou de uma sociedade, os quais partilham esse sistema de pensamento em dado momento histórico (Chartier, *História*, 1990). O domínio da visão de mundo abrange tudo o que era possível pensar e escrever naquele período histórico (o universo do pensável) e o universo das práticas que expressavam aquele saber (Certeau, *A escrita da história*, 2000).

reforma católica no Concílio de Trento, que atribuíam às imagens grande poder persuasivo, baseado na influência dos estímulos imagéticos no dinamismo psíquico dos destinatários (Massimi, 2008). A concepção foi sintetizada no tratado de um dos padres conciliares, o cardeal Gabriele Paleotti (1582). Segundo este, as imagens penetrariam o ânimo das pessoas com maior eficácia do que as palavras, induzindo-as a crer em verdades não demonstráveis através da razão, ou difíceis de comunicar pela diversidade de idiomas, através do apelo às experiências visuais: "Quando vistas, são imediatamente reconhecidas e servem como um vocabulário comum para todas as nações".[3]

Já desde as origens da tradição jesuítica, o recurso à imagem e a importância da imaginação foram enfatizadas nos *Exercícios Espirituais* de Inácio de Loyola (1982/1542). Na proposta do método contemplativo da *compositio loci*, que já aqui foi apresentado, Inácio põe o acento na capacidade de a pessoa realizar a composição de elementos visuais pela imaginação.[4] Nessa perspectiva, retoma alguns aspectos da teologia tardo-medieval, para elaborar uma vivência espiritual modelar onde as imagens assumem a função de instrumentos de elevação do visível e terreno para o invisível e espiritual.[5] Inácio atribui a eficácia da imagem à sua influência no mundo interior da pessoa, especialmente na memória, de modo a facilitar a meditação. No prelúdio do primeiro exercício, Loyola descreve duas maneiras diferentes para se realizar uma construção visual: através da *res corporea* (o tema visível, composto por imagens de tipo narrativo) e através da *res incorporea* (o tema invisível, construído por conceitos e argumentos representáveis somente pelo modo simbólico). No primeiro caso, deve-se "compor o ambiente imaginando-o de modo visível": "A composição consistirá em ver pela vista da imaginação o lugar material onde se encontra aquele que quero contemplar (por exemplo, um templo ou um monte) – segundo a cena que quero contemplar".[6] No segundo caso, ou seja, na meditação de um tema invisível, "a composição consistirá em ver pela vista da imaginação" (*idem*) e a imagem utilizada será simbólica ou alegórica. Seguindo a tradição inaciana, o método da *compositio loci* é utilizado por todo jesuíta na prática dos exercícios espirituais e no ministério apostólico para introduzir os catecúmenos no conhecimento das

3 Paleotti, *O Discorso*, 2002, p. 66, trad. nossa.

4 Em vários passos do texto: n. 65, 66, 82, 91, 92, 103, 112, 115, 116, 151, 232.

5 Bergamo, *L'anatomia*, 1991.

6 Loyola, *Exercícios*, 1982, p. 25, n. 114.

narrativas evangélicas e dos dogmas da teologia católica. Nesse método, o recurso às imagens mentais frequentemente se apoia em modelos icônicos visíveis (representações pictóricas ou estátuas).

A concepção de Loyola se baseia nos saberes psicológicos mais antigos da filosofia e retórica clássica, aproveitados pelas práticas retóricas em âmbito cristão.[7] Em estudos sobre a tradição da pregação popular na Europa tardo-medieval, Bolzoni descreve o procedimento utilizado para a criação de imagens eficazes para construir metáforas, e destrincha o percurso que, partindo do universo sensível ao qual a imagem pertence, alcança o universo mental. Este estrutura-se em três fases: a evidência de um detalhe sensível e a fixação da atenção sobre ele; a transformação do detalhe sensível (pelo uso da analogia) em imagem mental; e o preenchimento dessa imagem por sentidos morais que influenciam o comportamento. Nesse processo, estão envolvidas três dimensões psíquicas: cognição, memória e vontade. O emprego dos recursos imagéticos permite "moldar os vastos espaços da alma, preenchendo todos os 'lugares' com imagens afetivamente eficazes, tais que sejam duráveis na memória, e que falem ao intelecto através do jogo dos sentidos alegóricos", sugerindo comportamentos morais correspondentes.[8]

Tais práticas, por sua vez, repousam nos alicerces da psicologia filosófica aristotélico-tomista e agostiniana. A teoria do conhecimento de matriz aristotélico-tomista considera a experiência sensorial da imagem como um imprescindível ponto de partida para as elaborações cognitivas.[9] Agostinho de Hipona, seguindo a tradição platônica, toma a imagem como veículo importantíssimo de conhecimento e desenvolve uma fina análise do dinamismo psicológico a ela pertinente. A imagem é essencial para ativar a potência psíquica da memória: quando, por exemplo, olhamos uma cena, reconhecemos o conteúdo representado pelo fato dela estar associada com um conteúdo armazenado na nossa memória. O filósofo, na obra *A Trindade*, afirma que "o que representa para o sentido corporal algum objeto localizado, representa para o olhar da alma a imagem de um corpo presente na memória".[10] As articulações entre memória, "visão interior" e vontade são decisivas: a imagem conservada na memória permanecerá somente na medida em que a atenção do sujeito não for retirada. De fato, a vontade "daqui para

7 Carruthers, *Machina*, 2006.

8 Bolzoni, *La rete*, 2002, p. 57, trad. nossa.

9 Massimi, "As imagens", 2008.

10 Agostinho, *A Trindade*, p. 346.

ali leva e traz o olhar da alma para o informar e o ligar ao objeto".[11] Quando a vontade orienta a atenção e a memória para se concentrarem numa determinada imagem interior, "será encontrada tal semelhança entre a figura corporal impressa na memória com a expressão da lembrança, que nem a própria razão conseguirá discernir se o que vê é um corpo extrínseco ou se é o pensamento formado em seu interior".[12] Para comprovar, Agostinho cita casos de "pessoas que, seduzidas ou atemorizadas perante uma representação por demais viva de coisas visíveis, ergueram exclamações repentinamente, como se realmente participassem dessas ações ou como se com elas sofressem".[13] A memória é o lugar da consciência de si mesmo, de modo que a imagem percebida através dos sentidos corporais deve "imprimir-se na memória para permanecer".[14] A partir do material contido na memória, a imaginação pode construir imagens infinitas, conforme a direção que a vontade imprimir nela; e, ao mesmo tempo, as imagens armazenadas na memória enxertam-se na experiência consciente da pessoa.

As ações dos missionários junto às populações guaranis eram moldadas nesses alicerces conceituais assimilados ao longo do processo de formação na Companhia de Jesus e visavam suscitar nos indígenas as dinâmicas psicológicas acima descritas pelo emprego de recursos imagéticos, tendo em vista a doutrinação e a reforma dos costumes. Os estudos de Alhert evidenciam a função persuasiva e o efeito de propulsão criativa do emprego maciço da imagética na ação missionária dos jesuítas na Província do Paraguai:

> Nas doutrinas paraguaias – como foi comum às outras –, esculturas, pinturas, gravados etc. – somados à persuasão através da música – estiveram entre os recursos principais de aproximação material, religiosa e sociocultural entre religiosos e missionais, não apenas nos primeiros contatos, como também no decorrer do processo de "redução" da vida em *pueblos* e a ritualística cristã. Desse modo, as representações iconográficas foram, primeiramente, instrumentos de comunicação persuasiva e, logo que foram apropriadas, suportes de expressão do sincretismo religioso e estético, e como construções híbridas, expressão da conformação dos imaginários jesuítico e indígena.[15]

11 *Ibidem*, p. 345.

12 *Ibidem*, p. 346.

13 *Idem*.

14 *Ibidem*, p. 355.

15 Alhert, *Estátuas*, 2015, p. 43.

Segundo Alhert, os jesuítas empregaram "imagens, símbolos e representações" para estabelecer relações de significados entre o universo do qual eram porta-vozes e a cultura dos guaranis.[16]

Algumas importantes fontes documentais, elaboradas pelos jesuítas da então Província do Paraguai, ilustram, na perspectiva dos autores, o emprego dos recursos imagéticos na ação missionária e as interpretações acerca da recepção dos guaranis.

Imagens evocadoras e persuasivas nas Cartas Ânuas de Diego de Torres Bollo

O primeiro grupo de fontes que iremos investigar são as Cartas Ânuas escritas pelos provinciais da Companhia que vimos serem destinadas ao Padre Geral. Tendo o objetivo de fornecer-lhe uma informação da situação, a mais ampla, precisa e objetiva possível, a ponto de adquirir em alguns casos a espessura de um volume de livro, nelas comparecem também diversas referências ao uso de imagens na catequese junto aos indígenas.[17]

Veja-se, em primeiro lugar, as cartas escritas pelo primeiro Provincial Diego de Torres Bollo.

O emprego de imagens tendo efeitos "maravilhosos" é citado na carta enviada por Torres Bollo, de Santiago do Chile, em 1612. Ao dar notícia da Redução de São Miguel, Torres Bollo relata que, na ocasião das festas em honra de Santo Inácio, celebradas ao longo de quarenta dias, "se hão visto coisas maravilhosas ao mostrar uma imagem de Nosso Santo Padre de nossa casa, em particular às mulheres que estão em perigo de parto".[18] A imagem adquire efeito taumatúrgico, no contexto de um evento devocional muito significativo.

A Virgem de Loreto é descrita por Torres Bollo como uma poderosa intercessora para o empenho em superar a nefasta instituição da *encomienda* (chamada de "serviço pessoal") e em fundar a Província do Paraguai.[19] O Provincial jesuíta

16 *Ibidem*, p. 45.

17 Leonhardt, *Cartas*, "Introdução", 1927.

18 *Ibidem*, p. 514.

19 O Santuário de Loreto nas Marcas (Itália) guarda a Casa em alvenaria de Nossa Senhora, transportada de Nazaré a Loreto em 1294. Segundo a antiga versão, de caráter devocional e popular, a Casa teria sido transportada pelos Anjos; segundo recentes estudos de caráter filológico, arqueológico, arquitetônico e documental, a Casa teria sido levada a Loreto por iniciativa humana, por navio. É a Casa de Nazaré, onde Maria nasceu, foi prometida a José, recebeu o anúncio do Anjo Gabriel e concebeu no próprio ventre Jesus Cristo. Torres Bollo era muito

estava particularmente ligado à devoção por esse orago, já que vimos ele mesmo ter introduzido a devoção nas terras reduzidas. Segundo a narrativa de Del Techo, Torres Bollo, em sua viagem da Espanha para Roma, foi em peregrinação para o Santuário Mariano de Loreto. Nessa ocasião, colocou a nova Província, cuja causa iria postular junto ao Padre Geral da Companhia em Roma, sob a proteção de Nossa Senhora de Loreto, e "[...] ali concebeu o propósito de difundir o culto de Nossa Senhora de Loreto por toda a América".[20] De fato, ainda segundo Del Techo, no ano em que Torres Bollo viveu no Chile, em Santiago, entre os vários empreendimentos que realizou, organizou a construção, em todas as cidades onde a Companhia residia, de um santuário dedicado à Nossa Senhora de Loreto. Del Techo relata que nessa região ocorreram vários milagres atribuídos à Nossa Senhora. Torres Bollo tinha a Virgem lauretana por colaboradora para extinguir a praga do serviço pessoal dos nativos:

> E porque a devoção de Nossa Senhora de Loreto tem mais raízes no Chile do que em outras partes, temos firme esperança de que na Ânua do ano que vem, poderemos dizer a Vossa Paternidade que não apenas terminou o serviço pessoal no Reino do Chile como também está em bom estado a paz que tantas almas e fazendas custou.[21]

Por obra do jesuíta espanhol, a devoção lauretana se espalhou em grande parte do território missionário entregue à Companhia de Jesus na América Latina: Peru, Chile e Paraguai, como ele mesmo afirma em carta de 1611 ao Padre Geral da Companhia de Jesus, Claudio Acquaviva, de quem solicita autorização para a institucionalização desse culto na nova província:

> Não há igreja de Colégio, residência nem missão onde não haja uma capelinha dEla nestas três governanças; e não haja relíquias daquela santa Casa. E se diz a cada dia a litania dedicada a Ela. E assim ao longo do caminho peço humildemente a Vossa Paternidade, em nome desta Sua e destes seus indignos filhos de Vossa Paternidade, licença para que fique esta devoção perpétua nesta Província em reconhecimento das graças que esta soberana Senhora faz e nos fez.[22]

devoto a esse culto e, na ocasião de sua viagem em Roma em 1604, realizou uma peregrinação junto ao Santuário.

20 Techo, *Historia*, 2005, p. 161.

21 Leonhardt, *Cartas*, 1927, p. 520.

22 *Idem*.

Em vários pontos da carta de 1612, o Provincial se refere à introdução da devoção lauretana naqueles territórios: "Não há igreja de Colégio, residência nem missão onde não haja uma capelinha dEla".[23] Um passo da carta descreve a relação que um grupo de mulheres estabeleceu com uma estátua da Virgem lauretana, por ele incentivada durante um período de missão junto às populações dos Araucanos, onde formou uma congregação feminina dedicada à Nossa Senhora de Loreto: as mulheres "participaram dos serviços sagrados, adornaram a imagem de Maria com flores, fizeram penitência, até maceraram seus corpos, passaram muitas horas em oração, deram seus bens aos pobres, cantaram canções para a Virgem etc.".[24] Torres Bollo evidencia que, através do culto e do cuidado com o ornato da imagem, brotara uma relação de confiança e de entrega daquelas mulheres para com a presença significada pela estátua, a saber, Maria, cuja ação consoladora e protetora foi vivenciada por uma componente do grupo em um momento de perigo e desamparo. Esta, estando em um campo refém de bandidos que a queriam matar, "se encomendou à Virgem de Loreto, na madrugada, muito de coração e assim sentiu que Nossa Senhora a consolava e dizia que não morreria". E de fato, ela ficou "viva e muito devota à Nossa Senhora de Loreto".[25]

A dinâmica retratada por Torres Bollo, que une a imagem (a estátua decorada), a presença sagrada real representada (Nossa Senhora) e o destinatário de representação (a mulher em perigo), pode ser compreendida conforme a perspectiva delineada por Paleotti. Segundo este autor, a relação entre a imagem/matéria e o objeto representado/imaterial se estabelece na medida em que a imagem for tomada não como simples figura, mas "enquanto representa algo real da qual ela é semelhante", de modo que "a nossa mente vai afixar-se sobre o objeto que nela é representado".[26] Para que isto aconteça, a imagem deve adquirir eficácia persuasiva e evocativa e isto depende da intensidade do prazer que ela é capaz de suscitar. A imagem, por sua beleza, estimula a sensibilidade produzindo prazer, e este é experimentado em três níveis: o primeiro é o prazer sensorial; o segundo é o prazer racional; e o terceiro é o prazer espiritual. Paleotti descreve assim o prazer sensorial: "A vista recebe um prazer enorme e uma sensação maravilhosa pela contemplação das pinturas, pela variedade das cores, pelas sombras, pelas

---

23 *Ibidem*, p. 491.

24 Techo, *Historia*, p. 173.

25 Leonhardt, *Cartas*, 1927, p. 520-521.

26 Paleotti, *Il Discorso*, 2002, p. 96-97, trad. nossa.

figuras, pelas decorações e por todas as coisas que são representadas". O "prazer da razão" acontece quando vemos uma coisa bonita e queremos aprender com ela e imitá-la, "transformar-nos nela".[27] Desse modo, o prazer racional converte-se em prazer espiritual: diante de uma pintura aprendemos por meio dela, ao ponto de poder nos transformar, de alguma forma, no que ela representa. Esse terceiro nível de prazer nasce do conhecimento espiritual, não derivando apenas da apreensão da personagem, ou da cena representada pela pintura, mas também daquela atitude intelectual chamada de contemplação. Paleotti retoma a relação estabelecida por Agostinho entre imaginação, memória e vontade. A vista repetida das imagens devotamente pintadas aumenta os desejos da vontade, ou apetites intelectivos, suscitando o desejo de imitar o objeto retratado. A ostensão assídua de uma imagem, ou de uma cena, pela ação da memória desencadeia na mente um movimento de aproximação progressiva entre a imagem e o objeto representado, através da impressão cada vez mais intensa suscitada no espectador, de modo que este se percebe como se estivesse diante da presença real do representado. O espectador é assim de certo modo "modificado" em seu psiquismo pela presença da imagem ou da cena, e, através dessa modificação, por ação da vontade, começa a identificar-se com o objeto representado pela imagem, ou a sentir-se parte da cena representada. Os efeitos produzidos pelas imagens não se restringem apenas ao nível das impressões sensoriais, dos afetos e dos movimentos da vontade, mas também atingem o nível corpóreo: "Como afirmado por filósofos e médicos, conforme os conceitos que em nossa fantasia criam-se a partir das formas reais, em nós geram-se impressões tão fortes que produzem alterações e sinais visíveis no próprio corpo".[28] Essa perspectiva doutrinária fundamentava nos missionários a confiança no amplo emprego da imagética no ministério evangelizador e era reforçada pelos fatos ocorridos nas comunidades indígenas, como os acima descritos.

A devoção mariana focaliza a imagem da Virgem com grande concurso do povo, especialmente das mulheres:

> A devoção à Nossa Senhora de Loreto tem crescido muito e faz bem de ver o concurso de povo à sua capela e as novenas que se têm feito e se fazem e a festa que se fez na ocasião da colocação de sua imagem trazida de Lima com seu tabernáculo dourado, todo muito bem lavrado que custou quinhentos pesos. Naquele dia adornou-se o altar com um frontal bordado de seda e ouro sobre tela branca, avaliado pela feitura

27 *Ibidem*, p. 72, trad. nossa.

28 *Ibidem*, p. 80, trad. nossa.

> mais de mil pesos de prata, que fizeram de esmola algumas senhoras devotas da santa Virgem filhas de um ouvidor desta real Audiência, bem parecidas aos seus pais quanto à devoção que têm para a Nossa Senhora e para a Companhia. Fizeram também outro rico frontal. E fazem agora um manto de tela também bordado para a Imagem.[29]

Interessa notar a correspondência toda feminina entre a imagem de Maria e as mulheres que são suas devotas, às quais realiza "graças particulares". Essa relação é retratada como dinamismo vivo que implica correspondência, empatia e envolvimento. A presença ativa da própria Virgem se manifesta através de ações milagrosas:

> Correspondeu Nossa Senhora a tanta devoção que o povo tem por Ela realizado algumas graças particulares. Entre outras, contarei aqui apenas uma por ser mais insigne e estar mais averiguada. Uma senhora deste reino, estando em um campo em uma fazenda com grandes temores de que a queriam matar, se encomendou à Virgem de Loreto numa madrugada muito de coração e assim sentiu que Nossa Senhora a consolava e dizia que não morreria, apesar do que padecia. E assim aconteceu porque, levando-a a um lugar solitário, a deixaram num riacho e amarraram suas mãos para que se afogasse sozinha. Esteve a pobre senhora dentro da água por mais de duas horas invocando constantemente a Nossa Senhora de Loreto. Voltando após este tempo os malfeitores e achando que a encontrariam morta, ao vê-la viva apesar de cansada, julgaram o fato milagroso, a retiraram viva e muito devota à Nossa Senhora de Loreto.[30]

A Carta Ânua enviada por Torres Bollo ao Padre Geral Claudio Acquaviva, em 1615, ao referir-se à vida dos missionários junto à Residência de Santa Maria dos Reis entre os indígenas guaicurus, narra que

> Naquela pequena Redução de Santa Maria dos Reis, se colocou recentemente um quadro desta invocação, participando desta festa cristã, cristãos e infiéis, ficando estes últimos tão tocados por esta representação, que exclamaram que queriam fazer-se cristãos. No mesmo dia da colocação desta representação, chegou nesta Redução a mãe do cacique principal dos Itatines, de idade muito avançada, para ser batizada (Torres Bollo, de Córdoba, 12 de junho de 1615).[31]

29 Leonhardt, *Cartas*, 1927, p. 520.

30 *Ibidem*, p. 521.

31 *Ibidem*, p. 451.

Nessa mesma carta de 1615, Torres Bollo cita um trecho da missiva enviada pelo Padre Roque González, que se refere a uma imagem devocional mariana que o missionário levava sempre consigo na fundação de novas Reduções rumo ao rio Uruguai: "Eu havia trazido uma imagem pintada da Santíssima Virgem para ser colocada no templo". Essa mesma imagem, sob o título de "A Conquistadora", foi a que seguiu Roque em todas as suas fundações e a que o acompanhou em seu martírio, sendo também dilacerada pelos que o mataram.[32] O valor da imagem mariana para os indígenas é tão grande que "resolveram em sua alegria recebê-la com a maior solenidade possível. O templo designado para este fim estava adornado com as flores e grinaldas costumeiras, e as ruas pelas quais Ela viria, com arcos triunfantes". Torres Bollo, em carta de Córdoba de 12 de junho de 1615, cita a escrita do Padre Roque:

> Ainda não tínhamos chegado à aldeia, quando todos, em solene procissão, saíram ao encontro da imagem para cumprimentá-La, algumas crianças cantando para Ela, outras ao som da música, tocando flautas e tímpanos à sua maneira, e o padre recitando as preces do ritual. A imagem foi colocada sob um dossel de seda e levada por quatro caciques até chegar ao vilarejo, e os aldeões ficaram surpresos ao ver coisas tão novas e incomuns. Não há como dizer quanto consolo eles tiraram desses mistérios de nossa fé.[33]

Não apenas as imagens marianas, como também as de vários santos são usadas pelos jesuítas em seu ministério junto aos guaranis. Na mesma Carta Ânua de 1615, Torres Bollo relata a construção de uma nova capela na cidade de Asunción, dedicada a São Carlo Borromeu, que abriga uma estátua enviada da Itália. O projeto de introduzir o culto desse santo na Província do Paraguai nasceu do relacionamento de amizade travado entre Torres Bollo e o sobrinho de São Carlos, o Cardeal Federico Borromeu. Com efeito, no período da fundação

---

32 Roque González de Santa Cruz nasceu em Assunção em 1576. Em 1609, ingressou na Companhia de Jesus. Em 1610, participou da fundação da Redução denominada "*Nuestra Señora María de los Reyes*", que agrupava nativos da etnia guaicuru, próxima do Rio Paraguai, em frente à cidade de Assunção. No dia 25 de março de 1615, fundou a Redução de "*Nuestra Señora de la Encarnación de Itapúa*", para agrupar nativos da etnia guarani na margem esquerda do Rio Paraná. Em 1616, fundou a Redução de Yaguapohá, para agrupar nativos da etnia guarani. Juntamente aos padres Afonso Rodrígues e Juan del Castillo, Roque González foi um dos primeiros evangelizadores nas terras do Sudoeste do Brasil. Depois de dois anos e meio de intenso trabalho missionário, os três padres foram mortos em Caaró por um grupo de nativos contrários à evangelização, liderados pelo pajé cacique Nheçu.

33 Leonhardt, *Cartas*, 1927, p. 491.

e do início da Província do Paraguai, Diego de Torres Bollo e seus primeiros companheiros missionários levaram aos indígenas que eles pretendiam "reduzir" imagens dos padroeiros a quem eles próprios eram devotos: Nossa Senhora, Santo Inácio e São Carlos Borromeu. Foram surpreendidos pelo impacto que essas imagens tiveram sobre os destinatários: estes quase de súbito se apropriaram delas e construíram com elas uma relação direta de pedido, devoção e cuidado. O fenômeno de intenso impacto afetivo suscitado pela ostensão das imagens dos santos e com os modos de apropriação pelos nativos, observados e narrados repetidamente nas cartas, para além das previsões acerca da capacidade das imagens de comover e persuadir, fundamentadas nos saberes psicológicos e teológicos acima apresentados, tinha motivações inerentes à cultura dos guaranis. Segundo o historiador da arte guaranítico-jesuíta Darko Sustersic, estes estabeleciam com as imagens uma relação constitutiva de seu ser pessoal, baseada nos olhares:

> Ainda hoje em alguns grupos étnicos nas selvas e florestas, o olhar dos membros de um grupo social para a criança é o principal meio de formar a consciência social e a educação da criança. Durante a amamentação, a mãe deve sempre olhar para a criança e não atender a nenhuma outra tarefa. [...] É provável que o escultor Guarani não pudesse conceber nenhuma relação social, nem oração nem culto, sem esta intensa relação de olhares. Ser olhado é indispensável para que a relação com a imagem cumpra seu propósito e significado.[34]

A leitura de outras fontes ajudará a compreender melhor esse fenômeno.

Maravilhamento e afetos dos guaranis diante das imagens nas Cartas Ânuas de Pedro de Oñate[35]

Uma vez que Diego de Torres Bollo deixara seu cargo de padre Provincial, sucedeu-lhe Pedro de Oñate (1615-1637), em cujas Cartas Ânuas também se

34 Sustersic, *Imagenes*, 2010, p. 392.

35 Pedro Escobar de Oñate nasceu em janeiro de 1567 em Valladolid e entrou na Companhia de Jesus em 1586. Foi aluno do filósofo jesuíta Francisco Suarez. Ele chegou ao Peru em 1592; dirigiu o noviciado de San Antonio Abad em Lima de 1604 a 1609. Nomeado Provincial no Paraguai, ocupou o cargo de 1615 a 1624. Ele fundou as faculdades de Buenos Aires, Concepción, Corrientes, Mendoza e San Miguel. Ao retornar ao Peru, lecionou no Colégio Máximo de São Paulo em Lima e foi examinador sinodal do Arcebispado de Lima, assim como Qualificador do Tribunal do Santo Ofício.

encontram referências ao emprego de imagens no âmbito do ministério missionário da Companhia. Na carta de 16 de novembro de 1616, destinada ao Padre Geral Muzio Vitelleschi, Oñate cita trechos da missiva do Padre Diego Boroa, enviada das missões do Paraná, especificamente da Redução de Santo Inácio, onde atua em companhia do Padre Juan de Salas. Nela, o escritor observa que, nos moradores daquele povoado, a estima pelas imagens sinalizando a presença do sagrado se acompanha à atitude de reverência interior demonstrada diante da pessoa do Provincial e dos objetos da fé. Boroa descreve a devoção dos indígenas para com os ícones do *Agnus Dei* e de Nossa Senhora que lhes foram presenteados pelo Provincial em sua visita. Acena também ao trabalho de um indígena carpinteiro empenhado na construção de um retábulo para colocar as imagens:

> Além da reverência que tem pelas imagens e cruzes nossas, mostram também a estima que vão tendo das coisas de nossa santa fé. E não mostram pouca estima os índios [...] da obediência a Vossa Reverência como a Padre de todos. Pois, ao chegarem, me trouxeram o *agnus dei* que Vossa Reverência lhes deu, para que o colocássemos, o que eu fiz estimando muito sua fé nas imagens. As pusemos em suas casas e o capitão Thomas Arapizandú não se contentou com isto, mas as fez pôr por um carpinteiro em um retábulo para que a imagem de Nossa Senhora estivesse com mais decência. E nós, animados com sua boa disposição e pelo fato de que vão adquirindo estima e afeição pelas coisas de nossa santa Fé, procuramos fazer com toda solenidade e aparato possível as festividades e cerimônias santas da igreja, as quais, como para tudo o demais, tem ajudado o Padre Juan de Salas.[36]

Boroa relata também os preparativos para a celebração solene da Semana Santa: a ostensão dos eventos rememorados naquela semana é feita através das estações, cenografias contendo cenas evangélicas dispostas no território da aldeia a serem visitadas pelos devotos:

> Na semana santa fizemos o ofício com aparato segundo a nossa pobreza e custo possível: acertou a vir para cá um índio carpinteiro de Asunción, que nos fez um tabernáculo de madeira com suas balaústras e grades, o qual todo se cobriu com quantos frontais e roupas tínhamos na sacristia, e onde faltou o pano, o papel pintado remediou a falta. Pusemos o santíssimo Sacramento [...] com muitas luzes e lampiões,

36 Leonhardt, *Cartas*, v. II, 1929, p. 84.

> com a maior decência que aqui foi possível. [...]. Participou todo o povo visitando as estações atrás do padre que as percorria e eu primeiro para dar-lhes exemplo. E ofereciam umas bolinhas muito limpas e pequenas, de cera, em oferenda, porém entendo que foram aceitas por Nosso Senhor como se fossem a coroa da velha (a moeda da viúva da cena evangélica). À noite fizeram sua procissão.[37]

A visita às estações permite aos devotos realizar, ao longo da deambulação, o processo de meditação segundo o método inaciano descrito acima e chamado de "composição de lugar".[38] Cenografias e procissões permitem que a apresentação das imagens dispostas ao longo do trajeto estimule o dinamismo das "três faculdades da nossa alma: intelecto, vontade e memória".[39] A memória possibilita que a imagem se fixe através de repetidas ostensões: "Quanto à memória, pode-se dizer que aquela voluntária, que é suscitada em nós pelo uso das imagens, é cada vez mais solicitada pela visão das imagens sagradas".[40] Desse modo, a ostensão de certas imagens e cenas pode suscitar correlatas vivências afetivas: por exemplo, um afeto de tristeza, ódio, repulsa ou compaixão. Tais afetos têm mais intensidade do que aqueles suscitados pelas palavras:

> Ouvir narrar o martírio de um santo, ou o zelo e a constância de uma virgem, ou a mesma paixão de Cristo, são coisas que com certeza nos tocam vivamente, mas se o santo martirizado, a virgem que sofre ou o Cristo com os pregos forem colocados embaixo dos nossos olhos, a nossa devoção não pode aumentar e penetrar na profundidade.[41]

A Carta Ânua de Oñate descreve também a vida dos padres Giuseppe Cataldini, Simone Mascetta e Antonio Ruiz de Montoya junto às Reduções de Nossa Senhora de Loreto e de Santo Inácio na região do Guairá, dos quais cita trechos de cartas com os relatos das atividades missionárias realizadas. Mascetta se refere à grande devoção do povoado de Santo Inácio pela imagem de Nossa Senhora de Loreto ("os índios vivem [...] particularmente a devoção de Nossa Senhora de Loreto"), cuja presença foi invocada por uma procissão solene. A imagem da Santa, transportada de uma Redução para outra, afastou a ameaça da peste nas duas

37 *Ibidem*, p. 91-92.

38 Carruthers, *Machina*, 2006.

39 Paleotti, *Il Discorso*, 2002, p. 65.

40 *Ibidem*, p. 65, trad. nossa.

41 *Ibidem*, p. 79, trad. nossa.

Reduções: "Dias atrás, dando uma enfermidade no povoado de Santo Inácio, se fez uma procissão solene levando de uma Redução para outra a referida imagem, com que foi Nosso Senhor servido não passasse adiante a peste".[42]

Na Carta Ânua de 22 de abril de 1618, Pedro Oñate cita um longo trecho da missiva do próprio Padre Giuseppe Cataldini, o qual descreve a vida na Redução de Nossa Senhora de Loreto, na época habitada por 700 famílias de indígenas. Cataldini põe em evidência que a localização do assentamento num território que vimos cuidadosamente escolhido, cuja proximidade a dois rios proporciona um ambiente adequado para plantações e pesca e viabiliza os deslocamentos fluviais, e o fato de que o povoado não seja isolado, mas esteja próximo a outro, dedicado a Santo Inácio, facilitam a recepção de visitas de vários missionários que, de uma forma ou de outra, colaboram com a vida religiosa e artística daquela comunidade, e com as trocas entre as populações das duas Reduções, por exemplo, nas ocasiões de festas e cultos. Entre elas, há as celebrações organizadas por aquela população em honra à Virgem Lauretana e as manifestações de grande devoção e afeto para com ela por parte dos indígenas. Na descrição, chama atenção a disposição à moda indígena dos aparatos efêmeros para a passagem da procissão: vários arcos decoravam as ruas e debaixo deles colocava-se comida:

> Junto a este rio Paranapanema está a Redução de Nossa Senhora de Loreto, que desfruta da proximidade dos dois rios em cujas margens os índios têm suas sementes e na ilha colocam a colheita que fazem. Três léguas acima do rio é o Povo de Santo Inácio, com uma localização muito boa. Tem diante de si algumas grandes ilhas que o rio forma, excelentes para a semeadura, e especialmente para o algodão. O clima aqui é bom, embora o mês de março seja muito quente e cause algumas doenças para as quais não temos remédio, exceto para ajudar, expondo o Santíssimo Sacramento, que colocamos na Igreja de Nossa Senhora de Loreto em 24 de setembro deste ano. Colocamos com todo o decoro devido, com a presença de seis padres, dois religiosos descalços de São Jerônimo, que depois de terem passado por grandes obras, chegaram a esta Redução, onde estão há quatro meses. Outro religioso de Nossa Senhora de Mercedes e os três que estão aqui decoraram a igreja da melhor maneira possível e cantaram a missa com o diácono dando um sermão, e nela tivemos uma procissão muito solene decorando as ruas com muitos arcos. E levantamos sete altares neles,

42 Leonhardt, *Cartas*, v. II, 1929, p. 109.

> o melhor que pudemos. Alguns alimentos foram colocados debaixo dos arcos, de acordo com o costume destes pobres índios: quartos de vacas, galinhas, queijos e outras coisas que, sendo novas nestas terras, eles gostavam muito.[43]

A apropriação da solene celebração religiosa pelos indígenas implicava em danças e no oferecimento de um longo banquete: "E eles fizeram muitas danças. Dois banquetes foram preparados: um para os espanhóis que compareceram à festa; e outro para os indígenas. E este segundo durou de uma hora da tarde até quase o pôr do sol, porque quando algumas pessoas se sentaram para comer, outras vieram da Redução de Santo Inácio".[44]

O banquete não é um elemento estranho à visão de mundo dos jesuítas. Com efeito, é característico de muitas tradições culturais: a ênfase na função religiosa da alimentação remonta ao terceiro milênio antes de Cristo – na Mesopotâmia, o ofício da homenagem aos deuses comportava a oferenda alimentar, sendo que às divindades eram oferecidas carnes de vacas e carneiros, pão, leite, cerveja e vinho.[45] No contexto do judaísmo, o Salmo 62 proclama: "A minha alma será saciada como em um grande banquete de festa". Inúmeras são as referências ao banquete sagrado entre Deus e o seu povo, e, entre elas, destaca-se o misterioso convívio de Mambré. No cristianismo, os relatos evangélicos narram a instituição da Eucaristia ao longo de um banquete que definitivamente é sacralizado no gesto sacramental. A função social do banquete é especialmente evidenciada no mundo grego e romano, sendo o convívio considerado um importante elemento de distinção entre o ser humano civilizado, o bárbaro e os animais, usado "[...] não somente (e menos) por fome, para satisfazer uma necessidade elementar do corpo, mas também (e sobretudo) para transformar esta ocasião em um ato de sociabilidade, em um ato carregado de forte conteúdo social e de grande poder de comunicação". Desse modo, "[...] o *convivium* é a própria imagem da vida em comum (*cum vivere*)".[46] Destaca-se a ênfase dada na Idade Moderna, pelo Concílio de Trento, ao valor do Sacramento eucarístico como ponto central do catolicismo da época, devido à analogia do banquete com a ceia sagrada em que Cristo

43 *Ibidem*, p. 152.

44 *Idem*.

45 Flandrin; Montanari, *História*, 1996.

46 *Ibidem*, p. 108, grifos do autor.

instituiu o sacramento da Eucaristia. Nesse sentido, o banquete é um elemento das culturas indígenas facilmente apropriado e ressignificado pelos missionários.[47]

É de grande interesse também o relato da procissão realizada pelos moradores da Redução vizinha, carregando em andores a estátua de seu orago Santo Inácio:

> Ao vir, elas levavam em procissão uma pequena estátua do Santo Padre Inácio em andores, que, embora não fossem luxuosos, não deixavam de ser notáveis. A ordem da procissão foi muito apreciada: em primeiro lugar, avançavam cinco bandeiras e uma cruz com os braços cobertos de seda; o Santo Padre (Inácio) e Nossa Senhora e depois o Santíssimo Sacramento veio atrás dela, em um cálice dourado. Foi um banquete de notável e geral consolo para todos.[48]

Pode-se ressaltar a importância da imagem do padroeiro da Redução (nesse caso, trata-se de uma pequena estátua) como elemento identificador daquele povo. A vida na Redução é descrita por Cataldini como uma construção comum onde os indígenas se envolvem ativamente e criativamente e têm funções bem definidas, mostrando disposição e aptidão para aprender novas competências:

> Estes índios, de excelente natureza e engenhosidade, aprendem muito corretamente tudo o que é ensinado, e seriam muito bons artesãos se tivessem mestres. Eles fazem as ferramentas para a extração do mel como se estivessem fazendo isso há muito tempo. Pedimos a ajuda de um carpinteiro, mas não conseguimos convencê-lo a fazer nossas igrejas. Por isso, confiando em Deus, colocamos a tarefa nas mãos dos índios, que o fizeram com tanto prazer como nenhum espanhol havia feito.[49]

O sujeito construtor da igreja torna-se um "nós", e o templo é construído pelos jesuítas, os religiosos ali presentes e os indígenas, unidos numa ação comum: "Fizemos as igrejas com três naves, 150 pés de largura e 80 pés de altura. Os índios participaram do trabalho com grande fervor, colocando o Alcaide, o Cacique mais importante, sua autoridade, para obter terras para os muros e para cuidar do que era necessário".[50]

Para além da edificação do templo, a vitalidade daquela comunidade se manifesta na mudança das pessoas no que diz respeito aos relacionamentos fraternos

47 Massimi, "Alimentos", 2006.

48 Leonhardt, *Cartas*, v. II, 1929, p. 152.

49 *Ibidem*, p. 152.

50 *Idem*.

que se consolidam: "A mudança nestes [indígenas] tem sido notável, especialmente a afabilidade de um para o outro". Além disso, os guaranis são assíduos aos gestos religiosos, como as práticas sacramentais e a oração ao anoitecer nas casas: "Todos os dias, à noite, as orações são recitadas em cada casa". Eles manifestam "devoção", e "as pessoas mais inteligentes fazem perguntas sobre o catecismo quando estão se preparando para dormir", ao tocar do sino que lembra a todos de rezar pelas almas do purgatório.[51]

A vivência religiosa tem como centro o estabelecimento do elo com o ser divino, vivido como presença pessoal que se manifesta aos devotos e age em seu favor, presentificada pela imagem do orago, pintura ou estátua que seja. Ao relatar o evento da procissão fluvial de Nossa Senhora de Loreto desde a Redução de Loreto até Santo Inácio, Giuseppe Cataldini se refere à experiência relatada por um velho indígena:

> Eles [os índios] têm uma grande devoção à Nossa Senhora de Loreto e, para atestar isso, direi que um homem índio me respondeu, aparentemente muito rude porque ele já é muito velho. Perguntei-lhe como estava, e ele me respondeu com notável alegria e grande prontidão que percebi que vinha de seu coração: "Como você quer que eu esteja, pai?! Pois vi minha Mãe que não vinha há muito tempo; e tão grande era meu desejo de vê-La que, embora estivesse fraco e doente como você vê, me arrastei para o rio quando soube que Ela estava chegando e fui aonde eu esperava que Ela passasse, e assim que a vi, voltei muito feliz". Pareceu-me tão extraordinário ver o afeto com que ele me contou estes fatos.[52]

A Carta Ânua escrita por Oñate, de Córdoba em 17 de fevereiro de 1620, ao descrever o trabalho nas Reduções do Guairá – Santo Inácio e Nossa Senhora de Loreto –, cita o relato do Padre Antonio Ruiz de Montoya, que em 1619 foi em busca de indígenas a serem convertidos junto a uma nação do baixo Paraná, perto de Villa Rica, e "lá lhe aconteceram coisas maravilhosas". Oñate cita as palavras de Montoya:

> Cheguei em um povo onde está uma imagem da Virgem pintada em papel muito grosseiramente e faz muitos milagres ressuscitando mortos, do qual vi dois e falei com eles. Um deles me narrou o modo em

---

51 *Ibidem*, p. 153.

52 *Idem*.

> que Nossa Senhora o tinha feito voltar para a vida; o outro era criança e não soube me contar nada. No dia antes de eu chegar, a imagem da igreja suou sangue e, pelo que pude entender, foi pelo fato de ter sido cometido um grande pecado.[53]

Oñate narra que, a seguir, "os índios pediram ao Padre que ficasse com eles e lhe disseram que se mudariam para onde ele quisesse, e tudo o que fizeram para que ficasse com eles é incrível".[54] A imagem sagrada pintada pelos indígenas adquire características sobrenaturais, chegando a realizar milagres e a manifestar afetos. Nesse caso, não há mais a mediação dos padres, que apenas testemunham os efeitos da relação de comunicação direta estabelecida pelos indígenas com a presença da imagem pintada de Nossa Senhora.

A narrativa de Oñate informa acerca das missões junto ao rio Uruguai, "um rio muito caudaloso, quase tão grande como o mar", que "corre paralelo ao rio Paraná desde onde emparelha na residência de Itapoá até entrar no mar", atravessando territórios "povoados por muitíssimos índios".[55] Oñate declara ter disposto a enviar para essas terras os padres Roque González e Diego de Boroa, e que os dois missionários encontraram um dos caciques daquelas populações. Boroa descreve o impacto afetivo muito intenso diante das imagens sagradas, observado no cacique e seus acompanhantes, usando os adjetivos "maravilhados", "admirados" e "absortos":

> Vieram muitos índios diversas vezes e de diferentes partes do Hiruguay [...]. Porém, especialmente um, deste mesmo Rio, cacique principal e muito capaz, ao qual [...] lhe disse como tinha vindo aqui e os queria e amava muito, avisou-nos que tinha tratado que os recebêssemos também como filhos e lhes ajudássemos, e assim que, em cumprimento disto, havia de ir o padre a ver suas terras. Levei ele com as pessoas que ele trazia consigo até a igreja e mostrei a eles os ornamentos e as imagens, diante das quais eles ficaram muito maravilhados e como absortos (pois eles nunca tinham vindo aqui), principalmente lhes ficou a admiração de ver a majestade dos quatro novíssimos que Vossa Reverência nos deixou aqui, obra do Irmão Luís. Nesta ocasião, lhes dei breve notícia dos mistérios de nossa santa fé. E o cacique foi muito contente, com suas gentes, dizendo que fossem em hora boa os padres a suas terras e depois em sua casa. Disse isto ele mesmo.[56]

53 *Ibidem*, p. 207.

54 *Idem*.

55 *Ibidem*, p. 216.

56 *Ibidem*, p. 217-218.

A admiração dos indígenas diante das imagens, descrita na carta, remete à concepção do dinamismo psíquico e espiritual, ligado à sensação prazerosa decorrente do impacto das imagens pictóricas sobre os destinatários, descrito por Paleotti e acima citado. A carta de Boroa retrata os indígenas "maravilhados e como absortos" diante das imagens, algo que remete ao que Paleotti chama de "prazer enorme e a sensação maravilhosa" suscitados "pela contemplação das pinturas".[57] Essa experiência sensorial remete a "todas as coisas que são representadas", introduzindo a segunda dimensão do prazer, que é a da razão: o interesse em conhecer tais objetos. De fato, esclarece Boroa, "nesta ocasião, lhes dei breve notícia dos mistérios de nossa santa fé", ali representados. O jesuíta escreve também que os afetos de admiração e maravilha, suscitados pelas imagens naqueles indígenas encontrados nas proximidades do rio Uruguai, levaram-nos a uma atitude de contemplação, de reflexão acerca do significado daquelas ostensões ("absortos"). Trata-se do terceiro nível do prazer, definido por Paleotti como conhecimento espiritual: "Tendo como objeto a realidade mais desejável, é movido por uma virtude mais elevada",[58] que leva à contemplação do objeto representado e possibilita o conhecimento de seu significado doutrinário. Abre-se assim o caminho da recepção dos missionários: "[...] e o cacique foi muito contente, com suas gentes, dizendo que fossem em hora boa os padres a suas terras e depois em sua casa".

É preciso também notar que o conhecimento acerca do poder evocador das imagens e das relações entre afetos, imaginação e memória, empregado em suas práticas pelos missionários jesuítas do início do século XVII, não derivava neles apenas das doutrinas teológicas e filosóficas, mas também da "experiência das coisas" adquirida pelos seus antecessores na evangelização do Brasil. Estes, já nos informes missionários e na correspondência de meados do século XVI, assinalavam o grande impacto das imagens e a força da imaginação sobre as populações nativas.[59]

57 Paleotti, *Il Discorso*, 2002, p. 72, trad. nossa.

58 *Ibidem*, p. 73.

59 Massimi, "As imagens", 2008.

Imagens e visões na Conquista Espiritual de A. Ruiz de Montoya (1639)[60]

Observações acerca do dinamismo da imaginação nos guaranis aparecem com frequência no tratado de Montoya, que com regularidade estabelece uma correlação entre fenômenos de visões e ostensão de imagens, como no relato a seguir, acerca de fatos ocorridos na Redução de Loreto.[61] Montoya conta a história da visão de São Pedro e dos Arcanjos revelada a um indígena devoto e ameaçado pelo diabo em ponto de morte: "Apareceu-lhe São Pedro Apóstolo, e dois anjos, um que ele conhecia ser São Miguel, e o outro era o seu Anjo Guardião, cuja presença afastou o diabo".[62] Montoya estabelece uma associação entre a visão do indígena e a ostensão de imagens: comenta que "esse bom índio nunca tinha visto a imagem de São Pedro, mas o descreveu a mim da mesma forma que os pintores o pintam e os escritores o descrevem".[63] A ênfase de Montoya quanto à semelhança entre a representação da figura de São Pedro no relato verbal do indígena e a tradicional representação iconográfica realizada pelos pintores parece sugerir que a visão do

---

60 Antonio Ruiz de Montoya nasceu em 1585, em Lima, Peru. Em 1606, ele entrou na Companhia de Jesus. Em 1612, foi ordenado sacerdote em Santiago del Estero (Argentina) e enviado a Assunção, onde começou a estudar a "Arte de gramática da língua mais usada na costa do Brasil", a gramática da língua tupi, escrita por José de Anchieta. Foi enviado para ajudar nas missões jesuítas de Guaíra, território do atual Paraná. Na redução de Nuestra Señora de Loreto (Argentina), estudou a língua dos Guaranis e aprendeu seus costumes. Em 1622, tornou-se superior dos jesuítas daquela região e fundou 11 novas Reduções. Em 1629, dirigiu o êxodo de 12.000 Guaranis da província de Guayrá para a província de Misiones, para fugir dos ataques dos bandeirantes que queriam escravizá-los. Em 1632, junto com eles, fundou as Reduções de Nuestra Señora del Loreto e San Ignacio Miní nas margens do rio Yabebyry na Argentina atual. Em 1636, havia 26 Reduções na região dos rios Paraná e Uruguai. Em 1637, ele foi encarregado de reclamar ao Rei da Espanha, Felipe IV, sobre os bandeirantes de São Paulo que atacaram as missões jesuítas em busca de indígenas para vender como escravos. Com este mesmo objetivo, foi enviado a Roma, como procurador dos indígenas. Em Madri, publicou várias obras: o dicionário *Tesoro de la lengua guarany*, a crônica *Conquista espiritual feita pelos religiosos da Companhia de Jesus nas províncias do Paraguai, Paraná, Uruguai e Tape*, e um catecismo em língua guarani. Em 1643, regressou ao Peru. Ele tentou retornar ao trabalho nas Reduções paraguaias, mas problemas de saúde o obrigaram a voltar a Lima, onde faleceu em 1652.

61 Segundo Fleck (2005), sonhos e visões são elementos recorrentes nos documentos jesuíticos acerca das Reduções e são entendidos como experiências que produzem impacto na vida diária dos indígenas, marcadas por elementos simbólicos e poéticos. Dentre elas, há os relatos de "mortes sonhadas", "ressurreições aparentes" e "curas milagrosas", todos voltados a evidenciar mudanças de condutas delas decorrentes.

62 Montoya, *Conquista*, 1997, p. 22.

63 *Ibidem*, p. 22.

indígena corresponde de modo tão perfeito à representação pictórica por ser fruto de um olhar de fé. Essa correspondência entre a evidência da realidade sagrada obtida pela fé e a evidência obtida pela imagem é discutida por Paleotti, com base no terceiro livro da *Suma Teológica* (qu. 25, a. 3-4) de Tomás de Aquino:

> Portanto, ao adorarmos as imagens sagradas de Cristo, da Virgem Maria e dos santos, nós adoramos a Cristo, a Virgem e os santos representados nas imagens; e quando nós nos ajoelhamos diante de suas imagens, é como se nós nos ajoelhássemos diante deles mesmos, sendo este gesto gerado em nós não pela imagem e sim pela realidade que ela representa, exatamente do mesmo modo em que nós honramos embaixadores e legados por serem representantes de seus príncipes.[64]

Com efeito, na vida terrena, ou seja, no estado definido por Tomás de "corpo não glorioso", "nós não podemos apreender as realidades celestes e invisíveis a não ser pelo intelecto movido pela fé. Esta, porém, sendo ainda frágil, guia o intelecto com fadiga, sem poder produzir os efeitos próprios das coisas reais".[65] Desse modo, a visão das realidades celestiais, vivenciada em circunstâncias extraordinárias em que a pessoa já se encontra fora do "corpo não glorioso", é uma condição em que a visão da fé é fortalecida por uma epifania, como no caso do indígena protagonista da narrativa de Montoya. O ápice da epifania é a visão do Paraíso:

> Ele (São Pedro ou o Anjo da Guarda), cobrindo-o com o seu dossel, na companhia dos dois Anjos, subiram a montanha, e, passando através de alguns campos muito agradáveis, chegaram às portas de uma grande cidade cercada, da qual saía, entre outras coisas, uma grande claridade e resplendor. Aqui fizeram uma paragem, e São Pedro disse-lhe: "Esta que vedes é a cidade de Deus, aqui estamos nós, e vivemos com Ele". Todavia, em seguida, Pedro alerta o índio: "Mas você, é necessário que regresse ao seu corpo, e no terceiro dia entrará na Igreja" (aquele dia era sexta-feira). E a este ponto o índio se encontrou em seu corpo.[66]

Na continuidade do diálogo, Montoya afirma o que entende ser o sentido persuasivo e catequético desse acontecimento, pela boca do próprio indígena: "para os meus parentes, para que possam acreditar no que vocês pregam e no que

---

64 Paleotti, *Il Discorso*, 2002, p. 98, trad. nossa.

65 *Ibidem*, p. 98.

66 Montoya, *Conquisa*, 1997, p. 22, trad. nossa.

nos ensinam", "para que aprendam bem a doutrina dos Padres".[67] Esse mesmo sentido é confirmado em outros passos do texto de Montoya.

Isabel, uma mulher indígena especialmente devota à Nossa Senhora de Loreto, após morte aparente, contou a Montoya ter visto Nossa Senhora resplandecente na companhia dos santos e outras visões que evocam imagens do texto inaciano dos Exercícios: "Vi foi uma tropa de demônios muito ferozes que saíram ao meu encontro trazendo uns garfos com os quais queriam me agarrar"; todavia, "um Anjo de grande beleza que estava comigo me defendeu e com uma espada de fogo afugentou o demônio". Depois, "esse Anjo me guiou até o inferno para que visse o fogo espantoso que padecem os condenados; ouvi assim como grandes latidos de cachorros, sibilos de serpentes, que eram as vozes dos demônios. Ali vi como se encontravam as almas que ali estavam, reconheci algumas entre elas".[68] Dentre elas, havia a alma de um menino que a mesma Isabel tinha levado ao colégio, mas que mal aproveitou do ensino e voltou à sua terra. Depois o Anjo guia Isabel à visão do Paraíso: "Me levou o Anjo a ver a glória dos bem-aventurados, vi a Deus em seu assento e trono belíssimos rodeado por inúmeros bem-aventurados"; "vi também Nossa Senhora, mas como te direi sua beleza? Pois não tem como compará-la a nada".[69] Montoya comenta que a indígena Isabel repetia de quando em quando: "Ah! Padre, que coisas tão lindas são aquelas que ali vi" e lembrava "a alegria com que estavam junto delas aqueles bem-aventurados"; e que também no Paraíso ela tinha reencontrado "muitíssima gente destas Reduções, e entre elas os três padres que morreram no Guairá, em grande glória".[70] A dinâmica dessa visão evoca imagens e cenas dos Exercícios Espirituais inacianos (anjos, demônios, almas, o inferno, o paraíso), mas também circunstâncias concretas da vida nas Reduções (o colégio, os fiéis e os padres que lá viveram), e assume um teor persuasivo diante dos indígenas, reafirmando a bondade da experiência cristã proposta pelos missionários e que é descrita qual caminho ao Paraíso.[71]

A presentificação do sagrado através da relação com a imagem devocional é uma experiência não apenas proposta aos indígenas, como também inerente à vida do próprio jesuíta, especialmente nas entradas pelas florestas e rios em busca

67 *Idem*.

68 *Ibidem*, p. 57.

69 *Ibidem*, p. 57-58.

70 *Idem*.

71 Possivelmente, a narrativa devia evocar na memória dos destinatários da narrativa o mito guarani da peregrinação para a terra sem males.

de comunidades indígenas a serem evangelizadas, ou diante de situações de grave perigo. Imagens sacras e devocionais em formas de estátuas ou pinturas são tomadas pelos missionários jesuítas quais companheiros protetores ao longo da epopeia da "conquista espiritual" dos nativos latino-americanos. As imagens da Virgem da Conceição e da Cruz são "companheiras" permanentes nas viagens missionárias e nas novas fundações de Ruiz de Montoya. Ao relatar o estabelecimento de uma nova missão nas terras de um cacique amigo, ele narra que "minha casa era à sombra de uma árvore, e nela eu tinha uma imagem da Virgem da Conceição, e como uma única arma uma cruz que eu carregava continuamente em minhas mãos".[72] A hostilidade dos indígenas moradores daquele território, diante da presença do missionário e de seus acompanhantes, desencadeia várias agressões. O jesuíta decide então ir ao encontro deles organizando uma espécie de procissão e carregando algumas imagens sagradas que possuía:

> Invoquei o auxílio dos 7 Arcanjos, Príncipes da milícia celeste, a cujo valor dediquei a primeira Redução que fiz. Eu tinha uma Imagem de pincel, de uma vara e meia de altura daqueles Príncipes; a pus em seu marco, levando-a em procissão [...]. Assim nos colocamos à espera da fúria daqueles tigres.[73]

A "companhia" das imagens dos Arcanjos torna-se a fonte da força do missionário e dos indígenas que o acompanham; mas também de persuasão para os indígenas inimigos: estes "julgaram, pela aparência exterior, que eu tinha muita gente" e "se aproximaram para me ver mais de perto". E "àqueles que vieram me ver, a primeira coisa que fiz foi contar-lhes o fim da minha vinda, e dei-lhes algumas agulhas e alfinetes, e pinos, que, embora de pouca importância, aqui eram muito apreciados".[74] Aconteceu desse modo que os indígenas começaram a se aproximar dele e ali nasceu o espaço para uma nova Redução, a partir da conversão dos que foram inicialmente hostis e inimigos: "Afluíram diariamente às tropas, chegando suas esposas, filhos e pessoas doentes, seus bens, deixando suas estâncias, suas chácaras e suas terras onde nasceram, a fim de povoar esse porto, e ouvir a palavra de Deus nele. Ali se reduziram todos os que da primeira vez me quiseram matar".[75]

---

72 Montoya, *Conquista*, 1997, p. 42.

73 *Ibidem*, p. 44.

74 *Idem*.

75 *Ibidem*, p. 45.

Os "inimigos" não são apenas grupos de indígenas, mas também os bandeirantes que de São Paulo vêm invadir as terras reduzidas e destroem os povoados, as igrejas e as imagens com gestos sacrílegos, obrigando missionários e indígenas ao êxodo forçado das Reduções de Nossa Senhora de Loreto e de Santo Inácio. No êxodo, uma parte da população seguiu a pé e outra pelos rios. No trajeto fluvial, imagens e sinos foram transportados por balsas: os fugitivos "levaram consigo campanas, Imagens, e outras coisas, que por seu peso os impediram de caminhar por terra".[76] As imagens sagradas os acompanham nessa fuga e "participam" da dor desse exílio forçado, como evidencia-se na narrativa acerca do suor e das lágrimas versadas pelas imagens da Virgem e dos Anjos da Redução do Paraná:

> Despojamos as tão lindas e tão formosas igrejas que deixamos bem cerradas para que não se tornassem esconderijo daquelas bestas sacrílegas. Foi tão horrendo e calamitoso este espetáculo, que no céu o aparecer de cometas deu grandes mostras de sentimento, assim como no solo, por meio de uma Imagem de pincel de altura de duas varas que estava numa Redução do Paraná. Esta Redução estava distante das que despovoamos a mais de 100 léguas, e nela tínhamos planejado o destino de nossa viagem. Essa Imagem, ao mesmo tempo que despovoávamos os templos, suou gotas tão grandes e em tão abundância que dois Padres não davam conta de Lhe recolher este suor com algodões, maravilhados de tão espantoso acontecimento, temendo alguma grave provação e não sabendo da nossa. Chegou-nos nova deste acontecimento no momento de maior aperto de nossa transmigração e causou-me grande consolo e alegria ver também com os meus olhos que a Virgem mostrava ser-nos companheira em nossos trabalhos e agonias (estas foram tais que por três vezes pensei que a dor e a angústia me desamparassem a alma, porém, recolhendo-me no refúgio da oração, sentia-me seguro da morte). Dois Anjos também expressaram igual sentimento: pois pelos seus olhos se viram correr lágrimas como grossas pérolas, mostrando o sentimento que expressavam o Céu e os sete Príncipes dos Anjos (a quem, como disse antes, tinha-se dedicado a famosa Redução de Tayaoba), ao ver sua Redução já despovoada. Recebemos esta informação oficial pelo Bispo do Paraguai.[77]

Montoya relembra este acontecimento também em outro ponto da *Conquista*: "Suou uma Imagem de Nossa Senhora copiosíssimo suor. Dois Anjos

76 *Ibidem*, p. 50.

77 *Ibidem*, p. 49.

[...] choraram, cujas lágrimas, distintamente gota a gota, viram os religiosos da Companhia que se achavam presentes, saindo pelos mesmos motivos lágrimas de seus olhos". Segundo Montoya, esses fenômenos expressariam "o sentimento do Céu contra essa maldade".[78]

A respeito destes e outros eventos desse tipo relatados no tratado, como por exemplo o presságio do martírio do Padre Cristóvão de Mendoza, na Redução de São Miguel, pela imagem de "um Cristo de pincel, [...] açoitado [...] suando profusamente [...] nas feridas dos açoites e das espinhas" (Montoya, 1985, p. 81), Montoya afirma tratar-se de "prova clara do sentimento do Céu ofendido", e, ao mesmo tempo, "matéria de nossa consolação porque vemos que o Céu se compadece por nossos trabalhos".[79]

Por fim, como já visto nas cartas, as imagens sagradas possuem também um poder terapêutico: é o caso do ícone de Inácio colocado no peito de uma pessoa doente, que, "abrindo os olhos para o Santo, sentiu sua ajuda, porque logo foi curada".[80]

Em síntese, na *Conquista Espiritual* de Montoya, evidencia-se o fato de que as imagens sagradas adquirem força persuasiva quando acompanhadas pela ação missionária e são reconhecidas pelos indígenas como sinais de realidades transcendentes. Essa qualidade de serem sinais do sobrenatural para os destinatários ocorre na medida em que as imagens forem capazes de suscitar afetos e mover a imaginação, conforme um percurso pedagógico que vimos traçado pelos Exercícios inacianos (sobretudo através do método da *compositio loci*), mas também pela psicologia filosófica de Agostinho. Na narrativa de Montoya, imagens e visões sinalizam compadecimento ("versando gotas de sangue tão grandes e em tão abundância"; "pelos seus olhos se viram correr lágrimas como grossas pérolas"; "mostrando o sentimento do Céu"), incutem medo ("demônios muito ferozes"; "fogo espantoso"; "latidos de cachorros"; "sibilos de serpente"), ou infundem consolação ("de grande beleza"; "alegria"). Desse modo, as imagens adquirem personalidade, manifestam empatia, realizam ações: elas defendem, elas curam, elas se compadecem. E, sobretudo, elas se dirigem aos fiéis guaranis e com eles estabelecem uma relação imediata e direta.

---

78 *Ibidem*, p. 91.

79 *Ibidem*, p. 81.

80 *Ibidem*, p. 67.

Imagens como objetos de identificação e de apropriação, na Viagem às Missões Jesuíticas e Trabalhos Apostólicos (1710) do jesuíta Antônio Sepp

A crônica de Antônio Sepp se refere à viagem missionária que o levara de Alt-Oettingen para a Província do Paraguai, e à prática apostólica pela qual, entre outros, ele fundou em 1698 a Redução de São João Batista no território do atual Rio Grande do Sul, após um período de permanência na Redução de Yapeyú, perto de Buenos Aires, e na Redução de São Miguel.[81]

Sepp era muito devoto de uma imagem de Nossa Senhora venerada nas suas terras de origem: a "Virgem Negra" de Alt-Oettingen, imagem antiquíssima de Nossa Senhora, assim chamada pela cor escura de seu rosto. Sepp levou a estátua consigo e, ao longo da travessia marítima, atribuiu-lhe a proteção recebida na perigosa viagem oceânica para Buenos Aires, em 1691. No navio, Sepp viajava junto com outros 44 missionários, governadores, mercadores, soldados, marinheiros e também africanos escravizados. Vários destes adoeceram e morreram ao longo da viagem. De um deles, Sepp narra que:

> Levei-lhe minha imagem de Nossa Senhora de Alt-Oettingen, que lhe deu extraordinário ânimo e que ele estreitou contra o peito e beijou. Aconselhei-o a que tivesse grande confiança nessa imagem sagrada da Mãe, que se recomendasse a Ela, que não abandona a ninguém que a invoca. Quando então o pobre negro contemplou a imagem e notou que o rosto da Mãe de Deus e do Menino era preto, igual ao dêle, oh!, é indescritível a alegria e o consolo que lhe inundaram o rosto! Estava, pois, cheio da máxima confiança de que, ainda nos últimos instantes de sua vida, obteria a intercessão misericordiosa da Santa Mãe de Deus, como depois também se verificou.[82]

A atitude do africano escravizado doente diante da estátua da Virgem evidencia um elemento muito importante no estabelecimento da relação com a

81 O diário de Sepp é um rico relato autobiográfico do dia a dia missioneiro, composto por cartas destinadas ao irmão Gabriel von und zu Rechegg, o qual veio a publicá-las. Antônio Sepp nasceu em 1655. Pertencia a uma importante família austríaca e, já antes de ingressar na Companhia de Jesus em 1674, aos 19 anos de idade, recebera ótima formação em música, vocal e instrumental. Inclusive, nas Reduções, seu conhecimento na área contribuiu para o desenvolvimento de uma fábrica de instrumentos musicais, envolvendo os indígenas de São Miguel e de São João Batista. Faleceu em 1733, na Redução de São José.

82 Sepp, *Viagem*, 1951, p. 77.

imagem: a identificação – o negro "contemplou a imagem e notou que o rosto da Mãe de Deus e do Menino era preto e igual ao dêle, oh!, é indescritível a alegria e o consolo que lhe inundaram o rosto!". A cor do rosto da imagem significa que o divino se identifica com a pessoa humana em sua condição específica, incluindo a raça. Na imagem, a pessoa pode espelhar-se a si mesma.

Numa perspectiva psicológica, Safra (1999) afirma que, em muitas situações, a experiência humana é melhor expressada pelos símbolos que têm dimensão estética, como as imagens: segundo ele, o *self*, ou seja, a pessoa, se constitui, se organiza e se apresenta pela mediação de fenômenos estéticos.[83] Então, "uma pessoa, frente a um símbolo estético, experimenta imaginativamente em seu corpo o sentido de ser que o símbolo estético apresenta".[84] O psicólogo traz o exemplo dos ícones russos: segundo a teologia ortodoxa-cristã, "a imagem é presença do ser; não é representação, mas presença. O ícone é a interface entre o finito e o infinito, entre o transcendente e a temporalidade".[85]

Ao intuir a importância desse processo de identificação, Sepp, ainda na viagem de navio, realiza ostensões daquela mesma estátua para as mulheres africanas deportadas como escravas. Sepp conta que:

> [...] lhes mostrei Nossa Senhora de Alt-Oettingen, para a qual tomaram particular devoção. Beijavam e veneravam a imagem, como aquele negro doente acima citado. Cada uma dessas mulheres, pretas como carvão, queria uma imagem para si. Para satisfazê-las, dei-lhes outras, pequenas reproduções, que o Padre Bohm e eu havíamos feito de argila, às centenas, quando estávamos em Sevilha e Cádiz. As mulheres veneravam essas imagens mais do que ouro e prata, porque até aí nunca haviam visto uma imagem de Nossa Senhora negra e semelhante a elas.[86]

Para promover ainda mais o dinamismo da identificação por semelhança, ao longo da viagem Sepp distribuiu aos africanos escravizados centenas de pequenas estátuas de barro da Virgem de Alt-Oettingen, e o mesmo fez com os guaranis, depois de sua chegada às missões.

A veneração dessa imagem envolveu os guaranis das Reduções a tal ponto que Sepp tomou a iniciativa de fazer com que ela fosse reproduzida por um pintor indígena.

---

83 Safra, "A Face", 1999, p. 25.

84 *Ibidem*, p. 27.

85 *Ibidem*, p. 39.

86 Sepp, *Viagem*, 1951, p. 77.

Essa pintura é usada também por outro jesuíta, seu companheiro de viagem e de missão, Antônio Bohm:

> Minha imagem da Nossa Senhora de Oettingen já está sendo procurada e venerada na igreja pelos índios batizados. Cheguei até a mandar fazer, por um pintor indígena, duas cópias da imagem, que saíram bastante bem. Entreguei as imagens ao Padre Antônio Bohm, para que as levasse em suas missões. Com elas, alcançou tanto entre os seus bárbaros povos pagãos, chamados Yaros, que expuseram publicamente uma das imagens, numa capelinha construída de palha e barro. Agora, dobram os joelhos diante dela, fazem o sinal-da-cruz, rezam o rosário com aquele homem zeloso, ouvem atentamente diante dEla a doutrina cristã, e até as criancinhas não batizadas se achegam a Ela para beijá-la.[87]

A imagem sagrada da Virgem é invocada pelos jesuítas e pelos guaranis, em casos de doenças e epidemias. Quando os remédios humanos já não adiantavam, como no caso provocado por uma "desoladora epidemia", Sepp colocava a estátua da Virgem de Oettingen "em um altar decentemente ornado".[88]

Na narrativa do Sepp, encontramos um elemento novo quanto à função da imagem sagrada nas interações entre missionários e nativos: a apropriação pelos guaranis através da criação artística, a partir da identificação entre traços do rosto e do corpo dessa imagem e os dos próprios nativos. Essa identificação pode ser reconhecida como fruto do processo de acomodação que molda a composição e o emprego das imagens. Já foi observado que a "*acomodação*" (do latim *accomodatio*) foi um método que norteou a prática ministerial dos jesuítas, derivado da retórica e usado para favorecer adaptação, apropriação e mediações culturais. O método sugere que elementos da cultura dos destinatários sejam assemelhados ou aproximados a elementos do universo cultural que se pretende transmitir.[89]

---

87 *Ibidem*, p. 79.

88 *Ibidem*, p. 177.

89 A *accomodatio* foi proposta pelo orador e filósofo latino Marco Túlio Cícero (1926), na forma de recurso retórico para disciplinar o discurso e o comportamento do orador, com função de persuadir, com maior eficácia, os ouvintes. Na perspectiva cristã, a *accomodatio* foi tomada como desdobramento da Encarnação e como expressão do preceito paulino: "Fiz-me tudo para todos, para por todos os meios chegar a salvar alguns" (I Coríntios, cap. 9, v. 6). No âmbito da Companhia de Jesus, a acomodação é um critério presente já nos escritos de Inácio de Loyola, onde se encontra o uso frequente desse termo, em função de um entendimento mais profundo do interlocutor, visando à orientação ("direção") de sua vida espiritual. Nas missões, em decorrência da aplicação desse critério, os jesuítas se preocupavam em adaptar os próprios métodos e recursos

A comunicação moldada pela *accomodatio* promove a persuasão dos destinatários, facilitando neles a mobilização dos apetites intelectivos, afetivos e sensitivos e a modificação das condutas. No caso da imagética missioneira, os resultados do processo da *accomodatio* são visíveis na produção das miniaturas. Segundo Ahlert, as miniaturas importadas pelos missionários foram apropriadas pelos nativos e por eles recriadas, compondo "altares portáteis": "As imagens, depois de instaladas as oficinas nos primeiros povoados, seriam genuinamente americanas e elaboradas conforme o padroeiro que se almejava para determinada fundação".[90]

O estabelecimento de uma relação filial e devota dos guaranis pela imagem da Virgem que perpassa a vida cotidiana é assim sintetizada por Sepp:

> Em sua singela humildade e humilde singeleza, penduram ante a imagem ofertas de ex-votos, imploram à Virgem em suas necessidades, invocam-na nas doenças, e até fazem procissões para pedir chuva, carregam a estátua pelos campos e roças com o fim de implorar a bênção para as sementeiras e afastar delas a influência maligna dos astros.[91]

A continuidade da história e a preservação da memória pela presença das imagens

As imagens sagradas, objetos de devoção, de contemplação e de afeto, seguiram a epopeia dos jesuítas na Província do Paraguai, desde o início até o fim da

aos métodos e recursos próprios da tradição cultural dos indígenas, introduzindo, em seu projeto cultural, aspectos característicos dessa tradição (no caso do Brasil, por exemplo, a dança, o canto, o idioma tupi-guarani e as línguas de outras etnias presentes no território) (Massimi; Freitas, "Acomodação", 2007). A acomodação não se limita apenas ao uso da palavra, mas também ao das imagens e dos demais meios de comunicação e de gestualidade.

90 Alhert, *Estátuas*, 2020, p. 136. A constituição das oficinas "fazia parte da experiência de integração cultural posta em prática pelos inacianos para desenvolver as capacidades intrínsecas ao indígena. Na organização das oficinas, possivelmente, consideraram a propensão guarani para trabalhos comunitários, em que a utilização comum, assim como nas aldeias, constituía a razão para o ofício" (Alhert, 2020, p. 94). As oficinas "ficavam no complexo jesuítico, ao lado da igreja, adjuntas ao claustro e aos depósitos" (Alhert, 2020, p. 94). Nelas, a confecção das imagens (pinturas e estátuas) era uma das tarefas realizadas pelos "artesãos, os quais estavam inseridos numa categoria com distinção, ainda que não organizada de maneira homogênea. Poderiam ser selecionados entre filhos de caciques, ou, também, escolhidos pelos jesuítas conforme demonstrassem talento e aptidões. Eram introduzidos no ofício das artes e das letras, no entalhe e na policromia da madeira, na música, na confecção de instrumentos, entre outras atividades" (Alhert, 2020, p. 94).

91 Sepp, *Viagem*, 1951, p. 181.

história das Reduções, em meados do século XVIII, e para além dela. Segundo Alhert, elas continuaram presentes sob diversos formatos:

> [...] no interior das igrejas, em retábulos e altares, sob a forma de pinturas e esculturas; no exterior, talhadas em pedra grés e expostas nos nichos do edifício; nas capelas, internas ao povoado, e nas capelas-posto, nas áreas de cultivo e criação pecuária; nas celebrações e procissões; nos altares e oratórios de hospitais e cotiguaçus; nas casas das famílias extensas e nucleares, no formato de estampas, medalhas e esculturas, e, as de uso individual, que representavam o fenômeno mais expressivo, presentes em todo o espaço missioneiro, além de constituírem uma espécie de identidade no transcurso da mobilidade colonial.[92]

O impacto das imagens no dinamismo psicossocial daquelas populações é visível também pelo fato de que a presença delas acompanhou as peregrinações dos guaranis através daqueles territórios, ao longo do século XIX até hoje. Atualmente, as representações imagéticas remanescentes integram coleções de museus no interior do Rio Grande do Sul e do Uruguai e os espaços expositivos nas adjacências dos antigos *pueblos*, e "constituem um acervo de cultura material indicativo dos processos de ressignificação religiosa, apropriação de técnicas e simbologias, bem como de circularidade cultural".[93]

Na perspectiva da história dos saberes psicológicos, importa ressaltar que, na escrita dos padres da Companhia de Jesus nas fontes aqui analisadas, a relação estabelecida entre os guaranis e as imagens de Nossa Senhora e dos santos é retratada como uma peculiar experiência interior da pessoa. Neste texto focamos, dentre os fatores do método evangelizador dos inacianos (e suas matrizes teológico-filosóficas) que promoveram essa experiência, a particular atenção à função das vivências psicológicas, sensoriais e afetivas cujo conhecimento orientava também o uso prático das imagens em contextos relacionais.

Por outro lado, a recepção da cultura indígena à ostensão das imagens superou as expectativas dos missionários. Recentemente, Bartolomeu Meliá se referiu à familiaridade dos guaranis com as imagens sagradas evocadoras da Presença divina, documentada nos gestos da vida cotidiana, nesses termos: "ter os santos em companhia nas atividades rotineiras, como o preparo da comida para meio-dia,

92 Alhert, *Estátuas*, 2015, p. 88.

93 *Ibidem*, p. 40.

ou o trabalho na roça"; "ir como em procissão para o trabalho de campo levando consigo algum santo em andor"; e "chegando ao local do trabalho, colocar o seu santo em um lugar decente e ali preparar sua comida para o meio-dia".[94] São efeitos realizados do processo psicológico que vimos descrito por Agostinho: as imagens associadas ao seu significado e guardadas na memória permearam a experiência consciente daquelas populações ao longo do tempo, de modo que estátuas e pinturas se tornaram evocadoras de presença e companhia do objeto sagrado nelas sinalizado. Para concluir, não podemos deixar de olhar esse mesmo processo à luz da contribuição de M. Eliade, que concebe o pensamento simbólico e o recurso à imagem como sendo próprios de todo ser humano em todas as culturas, precedentes à linguagem e ao raciocínio discursivo. Segundo esse autor, "o símbolo revela determinados aspectos da realidade, os mais profundos, que fogem dos outros meios de conhecimento". Nesse sentido, trata-se de fenômenos que não podem ser tomados apenas em sua dimensão psicológica, mas que "respondem a uma necessidade e realizam uma importante função: evidenciar as modalidades mais secretas do ser", aquela que de algum modo transcende os condicionamentos históricos.[95] É uma perspectiva contemporânea, mas que dialoga profundamente com a definição das imagens dada por Paleotti: "o vocabulário comum de todas as nações".[96] Esse "vocabulário" proporcionava também as "palavras" para o diálogo entre os jesuítas europeus e os guaranis.

Quando a imagem se torna Presença: a apropriação do sagrado pelos nativos

O Provincial Nicola Paolo Broggio Mastrilli Duran (1568-1653), na ocasião da visita às Reduções de Loreto e Santo Inácio, em seu relato ao Padre Geral, louva a qualidade da construção da residência em ambas as Reduções: "Então minha alegria continuou com a entrada na casa que é tão capaz, e com tanta moradia, e boa arquitetura, com corredores muito bons e um grande jardim que poderia ser uma boa escola em qualquer lugar, e da mesma forma é a outra Redução de Santo Inácio que mais tarde visitei".[97] Sobretudo, o aspecto que

94 Meliá, *El guarani*, 1997, p. 212.

95 Eliade, *Immagini*, 1991, p. 16, trad. nossa.

96 Paleotti, *Il Discorso*, 2002, p. 66.

97 Leonhardt, *Cartas*, v. II, 1929, p. 304.

mais impressiona Mastrilli Duran é observar as grandes mudanças ocorridas na conduta dos nativos, que se assemelham ao modo de ser jesuítico – sinal este de que a vivência daqueles missionários se constituiu em um modelo exemplar para os moradores das Reduções: "[...] ver essas pessoas muito humildes, como se fossem noviços da Companhia, um povo que antes era muito belicoso, rebelde e comedor de carne humana".[98]

Com o objetivo de persuadir o Padre Geral e os leitores de sua Ânua quanto ao valor da empresa missionária nas Reduções, Mastrilli Duran relata também alguns fatos específicos que evidenciam os frutos da conversão, obtidos junto às populações indígenas. Entre outros, relata a grande devoção expressada pelos indígenas à Virgem:

> A Virgem Maria tem sido, desde o início, uma devoção muito ardente. Os índios a tomaram como sua singular padroeira e para ela têm recorrido em todos os perigos da alma e do corpo e, para obrigá-la, celebram todas as suas festas com grande solenidade e frequência dos Sacramentos. Nestas ocasiões, muitos se afastam do pecado para se tornarem mais semelhantes a Ela. E, à medida que vão em busca da saúde através dEla, que é a fonte da vida temporal e eterna, esta Senhora lhes comunica isso para que possam entrar com a liberalidade que Ela está acostumada a dar àqueles que se colocam sob sua amorosa tutela, como se pode ver pelo que foi dito e pelo que vou dizer agora.[99]

De fato, a Virgem visita seus devotos e os que lhe pedem ajuda, como documenta o relato a seguir:

> Uma mulher índia de boas maneiras era notável nesta devoção e afeição. Ela foi seriamente afligida por uma doença e se viu na última parte de sua vida já preparada com os unguentos sagrados para o último passo. Ela ficou sem poder falar, mas seu coração clamou pelo favor de sua Protetora. Esta, vindo consolar a Sua devota, imediatamente se mostrou cheia de beleza celestial e, tomando-a pela mão, disse-lhe com singular afabilidade: "Minha filha, você quer ir para o Céu?". "Sim, grande Senhora", respondeu a índia, "por me ver livre de uma vida tão miserável". Com isso a Santíssima Virgem desapareceu e a doença fugiu devido ao contato soberano, deixando a alma de sua devota banhada em doçura

98 *Ibidem*, p. 304.

99 *Ibidem*, p. 318.

> inefável e seu corpo saudável e robusto. Um outro índio, entrando em sua casa, encontrou-a convertida em Céu com a presença da Santíssima Virgem e de muitos anjos que a acompanharam. A Mãe de misericórdia censurou seu devoto porque ele não havia confessado certo pecado que lhe indicou ter esquecido. E desapareceu mandando que se confessasse logo, como assim ele o fez.[100]

Conforme evidenciado por vários autores, as visões são um elemento constante no processo da "conquista espiritual" do catolicismo nos territórios latino-americanos.[101] Na perspectiva do autor da carta, a interlocução da Virgem com os indígenas que eram seus devotos e a cura e os cuidados que lhes proporcionava evidenciam a criação de uma comunidade cristã onde o divino se faz diretamente presente aos que o reconhecem, como que ligados por uma relação de filiação e confiança.

Todavia, a predileção mariana suscitava a inveja do antigo inimigo: o demônio – outra presença constante nas cartas e nas histórias missionárias.[102] Mastrilli Duran comenta que "[...] com estas coisas se desfaz o demônio pela raiva, vendo aquela que pouco antes era morada de víboras convertida em paraíso. E de mil maneiras mostra o incêndio do fogo que o consome, mas sempre sai cada vez mais confundido".[103] Inclusive, o demônio assumia as feições de violentos fenômenos naturais, com os quais atingia indígenas moradores de Loreto e a própria Redução, como no caso relatado a seguir:

> A dois índios que iam navegando pelo rio, se puseram diante levantados no ar cinco rostos negros rodeados pelo fogo no meio de um turbilhão muito furioso. Os dois ficaram desalentados por esta visão e ainda mais quando se aproximaram deles. Naquele aperto, um dos dois se lembrou dAquela que em outras circunstâncias se tinha mostrado propícia e assim se pôs de joelhos e começou a invocar sua ajuda pela saudação do anjo. Sentiu Ela tão presente que não somente se frearam aqueles espíritos infernais, como também, ao ouvir o nome de Maria, eles resolveram se esvair como fumaça, deixando os dois índios [livres do medo e] confirmados na devoção à Virgem puríssima.[104]

100 *Ibidem*, p. 318.

101 Gruzinsky, *A Guerra*, 2006; Wilde, 2009.

102 Souza, *O diabo*, 1986; Sousa, *Inferno*, 1993.

103 Leonhardt, *Cartas*, v. II, 1929, p. 319.

104 *Ibidem*, p. 320.

O Provincial escreve que o mesmo fenômeno se repetiu também à vista dos missionários:

> Estes mesmos torvelinhos têm visto os Padres algumas vezes. O primeiro, muito espesso, entrou nessa Redução de Nossa Senhora de Loreto com tanta fúria que carregava tudo o que encontrava, e parecia querer destruir esta cidade, mas chegando perto não chegou a tocá-la e de repente desviou para o outro lado do rio, onde ele descarregou sua fúria em muitas árvores muito grossas que deixou no chão. Saíram do meio deste redemoinho alguns pássaros que voavam de tempos em tempos até nós, para depois se esconderem naquela mata.[105]

Eventos climáticos peculiares da região são, assim, interpretados como manifestações sobrenaturais, aspectos da luta entre Maria e Satã retratada na Apocalipse.

A apropriação, pelas comunidades dos nativos, da imagem sinalizadora da Presença da Padroeira e o instaurar-se de um relacionamento de correspondência entre ela e seus fiéis são documentados em um trecho da carta de Montoya, citada na Ânua de Mastrilli:

> Cheguei em um povo onde está uma imagem da Virgem pintada em papel muito grosseiramente e faz muitos milagres ressuscitando mortos, de que vi dois e falei com eles. Um deles me narrou o modo em que Nossa Senhora o tinha feito voltar para a vida; o outro era criança e não soube me contar nada. No dia antes de eu chegar na igreja, [a imagem] suou sangue e, pelo que pude entender, foi pelo fato de ter sido cometido um grande pecado. Os índios pediram ao Padre que ficasse com eles e lhe disseram que se mudariam para onde ele quisesse, e tudo o que fizeram para que ficasse com eles é incrível. Ali o padre tomou um intérprete de Iguaçu e os índios se ofereceram a levá-lo, com muita facilidade, porque estava perto.[106]

Na perspectiva do escritor da carta, o culto da imagem milagrosa proporcionava, assim, a criação de um espaço comum entre o imaginário dos religiosos e o dos indígenas.

No seio do relacionamento com a presença do sagrado, desenvolve-se também a capacidade missionária dos próprios indígenas. A Ânua de Mastrilli afirma que, alimentados pelo modo de vida cristã no cotidiano da Redução de Loreto,

---

105 *Idem.*

106 *Ibidem*, p. 207.

os indígenas que lá viviam se tornaram agentes missionários ao convidar outros para conhecer e vivenciar diretamente aquilo que lá experimentavam. Segundo o Provincial, este seria o produto mais desejável do trabalho evangelizador da Companhia: a criação de um corpo social cristão autóctone:[107]

> Os índios cristãos de Loreto, enquanto caminhavam por algumas montanhas, depararam-se com dois que pareciam ser selvagens [com seus cabelos compridos]; levaram-nos com eles para a cidade onde permaneceram alguns dias. E maravilhando-se pelo modo de vida que eles viram nos índios (cristãos), e pelo tratamento que os Padres davam a eles, voltaram para suas próprias terras, para avisar aqueles de sua própria nação, e levaram à nossa Redução cerca de uma centena de índios, que agora são todos cristãos.[108]

Esses tipos de vivências encontradas nas Cartas Ânuas do século XVII apresentam aspectos similares aos que aparecem em relatos colhidos pelos psicólogos e antropólogos em comunidades tradicionais em muitas regiões da América Latina. Estudos conduzidos em comunidades à luz da psicologia social fenomenológica apontam para a função, ainda atual, da presença do sagrado (sinalizada, por exemplo, pela estátua da padroeira da comunidade) na elaboração da experiência de "ser-pessoa" e de pertencer à comunidade, relatada pelos participantes.

A linguagem da psicologia fenomenológica define tal experiência como "experiência ontológica". O que se entende com essa expressão? Segundo Safra, as possibilidades humanas de vir a ser em uma relação intersubjetiva instauram um espaço de criatividade no sujeito que o torna singular e, ao mesmo tempo, reforçam sua pertença no âmbito coletivo. A partir de um encontro humano e do estabelecimento de uma relação, viabilizam-se experiências em que a pessoa tem a oportunidade de expressar-se como um ser único e irrepetível, carregando – e trazendo para o desenvolvimento da sua personalização – aspectos históricos e sociais nos quais se encontra situado. Com efeito, cada pessoa, única, realiza um certo tipo de elaboração acerca do enigma que funda a sua existência e que se relaciona com a maneira como ela se coloca e se concebe no mundo. A partir dessa elaboração, configuram-se entradas no mundo diferenciadas para cada ser humano, sempre provocando novos anseios, levando-o a elaborar uma concepção

107 Carvalho, "Estratégias", 2016; Page, "El Colegio", 2005.

108 Leonhardt, *Cartas*, v. II, 1929, p. 320.

sobre o sentido último.[109] Por isso, essas experiências definem-se como "ontológicas". O processo de singularização de cada pessoa humana acontece em duas vertentes: 1) a elaboração de sua experiência ontológica a partir da pergunta "quem sou, quem somos?"; e 2) a elaboração de sua experiência teológica própria relacionada à pergunta sobre o sagrado presente no mundo. As condições necessárias para o acontecer humano de maneira singularizada estão ligadas ao nexo com os ancestrais, com os seus descendentes, com o mundo natural, com as coisas, com o ambiente sociocultural. Nessa perspectiva, a imagem da padroeira é um elemento suscitador dessa dinâmica, tornando-se, assim, parte da concepção que os membros da comunidade têm de si mesmos.[110]

Para melhor entender a função da imagem da padroeira como suscitadora dessa dinâmica, deve-se considerar que ser humano significa viver em uma realidade ordenada que dá sentido à vida e que é comunicada segundo a forma humana fundamental em que se expressa a existência: em termos fenomenológicos, o mundo-da-vida.[111] Ao realizar uma comparação entre as sociedades tradicionais e modernas levando em consideração a constituição própria do mundo-da-vida de cada uma delas, evidencia-se uma diferenciação básica: nas sociedades tradicionais, existe um polo que é integrador de todos os aspectos da vida cotidiana. Na maioria das vezes, trata-se de um polo de natureza religiosa. Já nas sociedades modernas, em virtude da pluralização dos mundos, os polos se multiplicam e encontram-se presentes em cada setor da vida, o que leva a uma maior fragmentação. O polo religioso integrador é presente em sociedades tipicamente tradicionais, por exemplo, na figura do mito fundador ou do orago ou da padroeira daquela comunidade: trata-se de símbolos, oferecidos culturalmente, que orientam e organizam a vida social das pessoas.

Do ponto de vista psicológico, a experiência religiosa caracteriza-se por ser um relacionamento com o mistério admitido e reconhecido dentro da vida presente na figura que porta um significado totalizante: "Religiosidade é a consciência vivida da relação de dependência do Mistério-sentido-de-tudo, do Mistério como significado global da realidade, do Absoluto; é dimensão de uma experiência portadora de um significado exauriente".[112]

---

109 Safra, "A Face", 1999; Safra, "A vivência", 2000; Safra, "Sacerdote", 2001.

110 Araújo; Mahfoud, "A devoção", 2004.

111 Berger; Berger; Kellner, *Un mundo*, 1979.

112 Mahfoud, "Encomendação", 1999, p. 26.

A hipótese interpretativa proposta pelos autores citados concerne a comunidades tradicionais latino-americanas, mas pensa-se que possa ser pertinente também aos fenômenos observados nas comunidades guaranis evangelizadas e relatados pelos missionários autores das cartas, ou, pelo menos, que possam conferir significado às interpretações por eles elaboradas.

Evidentemente, no caso de cartas do século XVII, não se pode inferir delas a vivência psicossocial das personagens retratadas. Documentos históricos não podem ser analisados numa perspectiva psicológica como se fossem depoimentos e relatos de atores presentes. Todavia, os sinais retratados na escrita quanto à manifestação de afetos – a criação de vínculos intensos entre alguns guaranis e os oragos representados pelas estátuas ou pinturas, especialmente o da Virgem Maria; a percepção relatada de acontecimentos onde Ela se apresenta como Potência misteriosa e benfeitora; e a organização comunitária de gestos, festas e rituais dedicados a Ela – são todos elementos que remetem a possíveis evidências de algo marcante para o constituir-se daquela comunidade e para o fortalecimento do ser-pessoa de cada um dos membros no nível espiritual (o reconhecimento da filiação, o sentido de familiaridade e de pertencimento), psíquico (os afetos) e corporal (a saúde recobrada). Pelo menos, todos esses elementos evidenciam que a suscitação de vivências dessa natureza seria parte da intenção missionária dos padres da Companhia de Jesus. Com efeito, viu-se que, nos *Exercícios Espirituais*, Inácio de Loyola indica percursos voltados para a construção de vivências interiores, tendo em vista orientar a pessoa para um centro constitutivo, utilizando-se também de dispositivos religiosos, artísticos e retóricos proporcionados pela cultura católica de sua época.

Retomemos o quanto foi afirmado por Sustersic acerca da importância da visão na cultura dos indígenas guaranis, da vivência do "olhar como um instrumento de educação, de estabilidade e integração social", a ponto de que "é provável que o escultor Guarani não pudesse conceber nenhuma relação social, nem oração nem adoração, sem esta intensa relação de olhares". O fato de "ser olhado é indispensável para que a relação com a imagem cumpra seu propósito e significado. É possível que, desde a primeira imagem guarani, a Virgem de Habiyú, através dos diferentes Tupãsy, até as últimas imagens, o tema dos olhos e dos olhares tenha sido uma prioridade".[113]

A descoberta do valor das imagens na cultura guarani e o esforço da *accomodatio* empreendido pelos jesuítas, sobretudo pelos artistas da Companhia que lá

---

113 Sustersic, *Imagenes*, 2010, p. 13 e 392.

chegaram em missão, deram origem, ao longo da convivência no espaço das Reduções, ao processo que Sustersic chama de "epopeia dos santos *apohára* Guarani", que "[...] consistirá numa longa busca, através de imagens, de uma aproximação aos seres espirituais que, de acordo com a fé pregada pelos missionários, presidem a vida e a marcha do universo". Isso acarretou a arte sacra que se desenvolveu nos espaços reducionais, a conversão das estátuas (inicialmente planejadas conforme os cânones do barroco europeu) em imagens frontais, de modo a possibilitar "a comunhão do orante no olhar e a frontalidade com as imagens sagradas". O objetivo da arte era proporcionar, através do olhar, aquela experiência que Martin Buber definiu como relação "Eu-Tu".[114] Os jesuítas compreenderam o valor simbólico e constitutivo dessa "cultura de olhares", que tornar-se-ia, assim, o tema central na iconografia jesuítico-guarani.[115]

São sinais do acontecer dessa relação, entre os guaranis e as presenças sagradas, narrativas que comparecem nos textos dos missionários e que evidenciam o estabelecimento de um nexo direto com elas, não mais mediado, mas apenas testemunhado pelos padres. Na ocasião da festa da dedicação do novo templo de Loreto, Montoya narra a aparição, na noite iluminada pelo clarão lunar, de "três figuras vestidas duma roupagem celeste, branca como a neve e reluzente como prata polida", cujos "rostos pareciam três sóis, apresentando as cabeleiras como de fibras de ouro, caídas sobre os ombros". Essa aparição suscitou uma atitude de contemplação nos espectadores: "As pessoas ficaram absortas, mirando e contemplando sua formosura e linda disposição de corpos". E proporcionou uma experiência de familiaridade com o sobrenatural nas crianças: "Alguns meninos, ali presentes, tiveram o seu amor tão ardente que, vazios de todo o medo e cheios de simplicidade, com caminho fraternal achegavam-se a elas".[116] Uma análoga vivência de familiaridade com o divino e da sua epifania através da imagem aparece no relato de Cataldini de 1618: a Virgem Lauretana aparece a uma mulher indígena idosa, "notável na devoção e afeição" e "seriamente afligida por uma doença", a qual, percebendo a proximidade da morte, "clamou pelo favor de sua Protetora". Esta, "vindo consolar sua devota, imediatamente se mostrou cheia de beleza celestial e, tomando-a pela mão, disse-lhe com singular afabilidade: 'Minha filha, você quer ir para o céu?'. 'Sim, grande Senhora', respondeu a

114 *Ibidem*, p. 13.

115 *Ibidem*, p. 392.

116 Montoya, *Conquista*, 1997, p. 155.

índia, 'por me ver livre de uma vida tão miserável'". Além da aparição milagrosa ter afastado a doença, ela produziu uma intensa experiência afetiva ("deixando a alma de sua devota banhada em doçura inefável") e um recobrado vigor físico ("e seu corpo saudável e robusto").[117] Em outro exemplo citado na mesma carta de Cataldini e aqui já mencionado, a epifania ocorreu na casa de um indígena, o qual, "entrando em sua casa, encontrou-a convertida em Céu com a presença da Santíssima Virgem e de muitos anjos que a acompanharam".[118]

Em suma, a imagem sagrada evoca a presença do próprio sagrado: a presentificação iconográfica e epifânica permite que se estabeleça uma direta relação de intercâmbio feita por conversas, repreensões, concessão de graças e intensas experiências afetivas.

Essa experiência investe também o espaço: vimos que nas Cartas Ânuas da Província do Paraguai, a Redução de Loreto é descrita como um dos primeiros espaços onde a vida cristã se tornou presente naquele território: espaço construído por dois ou três missionários, os guaranis convertidos e, junto deles, a "presença" da Virgem Lauretana, Padroeira e Senhora daquela "muito ordenada República". Nesse sentido, a iconografia devocional na perspectiva jesuítica deveria se tornar um possível elemento constitutivo da identidade daquelas comunidades cristãs de guaranis que estavam se formando no coração da América Latina.

"1.700 famílias marcharam com as imagens sobre os ombros"

Posta a função das imagens como evocadoras do dinamismo pessoal em sua totalidade (corporal, psíquico e espiritual) e como suscitadoras de vivências devocionais a elas ligadas enquanto formas de elaboração da experiência ontológica da pessoa, ou seja, jesuítas e guaranis, elas estão vinculadas a um contexto cultural. Este se torna berço de modos criativos com os quais o sujeito se coloca no mundo e que perduram ao longo do tempo.[119]

É possível encontrar, ainda hoje, imagens de provável origem jesuíta-guarani no Brasil, no Paraguai, no Uruguai e na Argentina em espaços públicos como igrejas e museus e em coleções particulares ou como bens familiares. Entre elas, destaca-se a imagem da Virgem Lauretana, Nossa Senhora de Loreto, que como

117 Leonhardt, *Cartas*, v. II, 1929, p. 318.

118 *Ibidem*, p. 319.

119 Araújo; Mahfoud, "A devoção", 2004. Veja-se também: Massimi, *Reflexão*, v. 47, 2022, p. 2-22.

vimos era um orago cultuado desde o início da experiência reducional.[120] Em muitos casos, essas imagens foram transportadas por famílias nos êxodos que ocorreram em diversos tempos da história daquelas regiões.

Com efeito, após as destruições e depredações das Reduções que compunham os Trinta Povos, ocorridas nas guerras guaraníticas da segunda metade do século XVIII (1753-1756), as primeiras décadas do século XIX foram marcadas pela crise de desagregação dos monopólios coloniais na Região Platina. A independência do Brasil, em 1822, foi parte desse processo. A fixação definitiva da fronteira oeste do Rio Grande do Sul levou à gradativa alienação das terras dos indígenas missioneiros. O período entre 1801 e 1828 levou à extinção da vida nos Sete Povos. De São Paulo, deslocaram-se centenas de famílias para povoar as missões. A partir de 1817, começou um período de lutas sangrentas entre tropas portuguesas e os combatentes do caudilho José Gervásio Artigas na região das antigas Missões Orientais. Os próprios indígenas missioneiros ficaram divididos lutando em tropas antagônicas.[121]

Em 1817, devido à dispersão causada pelo ditador paraguaio José Gaspar Rodríguez de Francia (1776-1840), algumas famílias indígenas fugiram do Paraguai e se estabeleceram nas antigas fazendas missionárias situadas entre a Iberá e os tributários da Santa Lúcia, na antiga fazenda jesuíta de Curupayti, dando origem aos novos assentamentos de San Miguel e Yatebu (Loreto). Não existe documentação escrita sobre o êxodo, mas há o relato oral de Ana Chapay, neta de um dos fundadores de Loreto, que em 1917 contou a um cronista local, Antônio Ramirez, o que ela tinha ouvido de seu avô:

> A peregrinação foi dura e árdua, cheia de privações, sendo guiada por um índio Payagua [...] um conhecedor de toda a região; "eram 1.700 famílias [...] que marchavam com as imagens em andores; carregavam suas roupas e outros pertences, joias, tesouros etc. Em malas e sacos nas costas, a pé, geralmente à noite, para não serem descobertos pelos inimigos em sua marcha" (Ramirez, s.d.).

Nas mesmas anotações, inéditas, Ramirez relata que as principais imagens transportadas foram, além da bela Santíssima Virgem de Loreto, uma Santíssimo (Corpus), a Candelária, San Carlos, da qual ele nos conta detalhes de seu porte e

120 Alhert, *Estátuas*, 2012.

121 Aye, "Confisco", 2019.

das famílias que as mantêm – ainda hoje – sob custódia. "Muitas delas permaneceram na capela que foi entronizada sob o nome de Loreto."[122]

Essas imagens integravam um patrimônio monumental e imagético que, a partir da fundação das primeiras missões jesuíticas no início do século XVII, constituíra-se ao longo de cerca de 150 anos de existência das Reduções, qual elemento expressivo, artístico e religioso da cultura jesuítico-guarani que se moldara naqueles territórios.

Vimos que as primeiras imagens trazidas pelos missionários em sua chegada foram apropriadas pelos guaranis e ressignificadas, conforme um processo ocorrido não somente naquele espaço, mas também em outros contextos latino-americanos.[123] Todavia, esse processo assumiu, nos territórios reducionais, peculiaridades e originalidade, conforme foi documentado pelos estudos de Sustersic e Alhert.[124] A imagem da Virgem Lauretana pertencia a esse patrimônio.

Ao comentar o acontecimento da peregrinação de 1817, Machon retoma uma afirmação do historiador Ernesto J. A. Maeder, segundo o qual essas famílias "[...] constituem a última manifestação em solo argentino daqueles Guaranis que procuraram sobreviver de acordo com seus antigos costumes e tradições".[125] Eles, terminada a longa marcha de muitos dias, ao chegarem num lugar que chamaram de "Tranqueira de Loreto", "[...] trouxeram os santos padroeiros de Loreto [...], San Jose, San Joaquin, Santa Ana, San Isidro e San Juan". As imagens religiosas foram salvas e os guaranis "[...] conseguiram trazer de volta, entre elas, a principal, a mais venerada, a Virgem de Loreto".[126] Em suma, naquele ano de 1817, a Virgem Maria, transportada pelos anjos segundo a tradição de Nazareth para as Marcas, na Itália, continuava sua peregrinação pelo mundo, sendo agora carregada pelos guaranis remanescentes após a destruição e a dispersão das populações dos Trinta Povos das missões – ou Reduções, como foram chamadas pelos missionários da Companhia de Jesus.

122 Poenitz, "El destino", 2005, p. 271.

123 Gruzinsky, *A Guerra*, 2006.

124 Sustersic, "Imaginería", 1993; Sustersic, *Imagenes*, 2010; Alhert, *Estátuas*, 2012.

125 Machon, "La estancia", 2005, p. 49.

126 *Ibidem*, p. 50.

Conclusões

Conclui-se aqui este percurso pelas fontes produzidas no âmbito dos Trinta Povos ao longo de cerca de cento e cinquenta anos, em busca de vestígios de saberes e vivências ligadas às dimensões psicossomáticas da vida pessoal, relatadas por missionários e guaranis. É um percurso aberto a outras futuras trilhas, por ser a reconstrução aqui apresentada evidentemente ainda parcial, dada a extensão e complexidade do tema.

Na primeira parte deste livro, correspondente aos seus dois primeiros capítulos, foi apresentado um apanhado geral dos principais aspectos da história dos saberes psicológicos no contexto latino-americano, com destaque em atores, gêneros de fontes e temas. Na segunda parte, desenvolveu-se uma análise focada no universo das Reduções.

Dentre as fontes, sobressaíram-se as cartas. Nas cartas jesuíticas, sejam *indipetae*, sejam cartas missionárias, as vivências somáticas, psicológicas e espirituais são interpretadas pelos seus autores num universo de significados moldado pelos valores próprios do carisma inaciano. O valor histórico dessas fontes é o de serem expressões da experiência daqueles homens e da autoconsciência que tinham dos fatos por eles protagonizados. As cartas evidenciam as tentativas, em muitos casos dramáticas, do estabelecimento de relações e de formas de compreensão e de convivência com populações nativas, muitas vezes hostis, em um território que eles desconheciam. As narrativas de Torres Bollo e dos quatro jesuítas italianos abordadas neste livro aproximam do leitor o universo ideal da Companhia de Jesus, declinado na prática que deu vida àquela que se tornaria uma significativa história exemplar na grande epopeia missionária dos inacianos na nascente modernidade: as missões jesuíticas nos territórios guaraníticos, ou Reduções. Nesses documentos, a pessoa de cada missionário no contexto de seu ambiente de atuação é tomada como partícipe de uma comunidade, de um corpo maior, sendo a ação individual a esse corpo articulada: a dimensão subjetiva espelha a dimensão comunitária.

A dimensão da Companhia como um corpo e de sua composição pelos diferentes corpos de cada membro evidencia-se nos Catálogos Trienais da Companhia. O catálogo aqui analisado de autoria de Torres Bollo, assim como de modo geral os Catálogos Trienais, não são simples registros formais e normatizados, mas respondem à exigência de que a Companhia de Jesus, presente nos mais diversos contextos de vida e de missão, seja um "corpo" vivo e saudável, nos níveis espiritual, psíquico e somático; e como tal seja capaz de responder aos desafios advindos dos ambientes em que se fazem presentes. E, sem dúvida, o projeto reducional que Diego de Torres Bollo idealizara e empreendera na região platina exigia uma acentuada capacidade de atuação e de acomodação.

Um dos aspectos que emerge na leitura das fontes jesuíticas é o uso de recursos próprios da tradição cultural de origem dos nativos para a compreensão e a ação no novo contexto missionário: palavras e imagens. E, nesses campos, a leitura dos documentos evidencia, por um lado, o esforço de acomodação dos inacianos ao universo sociocultural guarani e, por outro, a dinâmica de apropriação desses recursos, seja pelos jesuítas, seja pelos guaranis.

Apesar de a palavra oral e mítica da tradição guaranítica e a palavra letrada dos inacianos redatores e pregadores dos sermões pertencerem a horizontes culturais e religiosos muito diferentes, algumas semelhanças proporcionaram tentativas de mescla e de apropriação: por exemplo, o reconhecimento de que a palavra tem o poder de mover os ânimos; e o pressuposto ontológico da dualidade humana, baseado na evidência experiencial de que existe no ser humano algo incorruptível: a alma.

Por fim, as imagens são copiosamente e eficazmente empregadas na ação missionária numa sorte de experimentações promovidas pelos padres para buscar possibilidades de convergências e de acomodação entre práticas inerentes à visão cristã do mundo e práticas peculiares à visão do mundo das populações nativas. E as imagens demonstram ter surpreendente eficácia em proporcionar experiências de identificação e de relação direta com aquele mundo sagrado de que os jesuítas se fizeram portadores, mas que em vários casos foi apropriado, tornando-se experiência pessoal dos próprios guaranis.

À luz deste percurso, o contexto das missões jesuíticas nos territórios guaraníticos parece ter sido especialmente propício para a ocorrência de processos de acomodação e de apropriação entre dois mundos muito diferentes e distantes entre si, como era o das populações da etnia guarani e o dos missionários europeus seguidores de Inácio de Loyola. Tais processos ocorreram de modo geral no contexto latino-americano, mas a experiência de convivência ocorrida nos Trinta Povos das Missões proporcionou contatos e intercâmbios muito mais diretos, já que se tratava de um âmbito de vida comum, onde, como escrevia um jesuíta, "nossa casa e a igreja estão no meio, e as casas dos caciques próximas de nós", e onde podia ocorrer, como narrava outro, "que apenas dois padres, como somos, estejamos entre eles em segurança, assim como poderíamos estar num Colégio da Companhia". Estas declarações não devem induzir a ideia de um contexto alheio a contradições e conflitos, pois vimos que, pelo contrário, em alguns casos os embates chegaram a ser muito violentos. No meio disso, porém, a convivência que se tornou possível demandou, desde o início, processos de acomodação por parte dos missionários e processos de apropriação por parte dos guaranis. Por um lado, os missionários acomodavam suas práticas e suas propostas às tradições e hábitos dos nativos e, por outro lado, estes se apropriavam de gestos e recursos dos missionários para afirmar sua identidade e seu modo-de-ser no mundo. Festas, banquetes, danças, músicas, procissões e oferendas de dons, "à moda dos índios", introduzidos na vida das Reduções, foram então práticas que, familiares ao mundo-da-vida dos guaranis, podiam ser de alguma forma por eles protagonizadas e ressignificadas. Rituais, liturgias, celebrações, palavras e recursos imagéticos propostos pelos jesuítas foram compartilhados, apropriados e ressignificados pelos guaranis – ou pela sua própria adesão ao sentido originário deles, ou pelo uso deles com sentidos totalmente diferentes, como demonstra o caso retratado por Montoya, do cacique da Redução de Santo Inácio, Miguel Artiguaye, o qual

> fingiu-se de sacerdote. Vestia-se ele, em seu retiro, duma alba e, adornando-se com uma capinha de plumas vistosas e de outros enfeites, simulava estar dizendo missa. Punha sobre uma mesa algumas toalhas e em cima delas uma torta de mandioca e um vaso, tal que pintado, com vinho de milho, e, falando entre os dentes, fazia muitas cerimônias, mostrava a torta e o vinho ao modo dos sacerdotes e, por fim, comia e bebia tudo.

Em outros casos, como na devoção mariana, a apropriação desse culto pelos indígenas foi tal que é descrita pelos missionários como "muito ardente", já que eles "a tomaram como sua singular padroeira e para ela têm recorrido em todos os perigos da alma e do corpo e, para obrigá-la, celebram todas as suas festas com grande solenidade". Acomodações e apropriações envolvem também aspectos do dinamismo psíquico, como sentidos, afetos, imaginação e memória.

Em suma, os vestígios dos Trinta Povos das Missões guardam aspectos de um universo a ser ainda conhecido e valorizado, tendo em vista a unicidade dessa experiência que se passou ao longo de cento e cinquenta anos no território banhado pelos rios Paraná, Uruguai e da Prata, em lugares cuidadosamente escolhidos, onde, na visão dos inacianos, eles e os guaranis conviviam quais "cidadãos de uma muito ordenada República". Mas nesse retalho de experiências já brilham lições preciosas para os nossos tempos. Dir-se-ia que, à base antropológica de psicologia aristotélico-tomista trazida pelos Jesuítas, seria feito hoje um forte alerta de que uma "ordenada República" não se faz sem um mergulho mais profundo na condição humana que somos.

19 de novembro de 2024

Memória de Roque González, João de Castilho, Afonso Rodrígues

Referências bibliográficas

ACOSTA, J. *Controversia con Sepúlveda*. Buenos Aires: Talleres S. A. Casa Jacobo Peuser, [s.d.].

AGOSTINHO de Hipona. *A Trindade*. Trad. A. Belmonte. São Paulo: Editora Paulus, 1995.

______. *Solilóquios e A vida feliz*. Trad. A. Fiorotti e N. A. Oliveira. São Paulo: Editora Paulus, 1998.

AHLERT, J. *Estátuas andarilhas: as miniaturas na imaginária missioneira*. São Paulo: Pimenta Cultural, 2020.

______. "Estátuas andarilhas: as miniaturas na imaginária missioneira: sentidos e remanescências." Tese (Doutorado em História) – PUC-RS, Porto Alegre, 2012.

ANCHIETA, J. *Cartas, Informações, Fragmentos Históricos e Sermões*. Belo Horizonte: Editoras Edusp-Itatiaia, 1988.

AQUINO, Tomás de. "Questões discutidas sobre a Verdade, Quaestio I" (1261-1264). In: *Os Pensadores*. Trad. L. J. Barauna. São Paulo: Nova Cultural, 2000, p. 120-152.

______. *Suma Teológica* (1265-1273). Org. por C. Pinto de Oliveira. São Paulo: Loyola, v. 1, 2001.

ARAÚJO, R. A.; MAHFOUD, M. "A devoção à Nossa Senhora de Nazareth a partir da elaboração da experiência ontológica de moradores de uma comunidade tradicional." *Memorandum*, 6: 25-54, 2004. Disponível em: https://periodicos.ufmg.br/index.php/memorandum/article/view/6786/4358.

ARENDT, H. *Il concetto dell'amore in Agostino* (1929). Trad. L. Boella. Milão: Se, 2014.

ARISTÓTELES. *Etica Nicomachea*. Org. por C. Mazzarelli. Milão: Rusconi, 1994.

______. *De Anima* (séc. IV a.C.). Apresentação, tradução e notas de Maria Cecília Gomes dos Reis. São Paulo: Editora 34, 2006.

ARTUÑEDO, Wenceslao Soto. "La Mission di Padre Cataldini." *L' Azione*, 22 fev. 2023, p. 24.

AYE, J. O. C. S. "Confisco territorial e velamento oficial brasileiro dos Guaranis na Banda Oriental do Rio Uruguai após os Jesuítas Coloniais." *Revista de Antropologia*, 1 (1): 27-52, 2019.

BARTOLI, D. "Dell'uomo di lettere difeso ed emendato" (1645). In: RAIMONDI, E. *Trattatisti e narratori del Seicento. La Letteratura Italiana.* Milão-Nápoles: Ricciardi, v. 36, 1965, p. 323-324.

______. "La ricreazione del savio." In: RAIMONDI, E. *Trattatisti e narratori del seicento.* Milão-Nápoles: Ricciardi, v. 36, 1965, p. 596-615.

BATTISTINI, A. *Il Barocco. Cultura, miti e immagini.* Roma: Salerno editrice, 2000.

BERGAMO, M. *L'anatomia dell'anima de François de Sales a Fénelon.* Bolonha: Il Mulino, 1991.

BERGER, P.; BERGER, B.; KELLNER, H. *Un mundo sin hogar: modernización y conciencia.* Trad. J. García-Abril. Santander: Sal Terrae, 1979.

BLANCO, J. M. *História Documentada de la vida y gloriosa muerte de los padres Roque González de Santa Cruz, Alonso Rodríguez y Juan del Castillo de la Compañia de Jesús, Mártires del Caaró e Yjuhí.* Buenos Aires: Sebastián de Amorrortu, 1929.

BLECUA, J. M. C. "Del gentilombre mundano al caballero 'a lo divino': lis ideales caballerescos de Ignacio de Loyola." In: PLAZAONA, J. *Ignacio de Loyola y su tiempo* (Congreso Internacional de Historia). Bilbao: Universidad de Deusto, 1991, p. 129-159.

BOHM, M. M. C. "Tempo, festa e espaço na redução dos guaranis." In: *Un reino en la Frontera. Las misiones jesuitas en la América Colonial.* Org. por Sandra Negro e Manuel M. Marzal. Lima: Pontifícia Universidad Católica del Perú, 1999.

BOLZONI, L. *La rete delle immagini.* Turim: Einaudi, 2002.

BORGIA, F. *Meditaciones para todas las dominicas y ferias del año y para las principales festividades.* Madri: Razón y Fe, 1912.

BORGNA, Eugenio. *L'attesa e la speranza.* Milão: Feltrinelli, 2006.

BURR, Anna Robeson. "The Autobiography." In: GALLE, H.; OLMOS, A. C.; KANZEPOLSKY, A.; IZARRA, L. Z. (orgs.). *Em primeira pessoa. Abordagens de uma teoria da autobiografia.* São Paulo: Anna Blume Editora, 2009, p. 11.

CALVERAS, J. *Ejercicios espirituales. Directorio y documentos de San Ignacio de Loyola.* 2. ed. Barcelona: Balmes, 1958.

CAMARGO, A. M. A. "Objetos em arquivos: algumas reflexões sobre gênero documental" (2021, p. 157-165). Disponível em: http://biblioteca.pinacoteca.org.br:9090/bases/biblioteca/322837.pdf.

CANCLINI, N. G. *Hybrid Cultures. Strategies for Entering and Leaving Modernity.* Trad. Christopher L. Chiappari e Silvia L. Lopez. Minneapolis: University of Minnesota Press, 2005.

CANÍSIO, Petrus. *Confissões de São Pedro Canísio* (1570). Trad. Armando Cardoso. São Paulo: Editora Loyola, 1998.

CARDIM, F. *Tratados da Terra e Gente do Brasil* (1593). Org. por R. Garcia. São Paulo/Belo Horizonte: Edusp/Editora Itatiaia, 1980 (Coleção Reconquista do Brasil).

CARDOSO, A. (org.). *Inácio de Loyola, Cartas*. São Paulo: Editora Loyola, v. 1-3, 1990-1993.

CARRUTHERS, M. *The Craft of Thought. Meditation, Rhetoric, and the Making of Images, 400-1200*. Boston: Cambridge University Press, 1998.

______. *Machina memorialis. Meditazione, retorica e costruzione delle immagini* (1998). Trad. Lura Iseppi. Pisa: Edizioni della Scuola Normale, 2006.

CARVALHO, F. A. L. "Estratégias de conversión y modos indígenas de apropiación del cristianismo en las misiones jesuíticas de Maynas – 1638-1767." *Anuario de Estudios Americanos*, 73 (1): 99-132, 2016.

CERTEAU, M. *A escrita da história* [The writing of history] (1975). Trad. M. L. Menezes. São Paulo: Forense Universitária, 2000.

CHARTIER, R. *História Cultural. Entre práticas e representações*. Lisboa: Editora Difel, 1990.

CÍCERO, M. T. *De Oratore*. Paris: Les Belles Lettres, 1926.

COLOMBO, E.; MASSIMI, M. *In viaggio. Gesuiti italiani candidati alle missioni tra Antica e Nuova Compagnia*. Milão: Il Sole 24 Ore, 2014.

CORTESÃO, J. (org.). "Carta Anua das Missões do Paraná e do Uruguai, relativa ao ano de 1633, pelo Padre Pedro Romero, São Nicolau, 16/5/1634." In: *Manuscritos da Coleção de Angelis, III. Jesuítas e Bandeirantes no Tape (1615-1641)*. Rio de Janeiro: Biblioteca Nacional, 1969, p. 95.

______. *Manuscritos da Coleção de Angelis, I. Jesuítas e bandeirantes no Guairá (1594-1640)*. Rio de Janeiro: Biblioteca Nacional, 1951.

CUSTÓDIO, L. A. B. "Ordenamientos urbanos y arquitectonicos en el sistema reduccional jesuitico guaraní de la paracuaria; entre su normativa y su realización" (Tese de Doutorado). Sevilha: Universidad Pablo de Olavide, 2010.

DALCIN, I. *Fascínio e Mistério nas ruínas das missões*. Berthier: Passo Fundo, 2017.

DICCIONARIO panhispánico de dudas (DPD). Real Academia Española y Asociación de Academias de La Lengua Española. 2. ed. Disponível em: https://www.rae.es/dpd/aprehensivo.

DILTHEY, Wilhem. *A construção do mundo histórico nas ciências humanas* (1870). Trad. M. Casanova. São Paulo: UNESP, 2010.

ELIADE, M. *Immagini e simboli* (1952). Trad. M. Giacometti. Milão: Jaca Book, 1991.

FABRE, P. A. *Ignace de Loyola. Le lieu de l'image. Le problème de la composição de lieu dans le pratique spirituelles et artistiques jésuites de la seconde moitié du XVI siècle.* Paris: Éditions de l'École des Hautes Études en Sciences Sociales (Librairie Philosophique Vrin), 1992.

FAVRE, P. *Memorial* (1546). Trad. Armando Cardoso. São Paulo: Loyola, 1995.

FICINO, M. *De le tre vite cioé a qual guisa si possono le persone letterate mentenere in sanitá. Per qual guisa si possa l'huomo prolungare la vita, con che arte, e mezzi, ci possiamo questa sana e lunghissima vita prolungare per via del ciello* (1480-1489). Milão: Rusconi, 1995.

FLANDRIN, J.; MONTANARI, M. (orgs.). *História da alimentação.* São Paulo: Estação Liberdade, 1996.

FLECK, Eliane. "Almas em busca da salvação: sensibilidade barroca no discurso jesuítico (século XVII)." *Revista Brasileira de História*, 24 (48): 255-300, 2004.

______. "Mulheres que sonham: visionárias e convertidas (Reduções jesuítico--guaranis, século XVII)." In: PAGE, C. *Educación y Evangelización: La experiência de un mundo mejor* (Jornadas Internacionales sobre Misiones Jesuíticas). Buenos Aires: Universidade Católica de Córdoba, 2005, p. 145-156.

______. "O domínio das almas e o controle dos corpos: estratégias jesuíticas para o 'Viver em redução' (Província Jesuítica do Paraguai, século XVII)." *Universum*, 22 (2): 70-87, 2007.

______. "La retórica de la alteridad: el registro y la experiencia en los territorios de misión de indios guaraníes (Provincia Jesuítica del Paraguai, siglos XVI y XVII)." *Historia y Grafía*, 31: 193-220, 2008.

______. "'La sangre de los mártires es la semilla de cristianos nuevos': a consagração póstuma de missionários jesuítas (Província Jesuítica do Paraguai, século XVII)." *Revista de História*, 168: 351-381, 2013.

FRÍAS, Susana. "La dignidad del indígena en los escritos de Diego de Torres." *Anuario del Centro de Estudios Históricos Prof. Carlos S. A. Segreti*, 2-3 (1): 321-336, 2002.

FURLONG, G. *Cartografia Jesuítica del Rio de la Plata.* Buenos Aires: Talleres S. A. Casa Jacobo Peuser, t. II, 1936.

______. *Justo Van Suerck y su "Carta sobre Buenos Aires"* (1629). Buenos Aires: Theoría, 1936.

______. *Antonio Ruiz de Montoya y su carta a Comental* (1645). Buenos Aires: Theoría, 1964.

FURLONG, G. *Misiones y sus pueblos de Guaraníes*. Buenos Aires: Teorema, 1962.

GADELHA, R. M. A. F. "A experiência jesuítica no Brasil: contribuição para uma análise compreensiva das cartas ânuas paraguaias." In: PAGE, C. (org.). *Educación y evangelización. La experiencia de un mundo mejor* (X Jornadas Internacionales sobre Misiones Jesuíticas). Buenos Aires, 2005, p. 281-289.

GALENO, C. *Quodnam temperamentum ad excellentiam ingenii et mentis perspicaciam magis idoneum sit*. [s.l.]: [s.n.], t. II, cap. VIII, 1607, p. 685-691.

GALINDO, S.; RODRÍGUEZ-MEZA, M. A. "Buenaventura Suarez, S. J. (1679-1750). Part 1: Telescope maker, Jovian satellites observer." *Revista mexicana de física*, 57 (2): 121-133, 2011.

GANSON, B. "Antonio Ruiz de Montoya, Apostle of the Guaraní." *Journal of Jesuit Studies*, 3: 197-210, 2016.

GIARD, L.; VAUCELLES, L. *Les jésuites à l'âge baroque, 1540-1640*. Grenoble: Millon Historie des jésuites de la Renaissance aux Lumieres, 1996.

______. *Les jésuites á la Renaissance. Système éducatif et production du savoir*. Paris: PUF (Bibliothèque d'histoire des sciences), 1995.

GRACIÁN, B. *A arte da prudência* (1647). Trad. D. Moscoso de Araújo. Rio de Janeiro: Sextante, 2003.

GRUZINSKY, S. *A Guerra das imagens: de Cristóvão Colombo a Blade Runner (1492-2019)*. São Paulo: Companhia das Letras, 2006.

GUIDA, F. *Adriano Formoso da Sancesario di Lecce (1601-1649). Un gesuita salentino nelle Missioni del Sudamerica*. Società di Storia Patria Puglia, Sezione di Lecce, Trepuzzi, Maffei, 2015.

______. "Da San Cesario di Lecce alle Riduzioni gesuite del Sud America." *Cultura Salentina – Rivista di Cultura e Pensiero Meridionale*, abr. 2014. Disponível em: https://culturasalentina.wordpress.com/2014/04/14/da-san-cesario-di-lecce-alle-riduzioni-gesuite-del-sud-america/

HANKE, L. *La humanidad es una*. México: Fundo Cultura Económica, 1985.

HERNÁNDEZ, P. *Organización social de las doctrinas guaraníes de la Compañía de Jesús*. Barcelona: Editorial Gustavo Gili, t. 1, 1913.

IMBRUGLIA, G. *The Jesuit Missions of Paraguay and a Cultural History of Utopia Invention of the Modern Catholicism*. Org. por Pierre Antoine Fabre e Flavio Rurale. Leiden: Brill, 2017.

INSTITUTUM Societatis Iesu. *Regulae, ratio studiorum, ordinationes, instructiones, Industriae, Exercitia, Directorium*. Florença: Ex Typographia a S.S. Conceptione, v. III, 1893.

JAEGER, L. G. *Os heróis do Caaró e Pirapó*. Porto Alegre: Livraria do Globo, 1940.

JARQUE, F. *Vida apostólica del venerable Padre Josef Cataldino, uno de los primeros y más insignes conquistadores de las dilatadas provincias y bárbaras naciones del Guayra. Valeroso soldado de la Miníma, y Máxima Compañía de Jesús*. Zaragoza: Oficina de Iván de Ybar, 1664.

KLIBANSKY, R.; PANOFSKY, E.; SAXL, F. *Saturno e la melanconia*. Turim: Einaudi, 1903.

LEMNIO, L. *Della complessione del corpo humano. Libri III, da quali a ciascuno sará agevole di conoscere perfettamente la qualitá del corpo suo, e i movimenti dell'animo e il modo di conservarli del tutto sani*. Veneza: Domenico Niccolino, 1561/1564.

LEVINTON, N. "Joseph Cataldini y la fundación de pueblos en el Guayrá por aproximaciones sucesivas: hay que saber entenderse." *IHS – Antiguos Jesuitas en Iberoamérica*, 6 (1): 61-79, jan./jun. 2018.

LONGO, N. "De epistola condenda. L'arte di 'componer lettere' nel Cinquecento." In: QUONDAM, A. *Le carte "messaggiere". Retorica e modelli di comunicazione epistolare. Per um índice dei libri di lettere del Cinquecento*. Roma: Bulzoni Editore, 1981.

LOYOLA, I. *Obras Completas de San Ignácio de Loyola*. Madri: Biblioteca Autores Católicos, 1952.

______. "Exercícios espirituais" (1542). In: *Obras Completas*. Madri: Biblioteca Autores Católicos, 1982.

______. *Diário espiritual*. Trad. e org. por Armando Cardoso. São Paulo: Loyola, 1996.

______. *Constituições da Companhia de Jesus*. São Paulo: Loyola, 1997.

______. *Exercícios espirituais*. Trad. Vital Cordeiro Dias Pereira. Org. por F. de Sales Baptista. 3. ed. Braga: Livraria A. I., 1999.

______. *Autobiografia*. Org. por Luís Gonçalves da Câmara. São Paulo: Loyola, 1991.

______. Écrits (1510). Org. por M. Giuliani. Paris: Desclée de Brouwer, Bellarmin, 1991.

LOZANO, P. *Historia de la Compañía de Jesús en la provincia del Paraguay*. Madri: en la Imprenta de la viúda de Manoel Fernández, 1754-1755.

MACHON, J. F. "La estancia de Curupayti del pueblo de Trinidad (antecedentes históricos de los pueblos correntinos de Loreto y San Miguel)." In: PAGE, C. *Educación y Evangelización: La experiencia de un mundo mejor* (Jornadas Internacionales sobre Misiones Jesuíticas). Buenos Aires: Universidade Católica de Córdoba, 2005, p. 269-277.

MAHFOUD, M. "Encomendação das almas: mistério e mundo da vida em uma tradicional comunidade rural mineira." In: MASSIMI, M.; MAHFOUD, M. (orgs.). *Diante do mistério: psicologia e senso religioso*. São Paulo: Loyola, 1999, p. 57-67.

MANFRIN, A. "Loreto (1610-1631): Guyraypotý do Pirapó." Dissertação (Mestrado em História) – Programa de Pós-Graduação em História da UFMS, 2002.

MARTINS, Maria Cristina. *Sobre festas e celebrações: as Reduções do Paraguai*. Porto Alegre: EDUPF, 2006.

MASSIMI, M. "A teoria dos temperamentos na literatura jesuítica nos séculos XVI e XVII." *Atalaia*, 6-7: 223-236, 2000.

______. "La teoria dei temperamenti nei cataloghi dei gesuiti in missioni in Brasile nei secoli XVI e XVII." *Physis*, 37: 137-149, 2000.

______. "A Psicologia dos jesuítas: Uma contribuição à História das Ideias Psicológicas." *Psicologia, Reflexão e Crítica*, 14: 625-633, 2002.

______. "Alimentos, palavras e saúde (da alma e do corpo), em sermões de pregadores brasileiros do século XVII." *História, Ciências, Saúde – Manguinhos*, 13 (2): 253-270, 2006.

______. "As imagens e sua função no dinamismo anímico dos ouvintes: percursos da oratória sagrada brasileira do século XVI ao XVIII." In: MARQUES, L. *A Fábrica do Antigo*. Campinas: Unicamp, 2008, p. 303-328.

______. "Estudos sobre a contribuição da antiga Companhia de Jesus ao desenvolvimento dos saberes sobre o psiquismo." *CLIO – Série História do Nordeste* (UFPE), 2: 163-191, 2009.

______. "The Pilgrim Predestined and His Brother Reprobate: Jesuit Formative Paths in the Seventeenth Century." Journal of Jesuit Studies, 4 (1): 56-75, 2017.

______. *Psychological Knowledge and Practices in Brazilian Colonial Culture*. Suíça: Springer Nature, 2020.

______. "Coimbra Psychology in Brazilian Land." In: CARVALHO, Mário Santiago de; GUIDI, Simone (orgs.). *Conimbricenses.org Encyclopedia*. 1. ed. Coimbra, 2021, p. 1-20. Disponível em: https://www.conimbricenses.org/.

______. "The Jesuits in the History of Latin American Psychology." In: OSSA, J. C.; SALAS, G.; SCHOLTEN, H. (orgs.). *History of Psychology in Latin America*. 1. ed. Cham: Springer, 2021.

______. "La pratica della memoria nelle tradizioni popolari di origine barocca in Brasile." In: ROCCA, A.; COLOMBO, E.; MASSIMI, M. (orgs.). *I nodi della memoria: concezioni e pratiche della memoria nel periodo borromaico*. 1. ed. Milão: ITL-Libri, v. 1, 2021, p. 163-188.

MASSIMI, M. "Indipetae e conoscenze psicologiche." In: IMBRUGLIA, G.; FABRE, P.-A.; MONGINI, G. *Cinque secoli di Litterae Indipetae. Il desiderio delle missioni nella Compagnia di Gesù*. Roma: Institutum Historicum Societatis Iesu, 2022, p. 404-425.

_____. "A elaboração da experiência nos escritos e na correspondência do jesuíta Diego de Torres Bollo (1551-1638)." *Memorandum*, v. 39, 2022. Disponível em: https://doi.org/10.35699/1676-1669.2022.37300.

_____. *História dos saberes psicológicos na cultura brasileira*. São Paulo: Edusp, 2023.

_____. "Recursos imagéticos e formação da pessoa na atuação missionária dos jesuítas junto aos guaranis." *Memorandum*, 40: 1-24, 2023.

_____. "Temperamentos y cualidades de los jesuitas en los comienzos de la Provincia Jesuítica del Paraguai: Análisis del Catálogo escrito por Diego de Torres Bollo (1614)." *Antiguos Jesuitas en Iberoamérica*, 12: 1-25, 2024.

_____. *A teoria dos temperamentos e suas aplicações nos trópicos*. Ribeirão Preto: Holos, 2010.

_____. "A 'experiência' em cartas dos jesuítas missionários no Brasil nas primeiras décadas do século XVI." *Antiguos Jesuitas en Iberoamérica*, 1 (1): 92-111, 2013.

_____. "Narrativas autobiográficas nas cartas de jovens jesuítas do século XVII ao século XX." *Mnemosine*, 10 (1): 23-43, 2014.

_____. *Palavras, almas e corpos no Brasil colonial*. São Paulo: Loyola, 2005.

_____; MAHFOUD, M.; SILVA, P. J. C.; AVANCI, S. R. *Navegadores, colonos e missionários na Terra de Santa Cruz*. São Paulo: Loyola, 1997.

_____; PRUDENTE, A. B. *Um incendido desejo das Índias*. São Paulo: Loyola, 2002.

_____; SOUZA, L. V. "Il desiderio dell'oltremare nelle litterae Indipetae: le condizioni psicologiche per l'azione nella narrativa di giovani gesuiti del sedicesimo secolo." *Memorandum*, 3: 55-71, 2002.

_____; PACHECO, P. R. A. "O conhecimento de si nas Litterae Indipetae." *Estudos de Psicologia*, 10: 345-354, 2005.

_____; FREITAS, G. R. "Acomodação Retórica e Adaptação Psicológica na Pregação Popular dos Jesuítas na Terra de Santa Cruz." *Mnemosine*, 3 (1): 111-135, 2007.

_____; BRUNELLO, M. "Indipetae e conoscenza di sé: discernimento ignaziano e psicologia moderna nel XX secolo." *Ricerche di Storia Sociale e Religiosa*, 88: 119-152, 2016.

MATEO, R. G. "El mundo caballeresco en la vida de Ignacio de Loyola." In: *Archivum historicum Societatis Iesu*. Roma: Instituto Histórico S.I., v. 60, 1991, p. 5-27.

MELIÁ, B. *El guarani conquistado y reducido*. Assunção: Centro de Estudios Antropológicos de la Universidad Católica, 1997.

______. "Las reducciones jesuíticas de guaranies en el marco teológico jurídico de la *Escuela Ibérica de la Paz*." *Antíteses*, 11 (21): 18-38, 2018.

MIGNOLO, W. *The Darker Side of Western Modernity: Global Futures, Decolonial Options*. Durham: Duke University Press, 2011.

______. "Colonialidade: o lado mais escuro da modernidade." *Revista Brasileira de Ciências Sociais*, 32 (94): 1-18, 2017.

MORICONI, M. "Con los curas a otra parte... Curatos rurales y doctrinas en la frontera sur santafesina (1700-1740)." In: BARRIERA, D.; FRADKIN, R. (orgs.). *Gobierno, justicias y milicias. La frontera entre Buenos Aires y Santa Fe, 1720-1830*. La Plata: EDUNLP, 2014.

NERIS, C. J.; ROJAS, L. M. "La labor evangelizadora de los PP. Simón Mascetta y José Cataldino durante la etapa fundacional de la provincia jesuítica del Paraguay." In: CASTILHO, G.; PAGE, C. (orgs.). *La presencia de jesuítas italianos em Iberoamérica colonial*. Buenos Aires: Centro de Investigaciones y Estudios sobre Cultura y Sociedad del Consejo Nacional de Investigaciones Científicas y Técnicas, 2023, p. 103-129.

NÓBREGA, M. "Diálogo sobre a conversão do gentio." In: *Cartas e outros escritos*. São Paulo: Edusp-Itatiaia, 1988.

NUNES, J. A. "A construção da imagem de Roque Gonzáles de Santa Cruz a partir do olhar de outros jesuítas: Carlos Teschauer e Luís Gonzaga Jaeger, século XX." *Semina – Revista dos Pós-Graduandos em História da UPF*, 20 (1): 137-152, 2021. Disponível em: https://seer.upf.br/index.php/ph/article/view/11787.

O'MALLEY, J. *Os primeiros jesuítas* (1993). Org. e trad. por D. A. Donida. Bauru: EDUSC, 2002.

PAGE, C. *El Colegio Máximo de Córdoba (Argentina) según las Cartas Anuas de la Compañía de Jesús* (Documentos para la Historia de la Compañía de Jesús en Córdoba). Córdoba: BR Copias, 2004.

______. "El Colegio de Tarija y las misiones de chiquitos." In: *Anuario de Estudios Bolivianos, Archivísticos y Bibliográficos*. Sucre: Archivo y Biblioteca Nacionales de Bolivia, 2005, p. 719-745.

PAGE, C. *Los viajes de Europa a Buenos Aires según las crónicas de los jesuítas de los siglos XVII y XVIII*. Córdoba: Báez Ediciones, 2007.

______. *La biografía del jesuita Marciel de Lorenzana: precursor de las misiones jesuíticas del Paraguay: escrita por el P. Diego de Boroa*. Trad. Carlos Alberto Page. 1. ed. Córdoba: Báez Ediciones, 2017.

______. *El Primer Jesuita. Origen de las Reducciones del Paraguay*. Posadas: Ediciones Montoya, 2019.

______. "De las indipetae al viaje a Buenos Aires. Primeros jesuitas italianos en el Río de la Plata hasta las restricciones de Felipe IV." In: CASTILHO, G.; PAGE, C. (orgs.). *La presencia de jesuítas italianos en Iberoamérica colonial*. Buenos Aires: Centro de Investigaciones y Estudios sobre Cultura y Sociedad del Consejo Nacional de Investigaciones Científicas y Técnicas, 2023, p. 19-38.

PALEOTTI, G. *Discorso intorno alle immagini sacre e profane* (1582). Roma: Librería Editrice Vaticana, 2002.

PARELLADA, C. "Estudo arqueológico no alto vale do rio Ribeira: área do gasoduto Bolívia-Brasil, trecho X, Paraná." Tese (Doutorado em Arqueologia) – Universidade de São Paulo, Museu de Arqueologia e Etnologia, São Paulo, 2005.

______. *Arqueologia dos Campos Gerais. Patrimônio Natural dos Campos Gerais do Paraná*. Ponta Grossa: Editora UEPG, 2007.

______; CREMONEZE, C.; BATTISTELLI, E.; SARAIVA, M. *Vida indígena no Paraná: memória, presença, horizontes*. Curitiba: Provopar Ação Social, 2006.

PASTELLS, R. P. P. *Historia de la Compañía de Jesús en la Provincia del Paraguay*. Madri: Librería General de Victoriano Suárez, t. 1, 1912.

PAWLING, P. C. *De la compositio loci a la Republica de las Letras. Predicación jesuita en el siglo XVII novo hispano*. México: Universidad Ibero Americana (El mundo sobre el papel), 2004.

PÉCORA, A. A. B. "Sermões. Um modelo sacramental." In: VIEIRA, Antônio. *Sermões*. Org. por A. Pécora. São Paulo: Hedra, t. 1, 2000, p. 11-26.

______. "Cartas à Segunda Escolástica." In: NOVAES, Adauto (org.). *A outra margem do Ocidente*. São Paulo: Companhia das Letras, 1999, p. 373-414.

______. *Máquina de gêneros: novamente descoberta e aplicada a Castiglione, Della Casa, Nóbrega, Camões, Vieira, La Rochefoucauld, Gonzaga, Silva Alvarenga e Bocage*. São Paulo: Edusp, 2001.

______. *Teatro do sacramento*. São Paulo: Edusp e Unicamp, 1994.

______ (org.). *Vieira: Sermões*. São Paulo: Hedra, t. 1 e 2, 2000/2001.

POENITZ, A. J. E. "El destino de las imágenes religiosas en el proceso de la dispersión guarani-misionera post jesuítica." In: PAGE, C. *Educación y Evangelización: La experiencia de un mundo mejor* (Jornadas Internacionales sobre Misiones Jesuíticas). Buenos Aires: Universidad Católica de Córdoba, 2005, p. 269-277.

POSSEVINO, A. *Societatis Iesu, Bibliotecha Selecta, Liber Primus, De Cultura Ingeniorum*. Coloniae: Ioannem Gymnicum, 1606.

QUEVEDO, J. *Guerreiros e Jesuítas na utopia do Prata*. Bauru: EDUSC, 2000.

RABUSKE, A. (org.); MONTOYA, A. R. *Conquista espiritual feita pelos religiosos da Companhia de Jesus nas províncias do Paraguai, Paraná, Uruguai e Tape*. Porto Alegre: Martins Livreiro Editor, 1985.

RAMÍREZ, A. "Apuntes históricos sobre el asentamiento jesuítico de Loreto en tierras correntinhas." *Corrientes*, 1967 (*apud* Poenitz, 2005, p. 271).

RIBADENEIRA, P. "Tractatus de ratione quam in gubernando tenebat Ignatius" (1610). In: *Ignatius Fontes Narrativae*. Roma: Instituto Histórico *Societatis Iesu*, v. 1, n. 1, 1964.

RODRÍGUES, Afonso. *Ejercicio de Perfección y virtudes cristianas* (1609, 1612 e 1616). Sevilha: Alphar, 1887.

RODRIGUES, L. F. M.; MOURA, G. R. "'Rastrear la primera causa': A doutrina mística do Sílex do Divino Amor, do criollo jesuíta Antonio Ruiz de Montoya." *Medievalia*, 31: 105-133, 2012.

ROUILLON, J. L. *Antonio Ruiz de Montoya y las Reducciones del Paraguay*. Assunção: Centro de Estudios Paraguayos "Antonio Guasch", 1997, p. 57-71.

SAFRA, G. "Rei, Sacerdote, Profeta: historicidade, religiosidade e subjetividade." *Memorandum*, 1 (1): 1-7, 2001.

______. *A Face estética do Self*. São Paulo: Unimarco Editora, 1999.

______. "A vivência do sagrado e a constituição do *self*." *Temas em Psicologia*, 6 (2): 147-152, 2000.

SAN JUAN, H. *Examen de Ingenios* (1594). Edição moderna de G. Seres. Madri: Cátedra, 1989.

SANTOS, Júlio Ricardo Quevedo. "A regulamentação do trabalho indígena nas Missões Jesuíticas." *Revista Latino-Americana de História* (Edição Especial – Lugares da História do Trabalho), 1 (3): 24-44, mar. 2012.

SCHUTZ, A. *Saggi Sociologici* (1944). Turim: UTET, 1979.

SOARES, C. *De arte retorica. ex Aristotele, Cicerone et Quintiliano precipue deprompti, nunc ab eodem recogniti et multis in locis locupletis* (1580). Roma: F. Zanettum, 1663.

SOUZA, L. M. *O diabo e a Terra de Santa Cruz: feitiçaria e religiosidade popular no Brasil Colonial.* São Paulo: Companhia das Letras, 1986.

______. *Inferno atlântico: demonologia e colonização, séculos XVI-XVIII.* São Paulo: Companhia das Letras, 1993.

STORNI, H. *Catálogo de los jesuitas de la Provincia del Paraguay (Cuenca del Plata), 1585-1768.* Roma: Subsidia ad Historiam S.I., 1980.

SUSTERSIC, B. D. "Imaginería y patrimonio mueble." In: ICOMOS-UNESCO. *Las Misiones jesuíticas del Guayrá.* Buenos Aires: Manrique Zago, 1993.

______. *Imagenes Guaraní-Jesuíticas.* Assunção: Centro de Artes Visuales (Museo del Barro, Ed. Arte Nuevo-Montero), 2010.

TAYLOR, H. "Opening address." In: *Documents that move and speak: audiovisual archives in the new information age* (Proceedings of a symposium organized for the International Council of Archives by the National Archives of Canada). Munique: K. G. Saur, 1992, p. 18-29.

TECHO, N. del. *Historia de la Provincia del Paraguay de la Compañía de Jesús* (1673). Madri: Librería y Casa Editora A. de Uribe y Compañía, t. 1, 1897.

______. *Historia de la Provincia del Paraguay de la Compañia de Jesus* (1673). Assunção: Centro de Estudos Paraguayos "Antonio Guasch" (FONDEC), 2005.

TEIXEIRA, M. "Liber de Vita Sancti Francisci Xaverii." In: *Monumenta Xaveriana.* Roma: Istituto Storico Compagnia di Gesú, v. 1, 1899.

TESCHAUER, C. *Vida e Obras do padre Roque González de Santa Cruz – Primeiro Apóstolo do Rio Grande do Sul.* 3. ed. Porto Alegre: Topographia do Centro, 1928.

VARGAS, Ugarte. "Diego de Torres Bollo." *Boletín del Instituto de Investigaciones Históricas,* 17 (58-60): 59-82, 1934.

VEGA, F. R. "Las sanciones a las conductas reprensibles de misioneros en las reducciones jesuíticas de guaraníes (siglo XVIII): entre el control y la laxitud." *Red Sociales – Revista del Departamento de Ciencias Sociales,* 6 (1): 57-79, 2019.

VITORIA, F. *Relectio de Indis* (1537-1538/1981). Org. por L. Pereña e J. M. Perez Prendes. Madri: Consejo Superior de Investigaciones Científicas (CSIC), v. 5, 1967 (Corpus Hispanorum de Pace [CHP]).

WILDE, G. *Religión y poder en las misiones de guaraníes.* Buenos Aires: SB, 2009.

______. "'Fuentes indígenas' en la Sudamérica colonial y republicana: escritura, poder y memoria." *Corpus* [online], v. 4, n. 1, 2014. Disponível em: https://doi.org/10.4000/corpusarchivos.641.

WILDE, G. "The Foundation of a Jesuit Praxis. Missionary profile, Disputes of Authority and Forms of Self-representation in the Southern Frontiers of the Iberian Empires." In: *The Acquaviva Project: Claudio Acquaviva's Generalate (1581-1615) and the Emergence of Modern Catholicism*. Boston: Boston College, 2017.

______. "Jesuit Missions' Past and the Idea of Return: Between History and Memory." In: ŽUPANOV, Ines. *The Oxford Handbook of the Jesuits*. Oxford: Oxford University Press, 2018. Disponível em: https://doi.org/10.1093/oxfordhb/9780190639631.013.33.

Fontes primárias

ACOSTA, J. *De procuranda Indorum salute*. Madri: Consejo Superior de Investigaciones Científicas, 1984-1987 (Corpus Hispanorum de Pace).

ANCHIETA, J. *Cartas, Informações, Fragmentos Históricos e Sermões*. Belo Horizonte: Editoras Edusp-Itatiaia, 1988.

BOTERO, G. *Delle Relationi Universali di Giovanni Botero Benese da lui corrette e ampliate in piu luoghi. Prima parte. All'illmo. Et revermo. Mons. Agostino Valerio, Cardinale di Verona*. Ferrara: Mammarelli, 1592.

______. *Terza parte delle Relationi universali di Giovanni Botero Beneze, terza parte nella quale si descrive qual sia lo stato della religion christiana per il mondo, aggiongendosi in che termine sia il giudaismo, il gentilismo, il mahometismo e tante altre sette d'impietá per l'universo. All'illmo. Et revermo. Mons. Cardinale Borromeo*. Bréscia: Compagnia Bresciana, 1595.

______. *Delle relationi universali di Giovanni Botero Benese. Quarta parte nella quale si dà notitia dello stato in che si trova la religione nel Mondo nuovo e della meravigliosa riduttione di quei popoli nel grembo della Chiesa Christiana*. Bréscia: Compagnia Bresciana, 1596.

______. *Relazioni Universali, Quinta Parte pubblicada da Gioda, Vol. III. La Vita e le Opere di Giovanni Botero con la Quinta Parte delle Relazioni Universali*. Milão: Hoepli, 1895.

CADOGAN, Leon. "*Ayvu Rapyta* – Textos míticos de los Mbyá-Guarani del Guairá." *Antropologia*, n. 5, 1959.

CARDIM, F. "Do princípio e origem dos índios do Brasil e a narrativa epistolar de uma viagem e missão jesuítica." In: *Tratados da Terra e Gente do Brasil* (1593). Belo Horizonte: Editoras Edusp-Itatiaia, 1980 (Coleção Reconquista do Brasil).

EGAÑA, A. (org.). *Monumenta Peruana*. Roma: *Monumenta* Historica Societatis Iesu, v. 3 e 7, 1954-1958.

GÓIS, M. *Commentarii Collegii Conimbricensis Societatis Iesu, in Libros Aristotelis qui Parva Naturalia appellantur*. Lisboa: Simão Lopes, 1593.

______. *Commentarii Collegii Conimbricensis Societatis Iesu, in tres Libros de Anima*. Veneza: Vincenzo Amadino, 1602.

______. *Commentarii Collegii Conimbricensis Societatis Iesu, in Libro de Generatione et Corruptione Aristotelis Stagiritae nunc recens omni diligentia recogniti et emendati*. Veneza: Vincenzo Amadino, 1607.

______. *Disputas do Curso sobre os livros da Moral da Ética a Nicômaco, de Aristóteles, em que se contém alguns dos principais capítulos da Moral* (1539). Trad. A. B. Andrade. Lisboa: Instituto de Alta Cultura, 1957.

______; CARVALHO, M. S.; CAMPS, M. C. *Comentários do Colégio Conimbricense da Companhia de Jesus sobre os três livros do tratado "Da alma" de Aristóteles Estagirita* (1592-1606). Lisboa: Edições Sílabo Ltda., 2010.

GUSMÃO, A. *A arte de criar bem os filhos da idade da puerícia*. Lisboa: Deslandes, 1685.

LEONHARDT, C. *Cartas Anuas de la Provincia del Paraguay, Chile y Tucumán de la Compañía de Jesús. Vol. I, 1609-1614. Vol. II, 1615-1637*. Buenos Aires: Jacobo Peuser, 1927-1929.

MAEDER, E. *Cartas Anuas de la Província Jesuítica del Paraguay, 1641-1643*. Resistencia: Instituto de Investigaciones Geohistóricas, 1996.

______; STORNI, H. "Carta Anua das Missões do Paraná e do Uruguai, relativa ao ano de 1633, pelo Pe. Pedro Romero, São Nicolau, 16/5/1634." In: *Manuscritos da Coleção de Angelis* (MCA) – *III (Jesuítas e Bandeirantes no Tape: 1615-1641)*. Rio de Janeiro: Biblioteca Nacional, 1969.

______. *Cartas Anuas de la Província del Paraguay, 1637-1639*. Buenos Aires: Academia Nacional de la Historia, 1984.

MONTOYA, Antonio Ruiz de. *The Spiritual Conquest Accomplished by the Religious of the Society of Jesus in the Province of Paraguay, Paraná, Uruguay, and Tape*. Trad. Clement J. McNaspy, John P. Leonard e Martin E. Palmer. St. Louis: Institute of Jesuit Sources, 1993.

______. *Conquista espiritual hecha por los religiosos de la Compañía de Jesus en las Provincias de Paraná, Uruguay y Tape*: Bilbau: Imprenta del Corazón de Jesus, 1892.

______. *Tesoro de la lengua Guaraní*. Madri: Juan Sanchez, 1639.

MONTOYA, Antonio Ruiz de. *Sílex del Divino Amor y Rapto activo del Anima. En la Memoria, Entendimiento y Voluntad que se emprende el Divino fuego mediante un acto de Fe, que es el fundamento desta obra* (1648). Lima: Fondo Editorial, 1991.

______. *Conquista espiritual feita pelos religiosos da Companhia de Jesus nas Províncias do Paraguai, Paraná, Uruguai e Tape* (1639). 2. ed. Trad. Arnaldo Bruxel e Arthur Rabuske. Porto Alegre: Martins Livreiro, 1997.

______. *Conquista espiritual – a História da evangelização na Província Guairá na obra de Antônio Ruiz de Montoya, S. I. (1585-1652)*. Org. por Jurandir Coronado Aguilar. Roma: Editrice Pontifícia Università Gregoriana, 2002.

MORALES, M. *A mis manos han llegado. Cartas de los PP Generales a la Antigua Provincia del Paraguay (1608-1639)*. Madri-Roma: Monumenta Historica Societatis Iesus, v. 1, 2005.

NAVARRO, J. A. *Cartas avulsas. Cartas jesuíticas, 1560-1568*. São Paulo/Belo Horizonte: Editoras Edusp-Itatiaia, 1988.

NIMUENDAJÚ, C. *As lendas da criação e destruição do mundo como fundamentos da religião dos Apapocúva-Guarani*. Trad. Charlotte Emmerich e Eduardo B. Viveiros de Castro. São Paulo: HUCITEC, Edusp, 1987 (Coleção Ciências Sociais).

NÓBREGA, M. *Cartas do Brasil, 1549-1560*. São Paulo/Belo Horizonte: Editoras Edusp-Itatiaia, 1988.

SEPP, Pe. A. *Viagem às Missões Jesuíticas e Trabalhos Apostólicos*. Trad. A. Reymundo Schneider. São Paulo: Editora Martins, 1973.

VIEIRA, A. *Sermões* (1679-1748). Org. por Gonçalo Alves. Porto: Lello e Irmão, 1993.

______. *Sermões*. Org. por Alcir Pécora. São Paulo: Hedra, t. 1, 2000.

______. *Sermões*. Org. por Alcir Pécora. São Paulo: Hedra, t. 2, 2001.

Fontes de Arquivo

Archivum Romanum Societati Iesu (ARSI), Hisp. 2.

Archivum Romanum Societati Iesu (ARSI), Hist. Soc. 46.

Archivum Romanum Societati Iesu (ARSI), Necrologio Perú 15.

Archivum Romanum Societati Iesu (ARSI), Perú 4, I.

Archivum Romanum Societati Iesu (ARSI), Cataloghi Triennali Perú 4, I.

Esta obra foi composta em sistema CTcP
Capa: Supremo 250 g – Miolo: Pólen Natural 70 g
Impressão e acabamento
Gráfica Santuário